阴影与恶

如何在危难中发起反攻?

[瑞士] 玛丽-路薏丝·冯·法兰兹(Marie-Louise von Franz) 著

徐碧贞 译

台海出版社

图书在版编目（CIP）数据

阴影与恶：如何在危难中发起反攻？/（瑞士）玛丽－路薏丝·冯·法兰兹著；徐碧贞译．-- 北京：台海出版社，2019.12

ISBN 978-7-5168-2474-0

Ⅰ．①阴… Ⅱ．①玛… ②徐… Ⅲ．①心理学 Ⅳ．① B84

中国版本图书馆 CIP 数据核字（2019）第 242197 号

著作权合同登记号 图字：01-2019-6325

Shadow and Evil in Fairy Tales, Revised Edition

First published by Spring Publications, New York, 1974.

Boston: Shambhala, 1995.

阴影与恶：如何在危难中发起反攻？

著　　者：［瑞士］玛丽－路薏丝·冯·法兰兹（Marie-Louise von Franz）
译　　者：徐碧贞

出 版 人：蔡　旭
责任编辑：刘　峰　贾风华

出版发行：台海出版社
地　　址：北京市东城区景山东街 20 号　邮政编码：100009
电　　话：010 — 64041652（发行，邮购）
传　　真：010 — 84045799（总编室）
网　　址：www.taimeng.org.cn/thcbs/default.htm
E － mail：thcbs@126.com

经　　销：全国各地新华书店
印　　刷：天津旭非印刷有限公司
本书如有破损、缺页、装订错误，请与本社联系调换

开　　本：880 毫米 ×1230 毫米　1/32
字　　数：250 千字
印　　张：11.5
版　　次：2019 年 12 月第 1 版
印　　次：2020 年 4 月第 1 次印刷
书　　号：ISBN 978-7-5168-2474-0
定　　价：68.00 元

目录

| 推荐序 |

那赋予阴影的，也赋予了深度

蔡怡佳（辅仁大学宗教学系副教授）

恶的经验也许是人性经验中最复杂、最难界定，也最深刻的一种。法国哲学家利科（Paul Ricoeur）在1960年出版了《限度与罪咎》（*Finitude et culpabilité*），在第一册《限度与罪咎：会堕落的人》（*L'homme faillible*）中，提出恶作为人性之根本经验：恶既是对有限性的原初体验，也指向对超越恶的希望。在第二册《限度与罪咎：恶的象征》（*la symbolique du Mal*）中，利科进一步以诠释学的方法，用象征与神话为材料，分析恶的象征如何从外部的污染意涵演变为内在罪咎的主体经验。对利科来说，恶是人遭逢限度与破坏的存在经验，也是反省与自我革新的契机。作为一种存在之痛苦的原初经验，恶是以象征与神话的方式表述，因此难以用理性的思辨形式全然把握。冯·法兰兹在1974年所出版的《阴影与邪恶》中，以童话作为理解恶之原初经验的进路，呼应了利科的观点，指出恶之经验的原初性，以及用充满象征意涵之童话进行理解时所可能开展的丰富性。

冯·法兰兹在书中以童话的素材讨论阴影与邪恶的呈现。阴影是意识过度单一化发展所投射出的黑暗。但意识与阴影这两个对立的概念并不能直接套用在童话的角色分析上。童话中的角色虽然表面上有善良与为恶的区分，但冯·法兰兹并不用对号人座的方式进行解读，她将故事整体视为一个自性化开展的过程，讨论其曲折而丰富的意涵。自性化的过程常以心灵自我更新的方式体现，有个人的层次，也有集体的层次。两种层次都会经历执于单面的危险，但冯·法兰兹在本书中更强调集体的面向，尤其是基督宗教文明在发展过程中过分灵性化、将伦理冲突尖锐化的趋势，以及对“异教”之阴性原型，例如大地之母的女性角色之压抑。从这个角度来看，童话发挥了对文明提出分析，促动文化自我更新的功能。

在讨论阴影的部分，冯·法兰兹已经开始触及恶的主题，她从童话中吊挂罪犯的主题谈到面对邪恶时“非人类”的感受，是一种战栗、令人无法招架的恐怖感。这种恐怖感与“神圣”感很接近，都是遭逢超越人类力量时的震慑。除此之外，恶也可能是被压抑的原型，例如童话中巫婆或是女巫的角色，可能象征的是被忽视的母性女神。这种罪犯与神圣，或是女巫与女神的叠影，指出了恶的双面性。

日本荣格分析学家河合隼雄在《孩子与恶》中也谈到恶兼具破坏与创造的两面性。恶的暧昧性使得它无法原则性地被界定，也没有辨认的普遍基准，若以为可以完全驱除恶而成就善，善反倒成了恶。不过，若以为恶可以通过对决而消融，也是一种危险的天真。童话所教导我们的没有通则，是每一则童话的教导都可以在另一则童话中找到与之互相矛盾的教导。冯·法兰兹认为，道德敏感度的提升就是在这种互相矛盾、没有通则的情况中才得以可能。道德不是通则的判断与遵循，反而是个别性的自由与承担。

冯·法兰兹讨论恶在童话中的展现时，先回到恶之经验的原始层次，也就是在道德化之前的自然状态，例如生存之破坏，或是界线的逾越。接着，邪恶之人格化的种种样态则包括被某些超自然原型意象所同化的去人性历程，或是被单一偏颇思维所扫荡的状态。离开社群的孤绝、不尊重禁忌、打破环境平衡，或是没有活出生命该有的创造力，都是招致恶之侵扰的条件。从这些讨论来看，恶的经验指出了社群、对神圣他者的尊敬，平衡，以及充分发挥创意在人类经验中的重要性。

当我们把对于恶的思考从单薄的道德化思维中打开时，会发现对恶的思考就是对于存在根本处境的思考。恶的经验有很多不同的层次，是面对非人之巨大力量的震慑，是被压抑与排拒之原型被意识投射的样貌，是落入偏颇思维的执狂，也是对“什么是人性”的不断质问。村上春树在与河合隼雄的对谈中曾说：“那赋予阴影的，也赋予了深度。”阴影与恶为存在刻出深度，但这个深度有时像无底深渊般令人惊惧，让人想要用一套救赎方案将之掩盖与解决。冯·法兰兹在书中则通过童话的分析以及积极想象的方式指出有别于速成之救赎方案，由自性所提出的引导与智慧。居于人类心灵的神圣核心是超越善恶二分的自性，阅读童话让我们在阴影与恶所打开的深渊之中，把深渊化为河流，让我们潜入其中，游向神圣的核心。

序言

本书包含苏黎世荣格学院办理的两场系列讲座内容。第一部分为 1957 年冬季课程“童话中的阴影面问题”，第二部分则为 1964 年冬季课程“处理童话中的邪恶”。

谨向维维恩·麦克洛医师（Dr. Vivienne Mackrell）于文本修订期间所提供的协助致上最高的谢意。

第一部

阴影面

| 第一章 |

阴影面的概念

在进入本书正文前，请务必牢记心理学对于阴影面（shadow）的定义各异，也并非我们一般想象的那么简单。在荣格心理学中，我们通常将阴影面定义为无意识人格中特定内涵物的拟人化，它可被纳入自我情结（ego complex）中，却因着许多原因而没有被纳入。因此我们可以说，阴影面是自我情结中黑暗的、被抹除及被压抑的面向，但是这样的定义只能说是部分正确的。荣格相当不喜欢他的学生极度欠缺想象力、紧抓他的概念不放并从中创造一套思想体系，同时在尚未全盘了解他所说的内容之下就引述他的话语。曾经在一次研讨会中，他一股脑儿抛出：“这全是废话连篇！阴影面单单就是无意识全体。”他指出，对于这些内涵物是如何被发现的，以及它们又是如何被个体所经验的，我们都忘得一干二净了；此外，他也要我们时时关注被分析者当下所处的情境。

假设对心理学一无所知的人进入了分析时段，而你试图对他们解释在心智背后有个人们未觉察的特定历程，对他们来说，这就是阴影面。因此在朝向无意识工作的第一阶段，阴影面就仅仅只是我内在那无法直接认知的整体内涵中一个“虚构的”名称。只有当我们开始挖掘人格的阴影域并研究其不同面向时，才会在一段时间后，在梦境中出现无意识的拟人化意象；通常出现的会是与做梦者同性别的意象。接着，此人会发现在这个未知的区块中还有另一团的反应被称为阿尼玛（anima，或是阿尼姆斯animus），它代表着感受、心绪及意念等，而我们也会谈论到自性（Self）的概念。基于实务上的考虑，荣格认为我们并不需要超出这三个步骤。

阴影面的个人与集体面向

当我们谈及阴影面时，心中要牢记其个别情境，包括我们所谈论的个体当时所处的个别意识及内在觉知的阶段。因此在初始阶段，我们可以说阴影面就是你内在的一切未知。一般而言，当我们进一步研究会发现它包括部分的个人及部分的集体元素。实务上，当我们第一次与之相遇，阴影面就只是那些我们分不清何为个人、何为集体的混杂面向。

举个实务的例子，假设某人的父母身上带有截然不同的特质，他也因此从父母双方都遗传了特定的特质，可说是化学分子结合不佳。举例言之，我曾经有个分析个案，她遗传了父亲暴躁、蛮不讲理的脾气，以及她母亲过于敏感的防卫反应，她如何能同时成为两者？如果有人惹恼了她，她心中就被这两个对立的反应所占满。孩童的内在可以同时有着双边无法协调一致的对立存在，但在发展的过程中，通常会在对立双边中做出选择，因此其中的一边得到较优势或劣势的发展，接着再加入的是教育的历程以及后来的习惯养成，因而总是会对二择一的特质给予优先对待，成为“习性”，而另一个特质虽然仍存在却被置之不理。这些被压抑的特质，不受承认也不被接纳，因为它们与那些被选上的特质是不兼容的，阴影面也就在这个过程中逐步建立了。通过某些程度的自觉以及通过梦境的帮助，人们对这些元素的辨识是相对较容易的，这也就是我们所谓的“让阴影面意识化”，通常达成意识化后分析也就随之结束了。但这并没有带来实际的成果，因为在那之后所要面对的是更困难的问题，大部分人都对此感到困扰：他们知道自己的阴影面，但却无法表达，也无法将之整合到他们的生命中。想当然地，生活周边的人们会不喜欢看见个体的改变，因为改变意味着周边的人们也需要随之重新适应。当一直以来都温驯如绵羊般的家人突然变得好斗且拒绝别人的要求时，其他家人简直就愤怒难耐，引发许多批判声浪，而当这个受关注的个体本身也不满意改变的情况时，阴影面的整合就可能会出差错，导致整个问题陷入僵局。

要能接受个人内在压抑多年且不喜欢的特质，是需要极大勇气的。但是如果个人不接受某特质，它就会在背后作祟。能看见且承认阴影面的存在，是问题的一部分，说出“有些事情正发生在我身上”或“某事某物露馅了”，只是其中的一回事；但是，当个体决定有意识地表述他的阴影面时，才开启了关键的伦理议题。如果不想要造成纷扰，就需要有相当程度的观照与反思，接下来我将以一个案例来说明。

情感型的人评论朋友时，倾向于带点残酷且小心眼。一方面他们对他人的感觉相当敏锐；但在人后，他们对他人则有着最负面的想法及评断。某天我和一个情感型的人同在一家旅舍，我本身是个思考型的人，当我们初次相会时，我正为某事而心急，匆匆地向她打个照面就走过，而她当时就因此深信我讨厌她，认为我对她生气不满，所以才压根儿不想花时间在她身上，还觉得我是冷淡、欠缺关怀之心的人。情感型的人突然就转入负面的思维中，并萌生了好些负面的想法以解释我为什么匆匆走过。

在最初的阶段，阴影面是无意识的全部，是倾巢而出的情绪、评断等。你可能会说我的朋友正忙着应付负面的阿尼姆斯思维，但事实上这同时是负面想法的爆冲（此处所指的是劣势功能）、野蛮的情绪（即阴影面），也是特定的破坏性评判态度（在这个例子中是阿尼姆斯）。如果你研究这类负面爆冲，就能够区辨以下两者的分别：我们所谓的阴影面，以及在女人身上我们称作阿尼姆斯的评判机制。在一段时间之后，人们得以发现自我内在的这些负向特质，同时也能在看见之余加以表述，这里意指着要放弃某些特定的理想及标准，同时在未对周遭造成毁坏的情况下，承担许多的思量及想法。因为我们也能在梦境中发现一些非关个人的事物，因此我们可以说阴影面同时包含着部分的个人元素，以及部分非个人的集体元素。

所有的文明，特别是基督教文明，也都有其自身的阴影面。这是个老掉牙的论述，但是如果你研究其他的文明，你将会看见其中较我们所处的文明更优秀之处。举例而言，印度在一般灵性及哲学的态度上就比我们先进得多，但是从我们的角度来看，他们的社会行为则是让人瞠目结舌的。如果你曾在孟加拉国地区街道上行走，你会发现许多人显然就快饿死了，这些人处在生命极度危险的状态，但是却没有人把这放在心上，因为这是他们自身的“业”，而人们也只需观照自己及自我的救赎，去照顾别人不过就代表着对世间因缘的干涉。对我们这些欧洲人而言，这样的社会态度毁坏了整个国家，看见人们受饥饿却置之不顾是令人深恶痛绝的。我们会说这样的状况是印度文明的阴影面，他们的外倾面向是不及格的，而他们的内倾面向则高于水平。有可能是光明的那一面向对于黑暗的面向毫无察觉，但若从其他文明的角度来看则是再明显不过的。

如果某人独自生活，从务实面来说，他不可能看见自己的阴影面，因为没有人从外面的角度来回馈他的行为表现。我们需要有个旁观者。如果我们能考虑旁观者的反应，我们就能谈论不同文明的阴影面。举例来说，多数东方人认为我们西方人集体意识的态度对于某些形而上学事实是完全没有觉察的，他们觉得我们就是单纯地陷在假象中。在他们看来，我们就是这样的景况，但是我们自己却看不见。我们必然带着尚未实践的阴影面，并且仍然对之毫无意识，因为人们的相互盲从，也让集体阴影面更显糟糕；唯有在战争中，或是在针对其他国家的仇恨中，集体阴影面才得以展现。

因此，你可以说欧洲人有着某些不好或是矛盾的特质，这些特质被个体所压抑，而个体也带着所属群体中不好或劣势的特质，并且通常对这些特质没有觉察。集体阴影面还会以另一种形式出现：我们内在的某些特质在小团体中或是当我们独处时会消失，但一旦置身在较大的团体中就会遽增。这样的补偿现象，特别能在孤僻的内倾型人士身上看见，他们强烈渴望在人群中成为才气洋溢的大咖；外倾型的人则正好相反。独处时，内倾型的人会说他一点也不具企图心而且也不在乎，他不会作出任何野心作为，他会真正地做自己，同时也安于他的内倾性。但是一旦把他放在一群野心勃勃的外倾型人群中，他马上就被感染了。这就好比女人冲入店里抢便宜，还有另一群女人也跟在后面涌进去，但她们回到家之后却会问："我究竟是为了什么买这个东西？"

如果某人只有在群体中才会陷于野心，你可以说这是集体阴影面。有时候你安处于内在自我，但可能会在进入团体之后，恶魔如同脱缰一般，搅乱一池春水，正如同有些德国人出席纳粹聚会时所发生的状况一样。在他们参加聚会当时，某些事情被转动了，而他们变得如同人们所说的：“仿佛被恶魔附身。”他们暂时陷入集体阴影面而非个人的阴影面。

集体阴影面仍然通过对恶魔及邪魔的信念而在宗教系统中得到体现。中世纪时代的人们如果从这样的聚会中返回，就会说他们当时被恶魔缠上，而现在又重获自由了。另一方面，我们也可以说，一旦我们被这样的集体恶魔缠上，就表示我们身上原本就带有些许恶魔的成分，不然他们是没有办法缠上我们的，因为我们的心灵不会对感染敞开大门。当某些个人的阴影面没能得到充分的整合，集体阴影面就能从门缝溜入。因此，我们必须对这两个面向的存在都有所觉察，因为这是攸关伦理的实务问题，否则我们就会在人们身上施加过多的罪恶。

假设有个被分析者在团体中表现得蛮横无理，如果我们试图让他看见这一切都是他的错，他会被击倒；但客观上来说，这并不正确，因为有一部分是属于集体阴影面。如果只怪罪于个人，罪恶感会过于强烈；一个人到底能忍受多少的阴影面，似乎有个隐微的内在常模在其中。无视于阴影面是不健康的，但是承担过多的阴影面也是同样不健康的。个体如果承担过多的阴影面，心理将无法有效运作。只要个体是居心不良的，就应该承担多些阴影面；但最糟糕的一点则是，个体通常看不见自己的良心所在，当你太靠近去看阴影面时，视线就模糊不清了。

前面提到的内容是为了清楚说明，当我们谈到阴影面时，其中有个体自我的面向，同时也有集体的面向，亦即群体阴影面。就某种程度来说，后者自然是阴影面的总和，同时这些事物在群体中并不对内造成影响，但从群体外的角度而言则是明显可见的。从实务上来看，如果你将三四个拥有共同学术兴趣的典型理智型的人聚在一起，他们会说这是个充满智性讨论的美好夜晚，不会认为这样的互动有什么不好。但是如果你在团体中加入一个乡下小子，他会告诉你这是一个可怕的夜晚。如果大家都有相同的问题，就会自我感觉良好！大概所有的欧洲人身上都有着我们自身没发现的许多特质，因此对我们来说这些都很正常。

在此我要提出更正，在前面的论述中提到，只有当一个群体起而对抗另一个群体时，前者才会觉察到自己的阴影面，但是这并不全然正确，因为在许多文明中，宗教仪式让群体更容易觉察自身的阴影面。在我们的基督教文明中，这就相当于黑弥撒（Black Mass），仪式会咒诅基督其名，并以恶魔之名亲吻动物的肛门部位等，仪式的重点在于施行一切与神圣全然相反的行为。这些反宗教的庆典活动已然消失、被遗忘，但是这些仪式所企图达成的是对群体展现其阴影面。在许多原始文明中，会有一群丑角，他们的工作就是做出一切与团体规范相反的行径。在需要严肃的场合中他们会大笑，当其他人开心大笑时他们会放声大哭。举例而言，某些北美的原住民部落，会选出某些人以仪式性的方式表现出违反团体准则且令人震惊的事物。此举可能是为了模糊地表达一个讯息：事物的另一面也应该得到公开揭露。这是个阴影面的宣泄会。如果你想在瑞士看到这类事物的零星面貌，你可以去一趟巴赛尔狂欢节（Basel Fasnacht，不过如今因为过多的外国人到访，破坏了整个氛围），在那儿你得以看见一群人以真诚精彩的形式对团体展现阴影面。瑞士的陆军里也有部队小牛的说法，在部队非意识运作的情况下，此人被选出扮演代罪羔羊的角色；被选上的人通常有着虚弱无力的自我情结，他被强迫表现出集体的阴影面。家庭里的异类也有相同的模式，他被迫背负着其他家人的阴影面。

说明了我们所理解的个体阴影面及集体阴影面的内涵之后，接下来的问题就是：所谓的阴影面是否呈现，以及如何呈现在神话学中。童话表现了什么？未表现什么？我们可以在多大程度上将童话视为心理素材？

童话的起源，以及童话中的原型

在过去，一直到大约十七世纪为止，童话并不是儿童的专属，而是民间底层成人与成人之间相互传讲的；木匠、乡下人及纺纱的女人会在工作之余以童话自娱，当时（事实上这现象在现代瑞士的少数村庄仍然存在着）也会有专业的说书人不断地被要求讲述好些故事。这些人有时候是带点鲁钝的，有些失常、带点神经质，但是也有另一些是相当健康且正常的人，总之形形色色都有。如果你问他们为什么要做这件事，有些人会回答说他们天生就会说书，有些人则说他们是跟厨子学来的，或者说是师徒代代相传而来的。如今我们知道有些童话是以丛集的方式代代相传，就像是旧有的传统一样，一代传一代，成为某种众所皆知的常识。有关童话起源的理论各异，有些人说童话是宗教神话及教条衰退后的零星残余物；有的说童话曾经是文学的一部分，经历衰退而成为童话；也有些理论提出童话原是梦境，后来以故事的方式传讲。我个人认为，童话的源起可以从以下特定的例子中找到。

那是拿破仑时期的瑞士人家，家族史中记载着有个磨坊主人出门猎狐狸，而狐狸却开口说人话，要磨坊主人别射杀它，因为它曾经帮过他的磨坊。磨坊主人回到家后，发现磨坊自动运转，不久之后磨坊主人就死了。近期，有个民俗学的学生前往这个村庄询问当地的老人家是否知悉有关磨坊的事情，因此找到了这个老故事的各式版本。其中一个版本说了相同的故事，但是在狐狸被射杀之前，狐狸在磨坊主人的双脚划了十字后窜逃，因而造成了磨坊主人致命的感染及皮肤发炎。如今，在瑞士的那一区，据信狐狸会导致这样的疾病。有些新的内容被加入了原初版本的故事中。另一个不同的版本则指称磨坊主人后来去参加一个晚宴，在会场中打破了酒杯，而他也恍然大悟狐狸是他过世姨妈的巫婆魂魄（据说巫婆的魂魄会附身在狐狸身上）。因此故事就通过其他适配的原型素材而扩大，这跟谣言如出一辙。

因此我们得以看见故事是如何开始的：故事中总会有个心灵学（parapsychology）的经验或梦境的核心架构，如果故事包含生活周边的母题，就会倾向于通过这些母题将核心元素扩大。如今我们手边就有个迫害型的故事，说那个巫婆亲戚差一点就被磨坊主人给射杀了，后来磨坊主人反被巫婆杀害。至此尚未形成童话，但却是童话的开端，这些版本中磨坊主人的名字始终不变。但假设有个厨房女仆到另一个村庄说起这个故事，那么磨坊主人可能就会有个不同的名字，或者就仅仅被称作“磨坊主人”；那些对这个村庄而言不太有吸引力的故事元素会被舍去，而故事中的原型素材则会在记忆中留下。

只要这个阶层的人们没有收音机或报纸，故事就成为人们最大的兴趣所在，我们也得以看见民间传说的起源。我相信这就是童话形成的方式。然而，我并不反对那些把童话视为衰退文学的零星残存的理论。举例来说，你可以在现代希腊看见战神赫尔克里士（Hercules）被稀释淡化后的故事。故事内容被简化成基本的架构而保留原型元素，而重新出现于童话素材中的正是这些过去宗教母题的素材。不同的素材汇聚一体，因为故事本身的趣味盎然而被到处传讲，即便故事的内容可能是难以理解的。如今我们将童话归为孩童专属，这样的事实显示了一个典型的态度，我甚至可以将之称作我们所处文明的其中一项定义——说得更明白一些，就是原型的素材被视为婴儿般幼稚。如果这个童话起源的理论是正确的，那么相较于神话及文学作品，童话得以更大程度地镜映出最基本的心理架构。正如荣格所言，当你研究童话，就是研究人类的解剖学。神话通常更嵌入于文明中，跳脱了巴比伦—苏美（Babylonian-Sumerian）文明，你就无从想象《吉尔伽美什史诗》（*the Gilgamesh Epic*）；跳脱了希腊人的场景，你就无法想象《奥德赛》（*the Odyssey*）。然而童话却更易于迁徙他地，因为它是如此根本，而且简化至最基本的架构元素，因此得以吸引每个人的目光。曾经有个宣教士被派往波利尼西亚群岛传教，而他之所以能和当地人建立首次接触，依靠的就是童话，这是人与人的共通联结。这一点虽是正确的，但仍需持保留态度。

研究童话一段时间之后，我开始相信有典型的欧洲、非洲、亚洲及其他各类型的童话，虽然我可能会因为故事中名字的改变而上当，但是这些故事彼此之间的密切关系仍然相当明显。童话受到它首次出现的文明所在地影响，但是因为童话的架构较基本，所以跟神话相比受到较小的影响。

针对动物行为的研究得以发现，动物生活中的某些仪式化行为包含了基本的架构元素。所有品种的公鸭在交配前都会展现某种舞蹈，其中包含特定的头部及翅膀律动，以及其他许多小动作，这些都是向母鸭示爱的仪式行为。动物行为学家思索这是否与基因相关，而他们也成功地让不同品种的鸭子配种，制造出新品种的鸭子并观察它们的行为表现。他们发现有时候旧有的原始鸭子舞仪式被接纳，但它已不属于原先交配的品种，或是发现配对一方的鸭子舞以简化的方式被复制，抑或是发现结合前述两种可能性的状况。公鸭交配舞的某些架构元素总是会出现，但是其他元素则会出现变异。

如果我们将这套观察所得用在人类身上，我们可以说心理行为中有属于人类共通的特定基本架构，而其他的行为则在某个族群或种族中得到较佳的发展，但在另一个族群中则较不显著。童话的架构则大部分是人类共通的，在每一种类型的故事中，你都可以研究人类行为的基本架构。但对我而言，还有另一个更务实的原因：借由研究童话及远古神话，不仅仅得以知悉特定的情结架构，也更加易于辨识出哪些属于个体、哪些不属于个体，同时也得以看见可能的解决方法。举例来说，如果你研究母亲情结的神话，亦即男孩与母亲之间的情感及本能行为，以及镜映在神话中母子关系的所有心理结果，你将可以区辨出典型的特色。男孩倾向于发展出英雄的特质；而不是希腊罗马神话的阿提斯（Attis）、阿多尼斯（Adonis）或是北欧神话的巴德尔（Baldur）等人物的特质——这些带有阴性特色的年轻男子都英年早逝，同时也倾向于拒绝生命，特别是拒绝生命的黑暗面。根据这些神话传说，深爱母亲的年轻英雄被黑暗、残暴及阴间地府的男性人物所杀，这意味着那个年轻人处在一个关键的时刻，要不是在心理层面被内在的野猪杀害，就是因为拒绝接受自己的阴影面，于是从现代的观点来说，成为一位意外失事的飞行员，或是走进山中坠崖身亡。

如果你手边有个个案，他的梦境内容主要是个人的，同时并未出现神话元素，但你仍可能会发现神话的特征在其中；在这样的情况下，这个年轻人可能会梦到如同希腊战神玛尔斯（Mars）一般的朋友或是梦到一只野猪。这类角色会有专属个人的名字，但是你仍可看见基本的模式及可能的解决方法或发展。如果你心中对神话有底，千万不能落入对这个年轻人说教，因为这会变成强行加诸神话的意念在其上，不过对神话的理解仍会让你对状况有更佳的了解。自然而然地，在你处理被分析者的黑暗男性阴影人物时，你仍然会受神话思维的影响。你也许可以分享这个神话故事，并提到这让你想起阿提斯——阿多尼斯（Attis-Adonis）的神话，并进而带出全盘的解决。如此一来，这个被分析者就能感受到他的问题不是他所特有的，也不是不能解决的，与之相同的问题已经以特定的方式得到无数次的解决。这也减低了自负感，因为被分析者会觉得自己处在一般的情况，不是特定的神经质反应。神话也因此带来了智性讨论所无法达到的神奇影响层次；神话给了我们似曾相识的感觉，但也总是带些新意及醒悟在其中。

因此，当我们考虑童话中的阴影面时，不应该聚焦在个人的阴影面，而应该是聚焦在集体及群体的阴影面。我们只能建构关于阴影面表现的通论观点；然而，对我而言这一点已经极具价值。人们很容易想到“我的自我”，而没能发现自我同时也是我们的思维方式的一般架构及原型。它之所以是个原型，在于自我的发展所依据的是普世且先天的机制，同时也带出特定形式的反应及表征。我们可以这么说，在世界各地多数的文明中，或多或少都有这种发展自我情结的倾向：我们所知道的“我”是普世且先天的人类架构。儿童早期的发展有许多能量流向自我情结的建立，如果周围环境出现扰乱，这个过程就会被打乱，其中的驱力就会流向极度的自我中心。这个天生的倾向就会是情结的层面，非属个人面向的；但是人类还有另一种天生倾向，强度虽然不及之前所提的，但这倾向会将人格的一部分从自我分离出来，这些被分离的部分就衍生了阴影面的原型面向。只有这些普遍的架构会镜映在童话中，同时会受到童话发源地的文明所影响。

接下来要谈论的第一个童话是由格林兄弟（Grimm brothers）所讲述的德国童话。格林兄弟在德国首发先例搜集童话故事，也唤起了其他国家的人们对搜集童话的兴致并起而效尤。故事是这么说的：

《两个旅行者》(*The Two Travelers*)[1]

山谷不相逢，但人和人则时不时狭路相逢，这可以是好事一件也可能是坏事一桩。一个小裁缝和一个鞋匠在旅途中的交遇就这么发生了。小裁缝是个个头不高，但长得俊俏、风趣且性格开朗的家伙，他看见鞋匠从对面走来，因此开玩笑地跟鞋匠打招呼。但是鞋匠对他的玩笑并不领情，拉长脸、摆了个脸色给小裁缝看，一脸就像是要对小裁缝拳脚相向。但是这个小个子反倒是哈哈大笑，还递上一瓶水，对鞋匠说："我无意伤害你，喝口水，消消气。"鞋匠猛灌了一大口，然后建议两人同行。"好啊！"小裁缝说道，"要不咱俩一起前往活儿多的大城镇去。"

小裁缝总是满脸喜气、活泼热情，两个脸蛋红通通的，因此得到的活儿也多，还不时会得到雇主女儿躲在门后偷偷的一吻；每当他见到鞋匠时，口袋里总会比鞋匠多些钱。虽然坏脾气的鞋匠运气很背，小裁缝还是开心地和同伴分享他所拥有的。两人在路上行走好一阵子后，来到了一座森林，林子内有通往王城的道路。但是林子里有两条路，其中一条需要七天的路程，另一条则只需要两天的脚程，但谁也不知道哪一条是近路，两人商量着应该带上路的干粮。鞋匠打算带足七天的分量，但是小裁缝准备好要冒险，并且信任上帝的安排。两人步上漫漫长路。才过第三天，小裁缝已经吃完所带的干粮，但是鞋匠一点也不同情他。直到第五天，小裁缝饿得发慌、脸色惨白，受不了饥饿而向鞋匠要些干粮分着吃，鞋匠同意给些面包，但要求挖出小裁缝的一颗眼珠子来做交换。小裁缝对此相当不悦，但是他不想就这么死了，也只能答应要求，而没心肝的鞋匠还真的挖出了小裁缝的右眼。隔天，小裁缝又饿肚子了，直到第七天他已经饿到连站都站不稳。鞋匠看在小裁缝可怜的分上，就再给了些面包，但是他也要求小裁缝把另一只眼睛作为报酬。

小裁缝为他过去无忧无虑的生活请求上帝的原谅，同时对鞋匠说，他不应该被如此对待，因为他总是和鞋匠分享他所拥有的每件事物；而且，一旦失去双眼，他就不可能再做裁缝，只能去要饭了。他也要求鞋匠在他瞎了眼之后，千万不能把他丢在那儿孤零零地等死。但是狠心肠的鞋匠心中早没有上帝，他拿起刀挖出了小裁缝的左眼，然后给了他一块面包，为他削了一根木棍好让他在后方跟着走出树林。太阳下山时，两人出了树林，林边立着绞刑架。鞋匠把小裁缝引到绞刑架旁后就抛下他离开。小裁缝因为疼痛及饥饿而耗尽力气，倒头就睡了一整晚。清晨醒来时，他完全不知道自己身在何处。绞刑架上吊挂着两具可怜的罪犯，两个头颅上各站着一只乌鸦，两只乌鸦相互交谈，其中一只告诉另一只：晚上在绞刑架上滴落的露水能够让人重见光明，只要拿这露水来清洗双眼就可以了。小裁缝听到了这段对话，掏出手帕放在草地上，直到手帕被露水浸湿后，再拿来清洗他的眼窝，因而得回一对健康的眼睛。

不一会儿就看见升起的太阳以及眼前的平原，这儿正是王城所在，眼前竖立着庄严雄伟的城门及数以百计的高塔。小裁缝细数树上的每一片叶子，看见飞过的鸟儿及空中飞舞的小黑蚊。他掏出了一根针，当他看见自己能如同往昔一样操针使线，他的心因为欣喜而怦怦跳，立刻跪下感谢上帝。接着他拾起包袱，哼哼唱唱地上路了。过没多久，小裁缝遇见了一匹棕色小马在原野上奔驰，他一把抓住鬃毛意图跳上马背，骑着它进城；但是小马乞求小裁缝放过它，说自己还太小，即便像小裁缝这般轻盈的人都会把它的背脊压断，还央求小裁缝放了它，直到它够强壮为止，也许某一天它会有机会回报小裁缝。于是小裁缝放了它。

但是小裁缝从前一天起就没吃过丁点食物，他看见一只白鹤，一把抓住白鹤的一只脚，正打算宰了填饱肚子之际，白鹤说自己是只神鸟，不但从没伤过人，还能给人们带来许多好处，因此祈求能保住一命。它也对小裁缝说将来必定会报答他，因此小裁缝就放走了白鹤。后来，小裁缝在水池中看见两只小鸭子，他一把抓住其中一只，正想要掐断脖子、大快朵颐之际，一只老母鸭从草丛中游出来，哀求他放了它可怜的孩子们，它说："试想，如果有人想要宰了你，你的母亲会怎么说？"好心肠的小裁缝说老母鸭应该带走它的孩子，因此又把小鸭子放回水池。小裁缝转过身子，看见一棵空心的老树，树上蜜蜂飞进飞出，他说："正是好心有好报！"但是女王蜂飞出来对他说道："你要是胆敢动我的子民或毁坏我的蜂巢，我们会用成千上万发烫的蜂针刺你。你过你的，不要来打搅我们的生活，有一天我们会回报你的恩德，为你效力。"小裁缝因此离开，拖着饥饿的身子进城。到达城里时，正巧是中午时分，小裁缝走进客栈吃了些东西，后来也开始找活儿做，幸运地找到了个好工作。小裁缝的好手艺没多久就闻名街头巷尾，城里的每个人都想要一件小裁缝做的外套，后来他还被指定为国王的御用裁缝。

但是，世上就有这么巧合的事，就在同一天，他的老伙伴鞋匠也成了御用鞋匠。当鞋匠看见小裁缝健康明亮的双眼时，他的良心开始不安，盘算着在小裁缝抖出一切之前毁了小裁缝。因此，鞋匠在当晚完成工作之后，前去向国王报告，说小裁缝是个自以为是的家伙，也说小裁缝吹牛自己能够找到古时候丢失的金王冠。第二天，国王传唤小裁缝到殿前，下令说小裁缝如果找不到王冠，就永远不许回到王城。闷闷不乐的小裁缝打包好准备离开王城，即便他心中百般不舍这里的一切顺利及美好。当他走到先前遇见小鸭子的水池时，看见老母鸭正在岸边梳理羽毛，小裁缝将发生的事一五一十地告诉老母鸭，老母鸭说："就这么点事吗？王冠掉落水中，就好端端地躺在水池底下，你只需把手帕铺在岸边就行了。"之后，它带着十二只小鸭子潜入池里，五分钟后又再度回到水面，翅膀上就顶着王冠，十二只小鸭子则围绕在四周，还用它们的嘴衔着王冠。小裁缝用手帕将王冠包好后带回给国王，国王赏给小裁缝一条金项链作为回报。

鞋匠发现计谋失算，又跑到国王跟前报告，说小裁缝夸下海口说自己能够用蜡做出几可乱真的王宫，而且王宫内的对象一样都不少。国王下旨要小裁缝做出来，同时警告如果少了一根钉子，小裁缝就只能在地牢里度过余生。小裁缝觉得事情越来越糟、忍无可忍，因此他又卷起包袱逃跑了。但是当他走到那棵空心树下，一脸垂头丧气时，女王蜂飞出来问他是否扭了脖子或落了枕。小裁缝说出事情的经过，接着所有的蜜蜂开始嗡嗡作响，女王蜂要他先回家，并在隔天同一时间带着一条大方巾回来。第二天当他抵达时，蜜蜂们已经完成了一个完美的王宫模型。国王龙心大悦，赏给小裁缝一间精致的石屋。但是，鞋匠第三次跑到国王跟前，对国王说小裁缝夸口自己可以在王宫中凿出喷泉，而且喷出的泉水如人一般高，泉水清澈通透如水晶一般。小裁缝接到指令要凿出喷泉，做不到的下场就是掉脑袋。小裁缝又一次只能泪流满面准备逃跑，但是小马跑到他跟前，说它清楚这是怎么一回事。它要小裁缝只管坐上马背，接着小棕马飞驰奔向王宫，如闪电般回旋三圈后猛地栽倒在地，就在那一瞬间，发出一阵巨响，一大块土石弹向空中越过王宫后落下，旋即有一股泉水喷出，如同人马一般高，也如同水晶般清澈晶莹。当国王看到这一切，他在众人面前一把抱起小裁缝。

但是小裁缝的好运依然没能持续太久。国王有许多女儿，一个比一个漂亮，但是却没有半个儿子，坏心眼的鞋匠又一次来到国王跟前，说小裁缝吹牛自己能够为国王凭空带来一个儿子。国王传唤小裁缝并下旨，他如果在九天内给国王带来一个儿子，就能与长公主结婚，因此小裁缝只能回家思索该怎么办。他再次觉得自己什么也做不了，只能卷起铺盖离开，他说："我必须离开这个地方，因为在这里将永不得安宁。"但是当他走到草地时，他的老友白鹤上前欢迎他。他将一切告诉白鹤，白鹤告诉他不值得为这件事白了头，因为它为城里的人们送子已经很长一段时间了，而这一次它可以为小裁缝从井里叼出一个小王子。它要小裁缝回家，保持沉默，九天之后再进宫，而到时候白鹤也会前去宫中。小裁缝回家去，并在约定的时间前往王宫，不久之后，白鹤就飞入王宫轻敲窗子，小裁缝打开窗子，长腿兄弟小心翼翼地走过大理石地板，嘴里叼着一个宛若天使般的娃儿。娃儿对王后伸出小手，白鹤将娃儿放在王后的腿上，王后兴奋不已，小裁缝也抱得长公主归。

而鞋匠反倒必须为小裁缝制作婚礼上跳舞的舞鞋。婚礼之后，他也被永远赶出王城。鞋匠沿着通往森林的路来到了绞刑架旁，在满腔怒火及当空烈焰交互袭击下，因为疲惫不堪而倒下。当他合上双眼正打算睡一会儿时，两只乌鸦尖声飞下，啄出了他的双眼。他发了疯似的在树林里四处狂奔，想必是在林子里死了，因为再也没有人看见过他，也没听说过他的消息。

裁缝和鞋匠在童话中的意涵

乍看之下，你可能会说《两个旅行者》故事中乐观善良的小裁缝代表意识面，而鞋匠则代表阴影补偿面，事实上以荣格派的方式来解读童话的人，也是这么诠释的。他们把这个故事视为代表自我及阴影面的典型故事。我认为这在某方面来说是正确的，但是在我的经验中，如果你从这样的假设开始，结果就会落入死胡同。我会警告你要避免将荣格的概念套入神话角色中，并据以指称这个是自我、那个是阴影面以及那个是阿尼玛，因为你会发现这么做只有在某些时候适用，之后就会出现矛盾点；而最后的结果，就是人们为了将角色强行套入特定的形式而曲解故事。较佳的方式是，与其妄下断语，倒不如先看看这两个角色以及他们在故事中所带有的功能面向，同时也看看他们与其他角色交互联结的形式，并不忘依循以下的规则——在检视故事脉络前避免解读任何原型角色。如此一来，我们所得出的结论，将会跟那些武断判定这两个人物是自我及阴影面的理论有些许不同。

裁缝在童话故事中是为人熟知的角色。在著名的格林童话《勇敢的小裁缝》（*The Valiant Little Tailor*）[2]中可以看见某些相似性，故事中的裁缝也是个成天笑嘻嘻且无忧无虑的小个子，虽然并非勇猛强壮，却打败了巨人，后来还使伎俩让愤怒的独角兽上当受骗。故事里的独角兽被激怒而攻击小裁缝，小裁缝跳到树上后，独角兽一头撞上树木，卡在树中而不得脱身。从这个扩大法诠释中，我们可以下结论说裁缝和捣蛋鬼（the trickster）的原型有关，总是凭借他的聪明机智打败敌人。

依据中世纪的观点，多数技艺都与特定的星球密切相关，而每个星球都为特定的技艺提供庇佑，像是水星护佑厨子及裁缝等。因此，裁缝属于赫尔墨斯（Hermes），也就是捣蛋鬼之神墨丘利（Mercurius），拥有鬼才、机智及化身能力等特质。在古代，裁缝这门生意是小个子的聪明选择，这些娇柔的男人以他们的机智及手艺补偿自身的缺点。此外，裁缝为人们制作衣服；一般而言，我们将衣服解读为与人格面具（the persona）相关。这样的说法某种程度而言是正确的，因为我们掩饰了人格中赤裸裸的真实面，对周围的世界展现一个较为端庄而且比真实自我来得更好的外表。将衣服视为人格面具，这个想法在汉斯·安徒生（Hans Anderson）的童话《国王的新衣》（*The Emperor's New Clothes*）中表现得淋漓尽致。只要有人能够为国王做出最好的衣服，国王就会给他大笔奖赏；一个有着小聪明的裁缝来到国王跟前，说自己能做出极为特别、精致且美丽的衣裳，而且只有诚实、正派的人才能看见这件带有魔力的衣服。国王于是下令订制新衣。他看不见那件新衣，但是并没有泄露这一点，而王国里也开始流传国王会穿上他的魔法新衣现身。全体民众都对国王表达羡慕之情，直到有个孩子大声说："可是他什么都没穿啊！"在那之后，大家都笑了出来。我们再次看见裁缝是个捣蛋鬼，他把国王人格面具中的愚蠢都表现了出来。另外，假若我们研究晚古时期的遗物或是许多文明的过渡仪式及礼仪，我们可以看到人们也会穿上特定的衣着，此举并非为了展现人格面具，而是为了表现他们的真实态度。举例来说，早期基督教会的受洗礼中，人们会将全身浸湿并授予白色的衣服以显示他们新获得的无罪态度，或可说是他们的洁白态度。同时，在光与真理之神密特拉的启蒙仪式（Mithraic Initiation）及埃及女神伊西斯（Isis）神秘仪式中，被启蒙的男性穿着特定的服饰以代表太阳神，同时也将他们的内在原型转化显像在其他人面前。在某个炼金术的寓言中，水银之王（Mercurius）被描述为人类的裁缝师，因为他握有剪刀，能将人们裁剪为该有的形状样貌。他以人们本该具备的形状造型，这不仅仅是针对他们身上的衣服，同时也是一种人类的转化者，可说是改变人们成为真实且真切样貌的心理治疗师。

因此，我们可以说裁缝匠与原型的力量有关，能够为人们带来转化，同时给予人们新的态度。这股力量展现智慧，并且拥有以智取胜的能力。小裁缝的对手是巨人，而巨人是以其身材及极度愚蠢而闻名；一般而言，巨人代表的是强烈的情绪。一旦你被情感抓住，你就变得愚蠢。从神话学的角度，巨人与地震相关。

而独角兽，带着它那好斗的独角，代表的是侵略性的态度，小裁缝则深谙该如何与之争斗。小裁缝也代表着典型人类心理特质中的机智及聪明才智，他帮助个体对抗原初的情绪，并得到较高层的意识。

《两个旅行者》中的小裁缝也是个相当虔诚的人，每当遭遇困难都会对上帝祷告；他对上帝有着极高的信任及信心，因为他积极乐观地相信神会助他脱困。因此，我们可以下结论说，人类凭借着机智及才智对抗情感，在此处是与基督宗教的态度相结合，也就是与基督教的世界观相结合。

鞋匠也与服饰有关，但是只涉及双脚，因此一般的衣着与鞋子之间的差异必须加以区分。如果衣服代表态度，那么对于衣着的解读就必须要与它们所遮盖的身体部位相符合。你或许可以说裤子与性的态度有关，而胸罩与母性的态度有关——女人梦见胸罩，代表着对于母性态度的批判。有句德国谚语是这么说的：男人的衬衫比外套来得更显亲近；衬衫更近于肌肤，因此代表亲密的态度。也有人主张脚是阳具的象征，更有些说法支持鞋子代表女性器官环覆着双脚。

性的层面被隐微地包括在鞋子的象征意涵中，但这并不是个显著的面向：我们可以假设故事中所描绘的社会阶层说话应该会更直接，如果他们所指的是性，就应该会直截了当地说出来，因此这里有着些微不同的意义。如果我们假设鞋子不过就是遮掩双脚的衣着，有了鞋子才能够站在地面，这么一来鞋子代表的就是思维的立场（standpoint），或是对现实的态度（attitude toward reality）。关于这个说法我们有许多支持的证据。德语有这样的说辞：当一个人成年后，他就“脱掉了童鞋”，而我们也说他“穿上了父亲的鞋子”或“依循着父亲的脚步”，即儿子承接了相同的态度。另外，鞋子也与权力情结相联结，因为当一个人想要伸张权力时，他会“把双脚放下”，就如同完胜的士兵，展现出他现在所拥有的权力，将他的脚踩在被他所征服的敌人颈项间。在德国有这么一种说法：拖鞋英雄；意指妻管严的男人，在家里只要她把脚放下，男人就顺服在她之下。因此，你可以说我们对于具体现实的立场或观点总是与伸张权力有关，因为某种程度上来说，如果我们不伸张自我，就无法持有对现实的观点。对于现实，你需要做选择，必须选边站。因此，鞋匠所代表的是一个近似于裁缝的原型角色，但是这个角色特别关注在对现实的观点。

鞋匠被视为最低微的专业之一，甚至比裁缝还要来得低微，不过根据童话的社会阶层来说，这两者都不是高层级的专业。有许多传说及故事都与鞋匠的低微阶层有关。有个关于罗马帝国时期隐士圣安东尼（Saint Anthony）的传说，据说他看见上帝的天使，因此认为自己已经达到某种境界，同时自认为是个伟大的圣徒。但是，有一天，天使告诉他在亚历山德里亚（Alexandria）内还有一个比他更加圣洁的人。圣安东尼为此感到忌妒，想要见见这个人，天使就将他引往亚历山德里亚极度穷困的区域。他抵达一个简陋的小屋，屋里有个老鞋匠及他那可怜的妻子正坐在那儿制鞋。圣安东尼对此感到相当吃惊，但是也主动对这个鞋匠说话，他想厘清鞋匠到底是哪一点比他更圣洁。他问了鞋匠的宗教观及他对宗教的态度，但是鞋匠只是抬头看看他，说自己不过就是制鞋养活妻儿。圣安东尼因此开悟。圣安东尼致力于提升自己的圣洁，但这个故事展现了鞋匠跟圣安东尼对现实持有如此不同的观点。对于现实，鞋匠保有的是完全的人性及谦逊，这是大部分圣徒所欠缺的，也是上帝的天使要告诉圣安东尼的。有句谚语是这么说的："鞋匠，守住你手中的工具。"因为一旦他没了工具，事情就会变糟；这就是人与现实的关系，我们必须全然地带着现实主义的观点，同时带着个人的局限。这个鞋匠照此而做，以这句谚语来说，他是对的。

国王与神秘生命力量

两人游走一阵子之后，来到关键性的时刻，鞋匠及小裁缝同时成为国王的仆人。鞋匠开始他的阴谋，而小裁缝最后与公主结婚，但是他并没有成为国王，这一点是不寻常的。在其他的童话故事中，当小人物与公主结婚，都暗示着通过婚配让小人物变成新的国王。可是在这个故事中，白鹤为国王带来一个儿子，他很可能成为国王的继承人（而不是小裁缝）；除非这个孩子夭折，不过在童话的氛围里这是不太可能的。也许我们需要问一问，通常像是乡下人或鲁钝的小人物，或是裁缝及鞋匠一类的人，抑或寡妇的独生子等，当他们与公主结婚之后就成为未来的国王，这一点到底代表什么？因此我们必须探究国王的象征意涵。

关于国王的象征意涵，我建议你阅读荣格的《神秘合体》（*Mysterium Coniunctionis*）[3]一书，其中有一篇完整的章节谈论这个主题。国王在原初层级中代表着国家及部族的拟人化，或是神秘生命力量的载体；这说明在许多原始文明中，国王的身体健康及灵性力量得以保证部族的力量，而当国王失能或生病时就必须要被除去，正如同我们在英国人类学家弗雷泽（J.G.Frazer）《垂死之神》（*The Dying God*）[4]一书中所看到的。若干年之后国王会被罢黜，因为这个力量的载体必须永远都是年轻的。国王是转世的神，是部落的生存力量。这一点很明显地表现在上白尼罗河区（Upper White Nile）的希鲁克（Shilluks）部落：当老国王必须被除掉时，国王会和一个完封处女一起被锁在草屋里，相伴饿死，那个所谓的王座（一个天然原初的小椅子）会被放在草屋前，老国王的继位者端正坐在椅子上。在死亡的那个片刻，老国王的生命魂魄进入新国王的身体，从那一刻开始他就是新国王，也是这个原则的承接者。再度做下结论，你可能会说国王拥有自性象征的所有面向，但事实上这过于概括，也不正确。虽然国王是生命的法则及上帝的意象，也是身体及精神组织的中心，因此他带着自性的投射，也就是整体调节控制中心的投射。但这个说法在自性原型的范畴内是不正确的，依据我们的经验也并不全然如此。此外，故事中我们得到的是一个垂死国王的意象，或是必须要被废掉的病国王或老国王意象，这一点与自性作为心灵调节中心的想法不符，心灵调节中心是不需要被废掉的。因此，从哪方面来说国王是自性，或国王不是自性？答案就在我先前提到的希鲁克人的仪式中。国王不是自性，而是该原型经过特定构想而衍生的象征。在我们的文明里，基督是王，他是自性的象征，是经过特定构想的自性面向，主宰着我们所属的文明；基督是王者之王，是主导的内涵。我会说佛陀是佛教文明所架构出来的自性象征，因此国王不是自性的原型而是自性的象征，这个象征已成为某个文明的中心主宰表征。我们似乎可以看见有个原型的通论效度法则存在，在集体人类意识底下所形成的每一个象征，在经过一段时间之后，会因为特定的意识惯性而耗损并抗拒更新。大部分的内在经验，在经过十或二十年之后会失去部分的强度，尤其是在集体层次，大部分的宗教象征倾向于随着时间耗损减弱。试想所有的孩童都与基督的象征相联结且都成为基督徒，但是当他们六岁时就已对此感到厌倦且关上了内在耳朵，因为对他们来说，这已经变得有些像口号，不再具有意义，也已经失去它神圣的特质及价值。也有些父母及牧师告诉我，从务实角度来说，不可能总是写出自己能够身体力行的布道词，因为无可避免地总会有那么些时日会感到心生疲惫或是会与妻子有些口角，而这时候，“耗竭”的效果就会特别明显。如果基督对他而言是全然神圣的，这样的状况就不会发生。这似乎是个悲剧性的事实，人类的意识倾向于单向且单轨，并非总能随内在历程而调适，因此才会建构出某些真理，同时持守得过久。

相同的情况也适用在个体的内在演进中，某人有个内在的经历已存在一段时间，但是后来生活出现了改变，而态度也应随之改变，但是此人却不察，直到梦境显示他必须重新调适。在中年时期，意识倾向于坚持特定的态度而没有即刻发现如今生命的内在导向已经改变了，意识也应该随之改变朝向死亡。宗教的内涵也是如此，一旦这些宗教内容变得意识化且得到传讲，就失去了这些内涵原先具有的当下新鲜感以及它们所带有的神圣性。因此，伟大的宗教系统会经历更新运动或出现全面转变、更新或再诠释，如此一来系统就得以重拾当下的新鲜感及原初的意涵。年迈的国王必须被新国王取代，就代表着这个普遍的心理法则。但凡事物成为公认的，某种程度来说就是被定谳了，只有智慧才能看清这一点，也才能准备好面对态度的改变。但是，就如同个体通常会坚持他旧有的态度，集体也是如此，而且更甚于此。那么我们所须面对的就是这个对内涵带有潜在危险性的惯性。国王更新之谜，指的就是这一点。国王还有另一个意涵向度：他不仅仅是文明的深厚希望所在，同时也是宗教的表征。为了要避开国王三不五时必须要被处死这个无可避免的悲剧，人们试图给他加倍的力量来因应，也就是让他同时拥有巫医及国王的双重角色。巫医并不涉入过多与组织及俗世相关的活动，因为他的任务在于直接因应宗教经验。因此，在许多原始部落中会出现国王及巫医彼此不协调的状况，巫医是国王身后的“幕后操手”，或者应该说他是受首领绝对法则所操控的。这种争斗在我们的历史中也得到延续——当天主教会试图凌驾国王的权力，或是当国王试图取代教宗的权力或试图支配教宗并规范天主教会的宗教生活。权力分立背后的理念是让两者分开，如此一来，宗教面向得以有更新的可能性，而组织则应该谨守其责任。通过这样的安排，就有可能在两极间维持平衡，一方面保有意识一致的心理倾向，同时也维持内在不断更新的必要性。但缺点则是双边权力的争执及分裂，不过事实上双边的权力都同属于心灵。

童话故事中总会看见小人物经历许多历程及转折后，成为下一任国王。我们需要进一步研究这一点所代表的意义。如果由王子成为国王，从继承角度来说他是对的人，因此我们会说这是在同一个主宰力量内的更新，由天主教会所衍生的亚西西的方济会会规（Order of Saint Francis of Assis）就是个例子。当时天主教会曾面临一段危险的时刻，因为方济会会规可能带来一波独立的教会运动，但是因为这个运动仍然维持在天主教会内部，因而成为灵性生活的复苏运动，这可以模拟成王子成为国王。另外，如果童话故事中让一个默默无名且出乎意料的人成为国王，那么集体意识的主宰更新，不论从社会还是原型的角度来说，都是从一个最不被预期的角度出现。将圣母升天（the Assumption of the Virgin Mary）[5]视为教会的教条就提供了例证。在某些神学圈，这个新教条是相当被看不起的，但是教宗强调这符合一般大众期待实现的希望。教宗与庞大的反对力量对谈，他同时也提到葡萄牙法蒂玛（Fatima）的圣母显灵一例。[6]因此，圣母升天的教条较大的程度是奠基在一般人的感觉运动而非奠基在神学的思维中。据说教宗自身就曾有显灵的经验（虽然这并没有被正式提及）。从一个超乎期待的角落，像是在教宗的无意识中，这样的新象征就被显现出来，更新出自超乎预期的所在。

小人物与当代问题的解答

一般而言，我们可能会作出以下结论，认为如果童话里的一个小人物成为国王，就说明集体意识的更新历程来自超乎预期之所在，来自心灵中被官方轻视的部分，或来自小人物；因为对群体而言，小人物以一种混杂的方式，远远较有学问的人承受着更多来自原型发展的暗流。举例而言，在学院或学术圈中，人们认为现代人的生活中充斥过多的技术，与自然的关系疏离。处在主导阶层的人们对这现象是有所觉察的，但是离开村落到工厂工作的乡下小男孩却无所觉察；不过，他因此所受的苦却是即刻直接的，很可能会因此心生绝望，也或许会痛恨他的同辈，但却不清楚他实际上承受的是这个时代的病厄之苦。在他的心灵中，对于态度改变的渴望可能会汇聚形成，并且会以象征的形式展现。他可能会试图参加更新生命的聚会活动以克服他的困难，因为他是从一个相当原始的层级来看待一切，而他也可能试着通过这样的方式来疗愈他的疾病。如此模糊的受苦经验可能通过象征性的方式得到解决，他也可能觉得人生毫无意义而饮酒度日。因此，我们可以说，人群中小人物的心情、内隐的渴望以及需求，清楚显示我们这个时代所需。当我分析那个阶层的人们，总是为他们梦境中的原型素材感到惊艳不已；相较于那些受过教育的人，小人物所关怀的似乎才是我们这个时代的问题。一个可怜的女孩受尽害怕及焦虑之苦，她的世界被乌云笼罩，没能看见自己可能是时代的受害者，但她反而可能以更加清晰且令人惊奇的方式，梦见我们当下的问题。你可以说这类带有警世观点的梦境正与做梦者的灵魂共谋其事，通过分析未受教育者或小人物，我们有太多可学习的！

我想要以一位学校老师的灵显经验举例说明。她前往邻近的城镇参加一个在世界知名的教堂里所举办的人类智慧学

（Anthroposiphic）[7]会议。她走出会议厅，看见乌云满布，同时发生地震，仿佛世界末日一般。在教堂上方的塔楼最高点，她看见死神骑在马背上的铜像，听到一个声音说："死神降临并策马入世。"塔楼开始扭动，宛如生产的妇人般，而死神的雕像也不停晃动。女人冲回会议室里说："快来看，死神已被释放了。"这暗示着许多因为疾病或战争而带来的死亡。但是当她再度回头望，塔楼在死神跳下后已然恢复原貌，如今站在最高点的是个美丽的女性石雕，这让她浮现更大的信心。

你可以从个人的角度来理解这个灵显经验：她秉持极度基督教的态度，相信禁欲主义，从不允许自己有任何的欲望，但不为人知的是她有着想死的念头。因为觉得个人无关紧要，她下定决心要帮助他人并完全放弃自己的人生；同样都是建立在死亡的原则下，带出的结果却是她因着基督教的禁欲主义而在心理及生理上毁了自己。这就是这个灵显经验的个人面向解读，秉持基督态度的最高原则，为死亡而不是为生命服侍。她过的是"效法基督"（imitatio Christi）式的生活，意味着必须要在年届三十或三十二的时候死亡，并且自己承担苦果。此外，她也受阿尼姆斯附身，全面排除生命的阴性面，其中的缺失也符合基督教原则。

在她的灵显经验中，死亡原则被女神所取代，因此这个灵显有个人的含意在其中。此外，当时她认为自己有初期的癌症症状；另一方面，在个人意涵中也显示当代的问题，即使我们已经有了圣母升天的教条。这个女性带着集体的命运，同时集体无意识也在她的无意识界中毫无遮掩地全面显现。她也曾经梦见当自己坐在户外时听到嗡嗡作响的噪音，并看见一个巨大的圆形碟状物飞过空中，那是一个载满人类的金属制蜘蛛。蜘蛛内部有阵赞美诗歌或祷告重复提到：“保我们在俗世，引我们至天堂。”这个物体持续在国会大厦上空盘旋，像是幽浮之类的东西，处在室内的人们都极度害怕，因此人们飞快地签署和平协议，接着这个做梦者发现自己没穿衣服。这显示她有着类分裂型的气质，但是在那以外的则是时空情境的描写。以上就是朴质梦境或灵显的例子。

我也分析过有相当程度自杀意念的女佣，她深信自己所经历的灵显经验是必须在当代传讲的宗教启示。她打定主意要写下剧本并寄给华特·迪士尼，而从她所写的草稿来看，内容一点也不愚蠢。她所拥有的，同时也是她想要加以运用的灵显经验，清楚地显示可被用来治愈我们当今所面临的问题。但问题出在这女人的教育程度无法让她适当地带出这些想法，因此只能卡在动弹不得的状况。这类人必须得到具体的帮助，但最大的问题在于其中是否有足够的生命力。如果这个女仆本身是个相当有活力的人，我会要她去参加瑞士米格罗集团（Migros）的课程，让她去学习进而去服务并且忠于她的灵显经验，这将可以让她有所专注，同时也为目标而活；但实际上她并不是个有活力的人。很不幸，类分裂型的人们通常没有足够的生命力，因此你只能借助你自己或是找寻别人的生命力来帮助他；而且，通常这类人处在生理受苦的状态中，因此不能将内在的内涵物带出成形。历史上出现过这类人们成功的案例，像是德国的神秘主义者雅各布·贝姆（Jakob Boehme）；他是个鞋匠，但也将他的灵显经验写成宗教启示。虽然你可看出他并没有足够的学识将经验以较适宜的方式表现出来，但是他仍给所处的时代带来显著的影响，而他个人的内在经验也为他人带来颇多的意义。这类潜在的“雅各布·贝姆”其实比我们以为的更多。

因此，当社会上这样的汇集够强大的话，凡事就有可能发生。例如，基督宗教就曾经如此，一夜之间，一个全新的宗教态度在底层的群众之中升起。起初基督教并没有上达罗马社会的上层阶级，而是从奴隶间开始的，当时的人们经历基督显灵经验，而相当个人化的启示如火一般蔓延在小人物群众中，同时也传达了他们想从奴役层级中得到解放并获得新的目标：亦即从底层得到更新。国王被工人或奴隶所取代，他们变成了主导的象征物。甚至在字面上就是这样描写，称基督为王者之王，同时也是人类的仆人。

当光线落在物体上才会投射出阴影

故事中的国王尚未被罢黜，小裁缝并没有成为王子但却与王室联姻，而小裁缝与鞋匠都曾经在王宫中服侍。因此，假若检视整个架构，我们有个国王，不好也不坏，但却在衰败中——从国王需要协助以得到儿子，以及从被丢失的王冠，我们得知了这一点。他正步向衰败的状态，但是仍然有足够的力量得以保全自己的地位及王宫。在集体意识及其主导的象征物两者间，有两股对立的因子兴起，通过国王这个角色而相互争斗。首先是鞋匠，接着是小裁缝先后得到国王的信任，前者扮演恶魔或是被逐出天堂的路西法（Lucifer）之类的角色，就好比是《约伯记》（*Book of*

Job）中的撒旦，它对乔布感到不满，声称乔布是因为富有才敬神，但是一旦将他的财富拿走就得见其真面目。鞋匠本身的功能，缩小来看和这个故事是一模一样的：他赢得国王的信任，而小裁缝则承受上方极大的压力。

说小裁缝代表意识面而鞋匠是阴影面，这样的结论下得有些过早了。你也可以说两者都是国王的阴影面。童话故事中每个角色都是其他角色的阴影面，故事中所有的角色都是彼此相互对应的，而所有的角色也都有补偿性的功能在其中。因此，我们必须使用阴影面待考证（shadow cum grano salis）一词。

我们可以假定国王代表的是当代的主导集体象征物，也就是代表基督教信仰，但是我无法确定它所代表的时代是十六、十七世纪还是十八世纪。在童话故事中，即便能得到外在的指针也很难断定其年代。如果在故事中提到手枪，这一点提供了参考指标，但也并没有确切的实证。若童话故事跟《丘比特与赛姬》（*Amor and Psyche*）很相似，可能显示了故事的基本架构是两千年前或更早之前的，因此，故事的时间点或许可以转而从内而非从外在的指标来得到验证，亦即通过原型情境而得到验证。我们可以说，或许国王代表的是主导的基督态度，并未达到要被完全废除或被更新的状态，但是已经不再强而有力。从两个游走人物的形象中，兴起了两个原型因子，两位神，分别是墨丘利与萨登，两者在王宫中汇聚一堂，而问题则在于到底谁会胜出。童话故事中如果没有阴影面这样的事物，就会有原型人物的替身，他的一半是另一半的阴影面。所有情结和普遍架构，抑或者说我们称之为原型的集体情结，都有光明及黑暗的一面，同时有两极对立的系统。原型的模式可说是由两部分所组成，其一是光明，另一则是黑暗。伴随着大母神（Great Mother）原型的是巫婆、邪恶的母亲、美丽聪明的老女人以及代表丰饶的女神。在灵魂的原型内，则有智慧老人，以及许多神话中带有破坏性、如同魔鬼般的魔法师。国王的原型可能指向部落或国家的丰饶及力量，也可能指向一位因为无法发展新生命而必须要被罢黜的老人。英雄可以是生命的更新，或是强大的破坏者，抑或两者皆是。每个原型人物都有它的阴影面，我们并不清楚原型在无意识中到底是什么样子，但是当它进入意识边缘，比如在梦境中那种半意识的现象，它就会显示出双面特性。只有当光线落在物体上才会投射出阴影。

也许无意识中的情结是中立的事物，它是一种对立情境（complexio oppositorum）；是因为意识之光落在物体上，它才倾向于发展为成双成对的是与否、正与负。神话学中的双子母题总会有双面性存在，一个内倾另一个则外倾，一个是男性另一个则是女性，或一个较灵性而另一个则较具动物性；从道德的角度来说，并没有哪个比哪个好，不过在神话中你会看见其中一个是善良的，另一个则是邪恶的。当意识中出现了伦理的态度，双边的态度就得到伦理的区辨，但是假若没有伦理意识涉入则不会如此。在我们的故事中，有善良与邪恶的差异。犹太教及基督教的态度让伦理冲突尖锐化，因此，我们的文明倾向于以道德方式做出是非黑白的评判，不让事物模糊不清。如果原型人物出现替身，它同时也在道德上得到双面性，我们就会看见不仅是善良与邪恶的分野，也同时是光明与晦暗的区别；这就是我们的宗教系统对伦理反应的强化。

外倾性与内倾性的对比也通过小裁缝及鞋匠显现出来。鞋匠因为考虑到他们可能会饿肚子而带上七天的干粮，而小裁缝所拥有的则是外倾且较光明的态度，这让他在未经深思熟虑的状态下，从一个情境转入另一个情境；从这一点来看两人正好是相反的。如果我们回顾国王作为基督教主导的象征意涵，从这一点来看，这两个人物就成了一对，其中之一倾向于难相处的内倾型，另一个则是轻松的外倾型。这到底是我们的幻想，或者基督信仰已然呈现这样的问题？我认为的确是有这样的问题存在。基督象征，特别是当你检视基督教信仰在美国的支派（这些支派都带有特定程度的外倾驱力特色），对生命抱有乐观积极的观点，对上帝深度相信，并且怀有基本的基督教乐观主义。这是一种基督教的态度，因为基督信仰论断上帝是善的，而只有当善不存在时恶才会存在，这样的态度创造了对个人内在与对上帝的信心，同时也倾向于忽视或不过分强调个人及他人的邪恶面这个现实。我们也有另一个对发展持反对立场的卡尔文主义（Calvinism）以及其他悲观的基督社群，他们是全然的非基督徒，在伦理态度上严重欠缺慈悲心，带着一种慢性忧郁的黑暗气质，这在特定的基督教思维中也能看见。这就呼应了鞋匠的类型，他的一只眼睛看着现实的苦难。如果在基督宗教信仰内研究这些苦行的运动，你会发现生命没有喜乐可言：人们必须忧伤，必须要忏悔自身的罪过，也不能享受美食，因为那将让耶稣基督不悦。

这些人很富有，他们"很踏实"，抱持着怀疑的、现实的、不相信的态度，同时跟其他人比起来他们扎根于世界的黑暗面，这些都出于他们对生命中的邪恶及黑暗面的警惕。乐观的人通常因为看不到难处而在背后中枪，他们要不是被其他人所射杀，就是被从自身内在所跳出的破坏性阴影面所伤。

因此，我们可以说小裁缝也代表着基督世界内的单纯态度，对上帝保有希望及信任；而鞋匠则是与之相反的，是前述态度的阴影面。两者都是某个时期的基督文明特性。

自性的每个强力象征物都联结了对立面，当它失去了力量就无法发挥其功能，而对立面也开始崩裂。如果国王是全然有力的，他将会让鞋匠与小裁缝和解，同时会下令让他们互相合作而无暇争吵，但事实上国王并非如此有力；两人成为对立面，这一点表明了国王的虚弱。故事中的国王信任鞋匠并听信他的邪恶暗示，让小裁缝陷入困厄。国王不仅失去他该有的掌控力，还听信谗言。故事最后是个大圆满的结局，但也不全然如我们所预期的。我们可以说，此时仍有集体意识的强大主导力，但是因为对立的力量分裂且交互抗争，这一点显示它已失去了适切联合对立面的力量。这样的削弱状况指出我们所处文明的景况——对立两极相互抗争。你可以通过下面的图例来描述之：

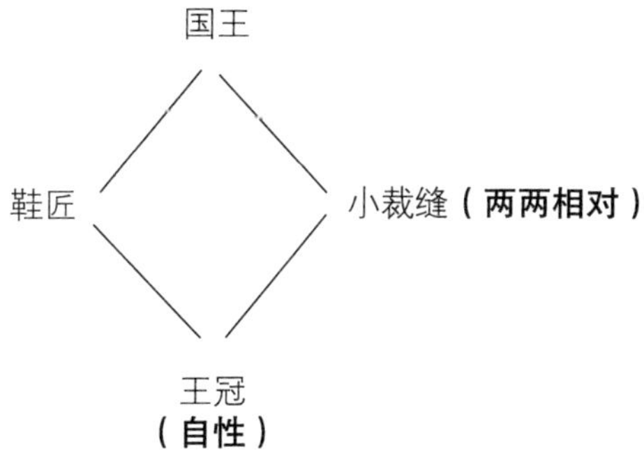

当国王开始失去力量，对立轴将会提高，凝聚张力，而国王也在两者间摆荡，一开始相信其中一方，后来又转移到另一方，显示联合的象征开始虚弱。我们虽不该以个体的心理学来看待，但是这其中确实蕴含着个体发展的模拟：也就是说，只要自我的态度强力投入生活中，同时也与本能相呼应，就能够将对立两极守在一起。生活中总会面临有些阶段，个体因为被生活所填满而对立面的问题显得不这么迫切，个体知道自己有阴影面，也知道事情总有正面及负面，但是对立面似乎并没有给个体带来太多困扰。然后，也许因为某个原因，自我被卡住了，失去了它的可能性及创意能力，此时对立面分裂，各式冲突升起。在这之后，自我像国王那样摆荡在两极中，努力想要认同其中一边或是另一边。它不再能够保有中庸，而是听信谗言选边站。

这是分析情境的典型状况，但这也是生命的正常历程，自我无法与较深层的本能人格联合一致时，将被拉扯在对立两极间。如果自我能够直接联结自性，自性本是联合的象征物，冲突就会退下而自我也能够在整体中运作。这是对立功能的正常形式，而主要的驱力也再一次成为生命流，自我为源自整体的生命流而工作，或随着生命流而运行。冲突从来都不会真正得到解决，但是投注于其上的情绪则会削减，个体受苦难而成长，冲突也被吸纳入生命的新样貌，而个体最终能够平心静气地以不同的视角回头看这一切。

注释

1. 原书注：*The Complete Grimms Fairy Tales* (New York: Pantheon Books, 1972), pp. 486ff.
2. 原书注：*The Complete Grimms Fairy Tales* (New York: Pantheon Books, 1972), pp. 112ff.
3. 原书注：*The Collected Works of C. G. Jung, trans.* R. F. C. Hull (Princeton, N.J.: Princeton University Press, 1957－1979) 14, chap. 4.
4. 原书注：James G. Frazer, *The Golden Bough,* Part 3: The Dying God (London: Macmillan and Co., 1919), chap. 1.
5. 译注：圣母死后灵魂及肉身同时升天是许多天主教教会的信仰，圣教会于1950年11月1日钦定"圣母的圣身荣召升天"为该教会的教条，由教宗庇护十二世宣布：By the authority of our Lord Jesus Christ, of the Blessed Apostles Peter and Paul, and by our own authority, we pronounce, declare, and define it to be a divinely revealed dogma: that the Immaculate Mother of God, the ever Virgin Mary, having completed the course of her earthly life, was assumed body and soul into heavenly glory.
6. 编注：指1917年5月至10月，三位牧童声称在葡萄牙法蒂玛附近的空地上看到圣母玛利亚，她向他们透露了三个秘密，并规劝牧童们通过忏悔和牺牲来拯救罪人的历史事件。
7. 编注：又称"人智学"，由奥地利哲学、科学、教育学家鲁道夫·斯坦纳（Rudolf Steiner）所创立，以扭转人们过度朝唯物主义发展的倾向为目标。

| 第二章 |

处决

小裁缝和鞋匠同行，小裁缝满心喜悦而鞋匠孤单又满心忌妒，当他们走过树林时，悲剧就开始了，结果就是鞋匠对小裁缝进行报复。鞋匠带着阴沉且内倾的特质，就像是普罗米修斯（Prometheus）[1]；他考虑要比小裁缝带更多的干粮，而小裁缝身为厄庇墨透斯（Epimethean）外倾型的人，只能通过经验来学习。这是内倾型与外倾型之间的差异：内倾型的人担忧一辈子，总是思量未来，但是他的风险在于成为一个悲观的人；而外倾型的人则先一股脑跃入每个情境，之后才会观看思量，当他发现自己跳进洞里，就从那儿奋力逃出，口中说着我根本没看见这个洞。当这两个态度都过于单向发展时，自然会是具有毁灭性的。在这个故事里，两个人在树林里走失，饱受饥饿之苦，而鞋匠带有干粮，他将干粮卖给小裁缝，代价是小裁缝的双眼；也就是说，他试图破坏小裁缝的健康以及他与生命的联结，这些是他所忌妒的。

你可能会说无意识的反向倾向，即那个忧沉的、带有怀疑及内倾的态度，蒙蔽了另一面，也夺走了小裁缝看清事物的能力。举个例子，有个成功的生意人，有着强烈的外倾驱力，他渐渐因为忽视他的内倾面而开始对事物心生怀疑。如果他不转向自己的阴影面并努力检视其心情来由，就会因此而被蒙蔽，犯下接连不断的错误；因为阴影面会强迫他改变态度，若不是自愿改变，就会被逼得不得不改变。也许他的生意会失败，或者因为生了场病而被迫发展另一面。我记得有个非常外倾型的律师，他因着外倾的态度而获得相当成功的人生，但是不愉快及负面的心情开始出现。在一次与他的谈话中，我提到也许独自放个假，去看看自己的另一面会是个好主意。但是他婉拒了这个建议，他说如果独自一人，他就会陷入抑郁，被忧郁情绪所淹没。后来他出了一场严重的意外，因摔断了髋关节而住院八个月；因此，他无从逃脱，被迫独自度过了他的假期，对立的另一面也强加在他身上。这就是对立双边运作的机制，正如同鞋匠与小裁缝，结局是鞋匠让小裁缝失去双眼，后者被遗弃在绞刑架下。

罪犯是神的黑暗面工具

绞刑架与被绑在上头的两个可怜恶魔，是我们需要进一步讨论的有趣母题。将坏人绑在树上以除掉罪犯，是个相当古老的习俗。最早是作为献祭：例如在古时候的德国，将罪犯施以绞刑作为对沃登神（Wotan）[2] 的献祭。当时的人们不仅对罪犯施以绞刑，对战场上俘虏的敌人也同样如此。胜利的一方会对他所俘虏的战犯说："现在我要将你献给沃登神。"沃登神本身就是在树上被施以绞刑的神，他被绑在宇宙树（Yggdrasil）上九天九夜，后来因为发现了卢恩符文（runes）[3] 而得到神秘智慧。德国古老的信念相信被悬挂在树上是对这位神的献祭。而在基督教信仰中，你可以看见这个原型的意念以基督被钉死在十字架上的形式表现出来；这同时也表现在小亚细亚区域，丰饶之神阿提斯（Attis）就是被吊挂在杉树上。他被杀了之后，他的图像被挂在杉树上，这也带来春季庆典上吊挂阿提斯图像的传统。

将敌人杀了，但目的不在社会复仇或审判，而是以较古老的方式献给神——我们必须要进一步追问这样的作为背后的意念。我认为这里存在着比单纯的审判更深层且更具意义的意念。对抗人类内在的邪恶力量时，最让人震惊的是，假若有人是极具破坏性的——不单单只是懒散或不诚实这类存在于每个人身上的小过错，而是具有真正的破坏性——人们就会立即认为这是非人类的。特别是在精神病或是精神错乱的状态下，有时候我们会遇见如此冷酷、无人性且如同恶魔般的破坏力，其中伴随一种如此“神圣”的感受，让人感到无法招架。这股破坏力让人感受到一种凉到背脊的战栗感，它实在太残忍、太冷酷了；它太令人惊恐、太过震撼，当这样震撼及恐怖的事物出现在人类身上，足以让人做出冷血谋杀。

我没有处遇过真的做出谋杀的人，但是我遇过曾经差点走到这一步的人。这样的经历让人为之颤抖，同时会想说：“不关我的事！”在此同时，个体也会感觉到这是如同神一般的事，不再是跟人类相关的。我们使用“非人类”这个词，但我们也同样可以说这是如“恶魔般的”或是“神圣的”。原始的意念会认为，当某人做出谋害或犯下极为恶劣的罪过时，他就已经不是他自己了，因为他正在做着只有神才能做的事；这个意念非常适切地说明了前面所提到的情况。当某人杀害他人的当下，他和神是一样的，也不再是人。人类成为神的黑暗面工具，在那个时候，他们被附身了。某个人想象自己可以杀了自己的同类，也就是杀了跟自己有着相同本质的人，这并不是常态，它超越了人类本质，就这一点来说，他的所作所为就有着恶魔或神圣的特质。这就是为什么在原始部落中的仪式性处决，通过杀死罪犯，你得见其中并没有道德的裁判元素，犯罪者就只是承担他的行为后果。原始人认为如果人类表现出仿若神的行止，那么他就承受神的命运，就被待以神的形式而被施以绞刑、被处决或是被分尸等。个体不能同时身处人类社会，但又表现出如同神明般的行止而随意杀戮。

我曾读过一篇文章谈到北美印第安部落处决一名族人，族中有个巫医犯了错误，他对族人收取高额费用，而他的迫害习性所造成的伤害让他被视为毫无人性可言。他搜刮了寡妇的一切，还让她自生自灭，他的所作所为远远超出了人类的限度。这些行为激起了部落的怀疑，但是在很长的一段时间当中时机都尚未成熟，因而这些怀疑就被埋在台面下。这个巫医仍然我行我素，但也因为感受到四周的批判声浪，反而变本加厉，这或许是为了弥补内心的不确定感。他仍声称自己是最好的巫医，直到部落间的耳语流传越来越强烈，说他必定是被恶灵附身了。

有一天，部落的长老告知巫医，整个部落都认为他被恶魔附身了。巫医没有否认，于是族人把他带到沙漠中，以酷刑试炼来验证这是否为真。他们做了沙画，其他巫医们也呼召神灵，指出这位巫医被恶魔附身，并询问是否应解救他。这个被指控的巫医与其他人一起祷告，但是因为没能得到答案，最后巫医就被处决了——他被四马分尸。巫医自己也同意接受行刑，对他而言，这并不是被道德谴责的问题，而不过就是躲不开地堕入恶神之手，失去了人性。他对所受的处决感到心安。这是面对人类身上邪恶力量的自然行为表现，这个表现看似让人印象深刻，也接近于这些事物的心理真实。这样的接近感或许也揭露了为何古代的罪犯总是会被施以与神明相同的处决方式；个体认知到他们落入暗黑神祇之手，也因此必须要承受他们的悲苦命运。

神明吊在树上——生命的悬挂状态

将神吊挂在树上、绞刑台或是十字架上，其象征意涵是相当深奥的。这样的命运通常会压倒人类身上最让人感兴趣的神性部分，神明的慈爱部分落入被悬挂的悲剧，而这与文明的产生有关，在沃登神话中可见一斑——被悬挂在树上的沃登神后来发现了卢恩符文，暗示着人类意识的进步。我们首先必须进入树的象征意涵。在《炼金术研究》（*Alchemical Studies*）[4]的《哲学谱系树》（*The Philosophical Tree*）章节中，荣格指出树象征着人类生活、发展及意识形成的内在历程。我们可以说树在心灵中象征着我们内在有某种事物正在不受扰乱地生长及发展，自我的作为都与它无关；这是一股开展且持续的驱力，朝向个体化历程，且独立于意识之外。在欧洲部分国家，孩子出生的同时会植下一棵树，这棵树在人死后也会跟着死亡。这个作为所表现的是树木与人类生命的模拟——树承载着生命，就如同圣诞树上的光，而太阳从树顶升起也暗示着朝向更高意识的成长。有许多神话故事将树与人类相比拟，或者让树以树人的方式呈现。自性是树，是远较人类自我来得更伟大的。

我们的生命历程中，有一部分就如同文学传记作家所写出的剧作，但是在其背后有个神秘的成长历程，它自有定律，而且就发生在幼年到老年生命转折的传记式情节背后。从神话学的脉络来看，人类整体可比喻为树。以人为形象的神明被吊挂在树上，这个母题镜映了人类存有的悲剧：意识将人不断地拉开，试图解放自己，以自由意识行事，但是后来他又痛苦地被拉回内在历程。

如果以这样的痛苦形式呈现，这个挣扎就显示出一个悲剧的意象体现，这说明了整个基督宗教的哲思中对于生命所带有的悲剧性观点：我们必须接受禁欲且压抑某些朝向成长的驱力，以追随基督。其中根本的想法是，人类生命乃奠基在冲突之上，必须不断斗争以朝向灵性；灵性并不会自动来到你面前，而是通过受苦而带出。相同的想法也表现在更古老的形式，显现在沃登神话中，亦即沃登被吊挂在树上的意象。沃登神是不朽的流浪者，祂漫游在世界各地，是冲动之神、是愤怒之神、是诗意的灵感，是人类内在那持续不安的元素，如果这样的神明被悬挂在树上九天九夜，所有的一切从情感中爆发出来，他最后发现了卢恩符文，我们也得以依此建立起凭借文字书写而形成的文明。

当意识及动物人格处在与内在成长历程对立的状态，就是受苦于十字架上，也正是处在这个将神明吊挂在树上的情境，这是非自愿地被钉在无意识的发展，他试图要脱离但却无能。我们被钉在比我们更大的事物上，这些事物远胜过我们且让我们动弹不得。

比基督教钉刑神话来得更加古老的阿提斯神话也以特定的形式来表征这一点。阿提斯是大母神的爱子，本身是神圣少年，既不老也不凋零；他代表着永恒少年（puer aeternus）的模式，是永恒少年之神，永恒美貌。这个角色不受悲伤、人类限制、疾病、丑恶及死亡之苦。大部分有着坚定的母亲情结的年轻人，就如同这个神明一样，都会在生命的某个时刻，经历到生命历程不允许这样的永恒心境，此时就必须要死去。在完整的生命历程中，生命的前方满是意义及光彩，但我们知道这不会持久存在，它总是会被生命的黑暗面所破坏。因此这个年轻的神明总会早夭、会被钉在树上，树在此时又成了母亲；那个给了他生命的母性原则，将他以负面的方式吞回，而丑恶及死亡就降临在他身上。

有时候你可以在年轻男子的身上看见这一点——年轻男子到了该结婚，或该选择一份专业的时候，或是他发现年少的丰盛已经离他而去，而他此时必须接受一般人的命运。许多人在那个时刻宁愿因为意外或战争而死去，也不愿意变老。在三十岁到四十岁的关键时刻，树木的生长与他们作对，他们的内在发展不再与意识态度协调，正好是对立发展，而在那个时刻他们必须要承受一种死亡，可能是态度的改变但也可能是实际上身体的死去，可说是一种伪装的自杀，因为自我在那一刻无法放弃它所秉持的态度；这是个关键的时刻，内在发展的历程与自我相对，他们必须因此而牺牲。当内在的成长成为意识的敌人，这意味着此人内在有些事物想要长出但他却无法跟从，因此必须一死，因为意识人格的自我意志必须要死去，并且臣服于内在成长的历程。

以吊挂的方式来杀人也呈现另一个面向：在大多数神话系统中，天空是鬼魂及神灵漫游的处所，就好比是沃登神与麾下的死者亡魂军团在空中飞过，特别是在风雨交加的夜晚。当你把某人吊挂行刑，你就把他变成鬼魂，如今他就必须要与其他亡者共乘，跟随沃登神游于天际。在酒神狄奥尼索斯（Dionysus）崇拜里，祭品被放在树上的秋千上，人们认为狄奥尼索斯是神灵，得以看见这些祭品，而祭品也得以被提升到空中并给予那些在空中的神灵。我们使用“悬挂”一词，这样的描述其实就是以某种角度说明了这个状况。当内在的心理冲突变糟，生命就成为悬而未决；双边的力量是等同的，是与否的力道都相同，而生命就无法继续向前。

你希望能够移动右脚，但左脚抗拒，反之亦然，而当你的生活处在这样的“悬挂”状态时，就意指生命流的完全中断及难耐的苦难。当陷入冲突中，什么都没能作为时，那是最令人痛苦的苦难。当鞋匠在两个罪犯被施以绞刑的地点被挖了眼睛，象征着冲突被悬挂起来，而生命的历程终止。对立面碰撞在一起时，生命也卡住不动。那两个在绞刑架上的死人，映照出鞋匠与小裁缝如今处在无结果的半空中。当我们将这整个故事指向集体基督时代的情况，自然而然地，我们必须要问这两个人代表什么。如果故事里只有一个被吊挂的人，唾手可得的想法就是：这代表着基督象征的隐藏样式，这是基督教的基本象征，神被吊挂在十字架上。但是故事里有两个罪人，因此我们必须要问那第二个人可能是谁。

有许多的童话，特别是德国的童话，都有恶灵被钉在树上或墙上。或许这两个人同时暗示基督被钉在十字架上以及沃登神被吊挂在树上；好的神被挂在十字架上，而另一个神被挂在树上。这并不过于牵强附会，因为两个神圣的存在被钉在树上或十字架上，这样的母题出现在许多基督教传说以及亚瑟王（Arthurian）骑士圈的传奇中；此外，这也出现在圣杯传说中，珀西瓦尔爵士（Perceval）不仅仅要找到装有基督之血的圣杯，还要找到鹿王，或者取下被钉在橡树上的鹿王头。在主要的传奇故事中，他并没有忘记此事，而他在找到鹿王头前就找到了圣杯，并把它带给女神。也许鹿王代表为恶的人，它是树林的破坏者，也是基督的阴影面。鹿王带着美丽的一对鹿角，这是个多余的装饰品，反而拖累了它的行动力。它的目标是要吸引母鹿，这一点指出了高傲生物的想法，因此也代表基督原则的阴影面；我们所积累的无可救药的傲慢及自大，似乎就是随着基督教诲而来的其中一个最糟的阴影面态度。

分析过程中通常会出现某些情况，具体突显了这个傲慢的阴影面：在基督徒身份的掩盖下以及对伙伴的仁慈底下，我们对自身的抗拒避而不谈，却反而以甜美的基督态度制造了许多负面的声明及论断，一直到出现梦境显示我们内在到底发生了什么。被分析者没提过心中的抗拒，因为这可能会引出难题，而且无论如何分析师都是“已经得到宽恕了”。那是一种傲慢的态度。要是说出：“这都是你的错，你有何话可说？”这反而简单多了；这才是比较符合人性、谦虚，也比较贴切的。但是，在“宽恕”的外衣底下、在品德及超然的态度底下，以及在“分析师也是人，也会有负面的那一面”这样的认知底下，隐藏的是负面的反应，这些都是错误的基督态度之毒。我常常遇见这样的状况，同时也对这些宽恕及人们的甜美感到怨恨；我宁愿他们能够更自然地与人联结，更直接地说出心中所想，如此一来才能得到人性的了解。这个基督态度的阴影面，就是中世纪传奇中树上挂着的鹿头所象征的。如果某人就只是宽恕另一个人，那么什么都不会发生，那个负面的假设在接下来的十年都会持续下去。这样的人在经历三到四年的分析期间始终保守着他们对分析师的负面评论，既没有勇气也没有正直感来讨论这件事，因为他们确信对方无法接受，而且提出这件事也不符合基督徒的表现。结果负面的假设就卡住了，而正面的“礼貌及宽恕”态度则被维持下来。当分析卡住时，你就可以确定发生了这样的情况。你没法总是捉住它，但它就在那儿，不管是善或是恶的那一面都无法得到进展。通过开放的对话，关系可以再建立，而整体也可以再次流动。这是个体势必要介入的位置，或许可以建议被分析者前去找其他同僚，通常在那之后会有一个巨大的爆发，也会带出可以接续前进的素材。通常在意识人格内会有个错误的态度存在，以及像是“这是我自己就能够处理的事物”的想法，因此，此人的内在发展就被狭隘及偏见所阻碍了。

让眼睛张开的疗愈露水

当小裁缝坐在绞刑架底下，乌鸦飞落在他上头的两个人头上，两只乌鸦也开始彼此对话。第一只乌鸦说只要汲取夜间从绞刑架上滴落在罪犯身上的露水并用之盥洗，就能恢复任何人的视力。假若眼盲者知悉这一点，原先被认为不可能被恢复的视力都得以再度恢复。此处我们看见的是许多文明及宗教教条中都能见到的一般原型表征：被处决的罪犯遗体是带有疗效的药方。它证实了处决的行径是奉若神明的想法；也就是说，罪犯傲慢假定自己是神明，也因此被献给神明。原先在人类中是负面的事物，一旦被置身在不可知的领域界就变成正面的，而原本在人类境界中带有破坏性的，当被放回适当的地方时就成为有建设性的。人类与神灵之间适得其所的平衡性得到重建，而也借此产生有效的药方，因此用来悬挂人类的绳索就被用作疗愈的目的。“取一段吊挂人们的绳索，或是铁锈等，你就能得到一个有力的药方。”圣人的遗骸所具有的疗愈力量也带有相同的道理。被处决的罪犯被视为圣人，显示了这基本的思维。乌鸦在德国的神话中隶属于沃登神，而在地中海区域则属于阿波罗神（Apollo），代表着占卜的能力。阿波罗是德尔斐（Delphic）神谕的拥有者，同时也是真理的启示者，沃登神也是。黑色的鸟及各类大小型乌鸦都被认为能够知悉未来，并告知隐藏的真理。这些想法的形成，部分原因在于乌鸦科的鸟类通常会集合出现在征战发生的地点，或有人过世的屋子。当许多乌鸦聚集出现在某个地方，人们会说即将有人死去，而且乌鸦知道这一点；人们由此推测乌鸦知道真理及未来。沃登神有两只乌鸦，分别是福金（Hugin）及雾尼（Munin），它们是沃登神取得秘密消息的来源。鸟类一般而言代表直觉预感：他们是飞翔在空中的生物，处在灵性世界的中间带，因此与各种最终显示为真实的无意识思维有关。这两只鸟是真实性的灵魂。故事结局时，鞋匠来到绞刑架下，而两只乌鸦啄出他的双眼。这两只鸟代表无意识中隐形且能自主实现的真实性；鞋匠并不是因为人类的力量，而是因为无意识的真实性而步上穷途末路。

如果我们观察无意识的历程，我们得见错误的行为不需要经由其他人类来报复，因为他们是从内而得到报复。杀人者最终杀了他自己，这是一个可怕的真理，也一而再得到验证。当恶人成功而好人却没能如此，人们通常会因为人类生命中的不公正而感到震慑，但从心理层面来说并不真是如此；当你我觉悟这些恶人所承担的危险时，有时反倒让人感到颤栗不已。他们也许在外在世界看来是成功的，但是他们招来了可怕的心理惩罚。

荣格曾经提到有个女人杀了人，她在另一个女人的汤中下毒，因为这女人爱上了她的爱人，但是她并没有因此被抓。她像是全然被毁了一般前来告解，她觉得被切断了，因为人们开始莫名地躲开她。她失去了所有的女仆侍从，也没人想要住在她附近，她活得很孤单。她每天都会骑马，但从那个时候开始，马匹总会脱缰不让她骑。后来，有天早上她呼唤她的狗，可是狗却夹着尾巴溜开了。她从内缓慢且极尽残酷地被毁灭。秘密的真理、内在的真理法则，在这个故事中通过乌鸦表现出来，它们是真理的灵魂，同时也与疗愈力量有关。在阿波罗与可罗妮丝（Coronis）的故事中，两人的结合诞生了医神阿斯克勒庇俄斯（Asklepios）。故事中的乌鸦也给了有价值的讯息，正是乌鸦唤起小裁缝注意到治愈眼睛的方法。

露水一般来说是投射出神圣恩典行动的意义。在《圣经》中的一个故事里，露水落在吉迪恩（Gideon）的羊毛上，这是上帝显现恩典的作为，也被解释作圣灵将降临在圣母玛利亚之上的预示。在北美的文明中，露水及雨水是大地丰饶所仰赖的最高祝福，或许必须要生活在这样的国度中，对于将露水及雨水视为神的恩典，才能有所体会，因为所有的事物因它而得到生命。如今这些罪人偿还了他们身上的罪过，上帝的恩典也再度降临在他们身上：在未知的国度中有着对立的和解，也因此露水有着疗愈的力量。从以上观点看来，露水代表着在这样被悬着的状态中，首先开始经验的客观心理领悟。让我们回到冲突的高点，当时是被悬着的状态，一切都停摆、卡住了；自我处在既是且非的状态中，生命因受困及贫瘠而被折磨。在这样的时刻，自我投降且承认这是一个无解的困境，是一个它所无法解决的状态，因此臣服于某些客观的事物，臣服于一种逐渐显著的上帝迹象。我们会说，我们臣服于梦境所要告诉我们的内涵。无论是分析师还是被分析者，都无法再多说什么。但是客观的心灵是否真的能产生素材或征候，以带我们更进一步？我们有的只是梦境及幻想，这是露水所代表的，这是来自心灵深处客观且生动的彰显，它能够被进一步研究，而且也是它让视力恢复。如果你能够了解梦境中的神秘暗示，你的眼睛就开了，同时你得以再次发现生命，并且将之带到一个新的层次。只有无意识的导引能够在这个时刻提供帮忙，供给我们滴落在身上的疗愈露水。这就是为什么小裁缝使用露水之后，得以带着他被疗愈的双眼，再次上路，感恩上帝并向王城前进。在炼金术中，“圣”水也被称作盲者的疗愈药方。

四个试验的象征意涵

后来出现的是四个试验，其中小裁缝放了马而不骑，不吃白鹤及鸭子，给它们留了一条生路，也不摘蜂窝而保全了蜂群。后来他变成御用裁缝，因为受到鞋匠的中伤而被迫去找黄金冠，最后由鸭子们从湖底带上来；他被逼迫复制王宫，最后是由蜜蜂以蜂蜡造出；又被强迫造井，最后是由马从地面上踩出的；接着还有白鹤，为只有女儿的国王带来一个男孩。这里有四项任务，是典型象征整体的数字。如果你对童话多所知悉，你会知道这不是常态的安排，因为童话通常只会出现三个任务，接着总会有第四件事物发生，而这会是个事件而不是一个任务。但是在这个故事中有四项任务，而且没有更进一步的事件出现；进一步的事件可能是小裁缝变成国王。马为了造井而踩出水柱。马象征着被驯服的生命能量，得以带出无意识之井。只有当我们对本能的无意识表现完全地虔敬，它才得以生成生命之水。有些人承接了某个主题的写作任务，却说这个很无趣，完全吸引不了他们。但是，当他们投注了一些心理能量在其中之后，会发现内在的创意流源源不断。许多懒散的人等待灵感出现，但一直等到八十岁却什么也没出现；然而有些情况是我们无法等待的，我们必须要踏出第一步，在任务显现意义之前就先投注我们的生命力量。

第二个任务是要从水中带出国王的王冠，鸭子完成了这个任务。在远古的希腊，鸭子属于爱神，而在极地圈的萨满教，鸭子引领巫师来回进入冥界。鸭子可以在陆上、在水中、在空中行动，这就是为什么鸭子能引领我们进入无意识。国王的王冠象征着他的功能，即代表终极整合，能够将对立两极守在一起。鸭子就象征着对立双方的合作。善与恶在鞋匠与小裁缝两人身上是相对的，但是小裁缝得以胜出，是因为他对朝向对立整合的力量表现尊重。

城堡模型这个母题是个奇怪的任务。城堡本身是母性的阴性象征，它包围且保护王室。城堡通常会带有曼陀罗的形状，因此它关乎的是将整体意念带入俗世现实，而这是阴性原则的一项任务。在我们的故事中，模型由蜜蜂群完成。蜜蜂总是吸引着人类，因为它们拥有组织性的行为，其他的昆虫也有这样的特质。虽然我们认为蜜蜂完全不具意识，它们只有交感神经系统，但却展现出让人难以置信的全体无意识合作行为。已过世的奥地利动物行为学家卡尔·冯·弗里希（Karl von Frisch）曾经描述让人最感惊讶的蜜蜂实验。蜜蜂能够区辨色彩，也可以相互告知花蜜所在地。

蜜蜂会以大圆圈状飞行并发现花蜜所在，但是它们不需要循原路飞回；它们可以直行，而且借由尾端及翅膀的特殊操作表现通知其他蜜蜂，让蜂群可以直线飞行找到花蜜。目前已发现它们的定位系统与光线的极性有关。蜜蜂的无意识本能让人感到不可思议，因此常被用来象征在理性组织之外的和谐功能。

我们的公共生活远较蜜蜂来得复杂许多，但是我们也同样带有本能的基础。我们的本能基础是那些可以追溯到最古老时代的本能仪式表现，现在仍然发挥作用。然而，随着意识的发展，这些古老的仪式已得到增进，甚至有时候被理性组织所取代。让个人的任务及环境处于本能的合一，这是个理想化的状态；在这个状态下，宗教原型将人们单纯地联结在一起，而且人们也在天性的基础上相互合作。这是人们失而复得的功能，你能在所有的年轻社群中找到。在禅宗佛教中，有一些团体被相同的鲜活象征所吸引，这是个坚强的社交群体，他们在没有太多外在规约下得以表现正常运作的功能。近古时代的神秘崇拜团体则是我们所属文明的例子。我们知悉阿普留斯（Apuleius）[5]受启引进入伊西斯神秘学的一些事迹，他本该受启引进入更高阶层，但是受限于没有钱，后来埃及冥王奥西里斯（Osiris）在梦中要他前去找寻祭司并要求接受启引点化，而祭司也同样做了个梦，在梦中被要求降低费用。因此，冥王组织了一群人，而祭司及组织都臣服于这个原型的鼓动。只要群体以那样的方式运作，人类就得以有真正的自由及群体的文化生活。因此我们可以说，蜜蜂所建造的城堡就等同于在心中再造鼓舞的模式。

接着是白鹤，如同古老犹太传统所说的，它是最虔诚的鸟类，它带来新生命。在《炼金术研究》[6]一书中，荣格引述了许多白鹤的内容。他讨论生命树的象征图像，高耸站立在树枝上的就是白鹤。犹太教传统中有关白鹤的神秘神话意涵可以追溯至《旧约圣经·耶利米书》(*Jeremiah*)第8章第7节："空中的鹳鸟知道来去的定期；斑鸠、燕子与白鹤也守候当来的时令；我的百姓却不知道耶和华的法则。"白鹤代表着来自天上那无法从神圣定向中逃离的事物，就如同野雁在东方神秘学中所投射出的相同意涵。此鸟的行为模式，让人觉得它们有着神圣的智慧以遵循秘密秩序。白鹤在冬日栖居在北非，其中有两类，一类飞过西班牙，另一类则飞越南斯拉夫，它们尽最大的努力飞过遥远的陆地。有人做过实验，他们从飞过西班牙的鸟群中拿走鸟蛋并将之孵化，这只被孵化出来的鸟在适当的时间点会被单独放走，而它会依照本能选择飞往西班牙的路线；而从飞越南斯拉夫的白鹤所孵化出的鸟，则会选择南斯拉夫那条路线。它们会依照自身的模式飞向它们所属的正确路线，即使在没有同伴的状况下也是如此，因为它们依循的是内在驱力的指引。于是人们有了这样的想法：它们是最虔诚的鸟类，不做自我评断地遵循自身法则，因此它们代表着与内在真实及内在存有协调一致的运作。此外，人们还认为白鹤厌恶蛇，会把蛇杀死，因此被视为基督的象征——它被视为超越功能，代表着无意识的显现，而这个无意识倾向于带出和解象征，亦即神圣孩童。在我们的故事中，白鹤带出更新的主导意识形态，即带出新主，由此表现其功能。

与平常的惯性相反的是，小裁缝留在宫中却没有变成国王，而鞋匠也受到残酷的惩罚，被驱逐进入树林之后被乌鸦啄出双眼，后来也消失不见了。在大多数童话中，干坏事的人会被残酷地毁灭，这一点近来引发许多讨论，因为人们认为让孩童听到这样的内容是不好的。从荣格派的观点来看，我们必须指明被惩罚的恶人并不是真的人，孩童们本能地知道这一点。他们是原型人物，以纯粹破坏性的方式摧毁我们的人性；要对抗这股力量，断然的残酷与严厉是必须的。我们无法与我们的酒瘾、药瘾或其他威胁生命的倾向妥协，我们必须要断然地挡下它们。这就是对神话中恶人施予残酷惩罚所要传达的意义，这也说明了为什么我们会对于所听到的结局感到满意。关于人类犯罪的治疗，则是另一个故事，此处我不多加讨论。

注释

1. 编注：自天界偷取火种给人类使用的天神。
2. 编注：北欧、日耳曼神话中的主神，也译作“奥丁”，据传外貌是一位五十岁左右，独眼、戴宽边帽，身材高大的长者。
3. 编注：又称如尼字母或北欧字母，最早约出现于公元二世纪左右，被用来书写某些北欧日耳曼语族的语言，之后逐渐被拉丁字母取代而弃用，现在偶尔会出现在装饰图案中。
4. 原书注：The Collected Works of C. G. Jung, trans. R. F. C. Hull (Princeton, N.J.: Princeton University Press, 1957 – 1979) 13, chap. 5.
5. 编注：为古罗马作家、柏拉图派哲学家，因喜爱埃及伊西斯的神秘崇拜仪式，而撰写小说《金驴记》(*The Golden Ass*，或译《变形记》)，讽刺罗马帝国的社会生活。
6. 原书注：The Collected Works of C. G. Jung, trans. R. F. C. Hull (Princeton, N.J.: Princeton University Press, 1957 – 1979) 13, para. 417.

| 第三章 |

童话人物中的阿尼玛

一个故事，接续了与《两个旅行者》相同的主题，两个主角更清楚地表现出道德的对立。故事的大意是这样的：

《忠实的费迪南和不忠实的费迪南》

（*Ferdinand the Faithful and Ferdinand the Unfaithful*）[1]

一对非常贫穷的夫妻有很长一段时间都没有孩子，最后终于得到一个小男孩，但是却无法帮男孩找到教父。男人说他会去别处看看是否能找到有意愿的人。路上，他遇见一个贫穷的老男人，这老人问他要去哪儿，男人回说要去帮自己的孩子找教父，但是因为他们太穷了所以无法找到有意愿的人。老人说道：“哦！你穷，我也穷，我可以当你孩子的教父，但是因为我太穷了，所以不能给什么像样的礼物。”当这对夫妻带孩子到教堂受洗时，老人早已在那儿了，他为孩子取名为忠实的费迪南。

当他们离开教堂时，老乞丐说自己没有什么礼物给孩子，因此这对夫妻也不需要给他任何东西；但是他给了男孩一把钥匙，说必须等男孩十四岁时才能给男孩，到时候男孩会在草原上看见一座城堡，钥匙可以打开城堡大门，而城堡里的所有东西都是这男孩的。男孩七岁时，他跟其他孩子们一起玩耍，这些孩子们都从教父那儿拿到礼物，男孩回到家之后问他的父亲自己是否有任何东西是教父给的。父亲说：“有的！你收到一把钥匙，当草原上出现一座城堡时，那把钥匙能够打开城堡大门。”男孩走到屋外去看，并没有什么城堡出现。七年之后他又再去了一趟，而这次草原上的确有座城堡，城堡里面有匹马。男孩好开心自己得到一匹马，他骑上马回家找他的父亲，说自己现在要启程出发去旅行。

途中，男孩看见一支羽毛笔落在路上，但是他并没有捡起来，因为他认为如果自己需要一支笔，随时都可得到。但是，正当他打算骑马离开时，有个声音要他捡起笔，他因此捡起那支笔。他又骑得更远些，抵达一个水池，在岸边躺着一条奄奄一息的鱼，他把鱼投入水中。鱼从水中探出头说，它会给男孩一把笛子作为解救它的谢礼，还说将来如果有对象掉入水中而遭遇了困难，男孩只要吹一吹笛子，这条鱼就会前来搭救。男孩继续上路。后来，有个男子走近，问男孩何名何姓、要前去何方；听完回答之后，男子说他们两人有着几乎一模一样的名字，因为这男子的名字是不忠实的费迪南。两人同行，来到下一个村子里的一家客栈。

但是从那时候开始，事情就变糟了，因为不忠实的费迪南知道其他人心中的想法，也知道他们在盘算什么，而且他懂得各式各样的邪术。客栈里有个非常美丽的女孩爱上了忠实的费迪南，女孩问忠实的费迪南要去哪儿，他告诉女孩自己打算骑马四处旅行。女孩说忠实的费迪南应该留下来，因为这里的国王会因为得到像他这样的一个侍从或护卫而开心。女孩主动前去国王那儿，将费迪南引荐给国王，并说忠实的费迪南会是个很好的侍卫。因此忠实的费迪南和他的马就成了国王的侍卫，他还被任命为前导骑士。但是，后来女孩也需要给不忠实的费迪南帮忙引荐，而不忠实的费迪南也同样得到国王的聘任。

不忠实的费迪南得知国王因为心上人不在身边而不悦，于是提议国王派忠实的费迪南去找寻国王的心上人，如果他拒绝就要让忠实的费迪南人头落地。

因此，忠实的费迪南前去马厩对着他的马哭诉自己的不幸，说自己将离开马儿而死去。但是，有个声音出现，问他为什么哭泣，费迪南对他的马说："你会说话吗？国王要我去找他的新娘，我该怎么做才好？"马要费迪南去告诉国王，只要国王提供他所需的物品，也就是一艘装满肉的船以及一艘装满面包的船，他就能够带回国王的新娘。马告诉费迪南说，水上住着可怕的巨人，如果不把肉给他们，就会被撕成碎块。那里还有大鸟，如果不给大鸟面包，它们就会把费迪南的眼珠啄掉。

国王给了费迪南所需要的东西。马说他们该上船了，同时也提醒说，当巨人出现时，费迪南要对巨人们说："静下来，静下来，我亲爱的巨人们，我记得你们，还给你们带来了好东西。"而大鸟前来时，他要说："静下来，静下来，我亲爱的鸟儿，我记得你们，还给你们带来些好东西。"如此一来，它们就不会伤害他，而且当他抵达城堡时，巨人们会帮得上忙，因此他应该带些巨人一起前往城堡。他会在城堡里发现一位沉睡的公主，他不能把公主吵醒，要让巨人连床带人带回船上。后来，每件事都跟马事先所说的状况如出一辙，巨人们将床上的公主带回国王跟前，可是公主说她不能留下来，因为她需要拿到被遗留在城堡里的文件。不忠实的费迪南再一次怂恿国王派忠实的费迪南前去取回文件，不然就死路一条。因此费迪南前去马厩哭诉自己必须再次上路。跟先前的情况相同，当他们抵达城堡时，费迪南进入城堡，并在公主卧室的柜子里找到文件。当他们再度回到水上，费迪南的羽毛笔掉入水中，但这一次马没法帮上忙。费迪南开始吹起笛子，鱼儿游了过来，口里就衔着那支笔交回给费迪南。因此，他们将文件带回到城堡，国王及公主的婚礼即将在那里举行。

可是公主并不爱国王，因为国王缺了鼻子，公主反倒是喜欢上了费迪南。有一次，当所有人都在王宫时，公主对着大家说她会施法术，她说自己能够把人头砍下后再接回去。因为没有人愿意做第一个尝试的人，不忠实的费迪南怂恿忠实的费迪南打头阵，公主把他的头砍下后又再度接上，接上后只留下一条红线的痕迹。国王问公主这是哪里学来的，公主说："哦！我懂得施法术，您要不要也试试？"国王说："当然好啊！"因此公主砍了国王的头，但是这一次却没有再把头接回去。

接着，马要费迪南骑上马背并绕着草地奔驰三圈。当费迪南照着做完后，这匹马就顶着后腿站立，并且变成了一位王子。

失去鼻子的国王

这是一个相对不完整的故事，而且故事里也有些让人不太满意的母题。举例来说，羽毛笔必然是从另一个故事嫁接过来的，也因此与接下来的故事内容有关联。那是一个非常古老的欧洲故事，你可以找到许多不同的版本，故事可以追溯至十二世纪的中古犹太拉比·约哈南（Rabbi Johannan）的传说，传说中的英雄约哈南必须要为所罗门王找寻新娘。[2] 故事中带有毁坏性的不忠实角色不是男人，而是由拉比的妻子所表现。他的妻子一心只爱钱，最后被杀了，故事里的国王最终也不是被断头。但是，这个古代手抄本有相同的基本内涵，故事里同样出现一个忠心人物，需要为国王完成特定任务，而且还是被不老实的家伙所陷害的。这必然是源自更久远之前的传说；虽然我们的故事以德文呈现，但相同的故事也可以在意大利、西班牙、俄罗斯及北欧国家中看见。

此处我们主要关注的是阴影面的问题，故事中同样有两个人一起四处游历，其中一个在王宫中诋毁另一个。也许你会认为这不是个太好的故事，而且也觉得没什么新意，因此纳闷为什么会挑选这个故事，但事实上这个故事所带出的特色远远超过第一个故事。

在上一章，我画了一个图例，我们也可以套用在这里：

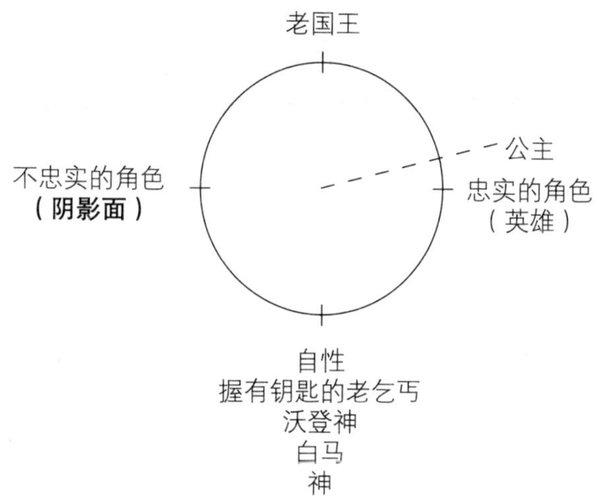

荣格曾经指出，更新只会出现在第四个元素，通常就是自性。在另一个故事中，国王是不完整的，因为他没生出儿子，

但他依然维持国王的身份，而且在故事的结尾也没有被替换掉。这个故事则显示更经典且常见的形式，故事中的国王被除掉了，而且这个国王也是不完整的，他缺了鼻子，因此对公主不具吸引力。

鼻子是嗅觉的器官，与直觉的功能大有关系。我们可以说股票经纪人能“嗅出”股票市场的动态，或是说他用鼻子闻出未来的可能性。你也可以“嗅到”事有蹊跷，或是可能会说有些事情“气味不对劲”。有许多和嗅觉有关的口语表达，通常都是与直觉感知相关的，仅凭感觉是无法得到的。因此，我们可以说国王已经失去了本能直觉，他不再能以本能嗅出正确的行为，亦即他不能与他自己的无意识同步。

正如你所知道的，许多动物的大脑内有一大区块的脑叶，主要功能是嗅觉，我们势必会因此认为它们有极佳的嗅觉，而人类在这一方面则有较多的障碍。显然，为了提升大脑的其中一项能力，就必须牺牲掉其他的某些能力；有个理论指出，人类的智力是在牺牲嗅觉的情况下而提升的。人类不再像远古时代那样依靠视觉及嗅觉，因此这些能力有可能会被牺牲以建立大脑的其他功能，而且我们可以说，在某个层次上失去的能力，可能就在更高的层次上得到恢复；它可能成为一个心理的功能，以直觉或心理层面的感知取代原本物理层面的感知。因此，如果国王缺了鼻子，他就失去了区辨事实的自然本能，这也符合故事情节：他落入不忠实的费迪南的坏心算计，而且没有“闻到事有蹊跷”。此外，他失去了心爱的公主，而且显然无法靠自己找到公主。想当然地，新娘不会愿意嫁给一个没勇气前来找寻她的男人。

打开两边通道的钥匙

带出解决方案的自性象征，是通过老乞丐而非国王得到人格化。这个身分不明的老人，在受洗礼之后也消失无踪；他带来了会说话的白马，这匹马也是个被施了魔法且未得救赎的王子。在其他的故事版本中，老乞丐实际上就是那匹马。约翰内斯·博尔特（Johannes Bolte）及乔治·波利福卡（Georg Polivka）在他们的著作《格林兄弟儿童及家庭故事论集》(*Anmerkungen zu den Kinder-und Hausmärchen der Brüder Grimm*)[3] 五卷丛书中，提供了各国格林童话的彼此相互联结，以及最早文稿的出现时间点等。在所收集到的平行版本中，其中一个故事告诉我们老乞丐就是那匹马，而另一个版本则说老乞丐就是上帝。

童话故事经常会提到上帝在人间游走，有些故事甚至是这样开始的："在很久很久以前，当上帝仍然在人间游走时……" 这些认为上帝是个实体、会四处游走而且可以在我们的周围以常人的样貌相遇的想法，跟我们对上帝的认识正好相反；但是在民间故事中，你常会看见上帝以无名未知的形式游走，比如林间的老人。对于这位无名天父（God-Father）以及故事中的白马，有许多有趣的扩大法诠释。古早的德国沃登神就是个游走于人间及王宫的神明，祂的帽沿被拉下以遮住他的盲眼，身上穿着灰色或蓝灰色的外套，祂会跟人们讨顿饭吃，并留宿一夜，还会讲述不可思议的故事，之后就突然消失不见，人们只有在事后回想才会知道祂是何方神圣。在另一个故事里，沃登神前往一个打铁铺子，好为他的马装上马蹄铁。突然间，打铁匠看见这匹白马高高跃上围墙就消失不见了。有时候，祂骑在一匹有八只脚，名叫斯雷普尼尔（Sleipnir）的白马上，它是上帝的动物形式表现。我们可以因此得知这一定与古代的异教沃登神意象相关联，祂在我们手边的故事中再度出现，被视为基督教中上帝角色的补偿。

这里还有另一个联结：故事中的贫穷老人给了孩子一把能开启城堡之门的钥匙。在另一个版本中，主角的名字不叫忠实的费迪南，而是叫作彼得，他掌管天堂之门的钥匙。圣徒彼得对凡人来说总是带着吸引力，因为他比基督更理解且更贴近我们。有许多故事提到圣徒彼得与基督一起游走四方，故事里他总是成为那个做了许多蠢事的傻瓜，而且也总被上帝指证他的罪行。他容易动怒，而且也常常被耍。有个故事提到基督与彼得身无分文却四处游走，而且他们还吃霸王餐。基督施了些计策，让彼得睡在床的外侧，因此当客栈老板发现他们没付钱而对他们丢垃圾时，垃圾就会被丢到彼得身上。类似故事的许多变异版本，都显示彼得扮演阴影面角色：与基督相较，彼得显得更人性且愚钝。当一个已经变得过分灵性化的宗教，失去了与神性的接触，最后的结果就是以凡人的幻想再次带出这个主题，以补偿所欠缺的神性接触。圣徒彼得是个天真的家伙，他是地地道道的人，是上帝角色的复制品，但是他身上所带有的本质特性是我们不敢归于上帝身上的。圣经中，圣徒彼得在关键时刻背叛上帝，但是后来借由他对主人的无知忠诚而得到补偿。接着，他易怒的那一面导致他削掉了大祭司的仆人马勒古（Malchus）的耳朵，后来是由基督疗愈的。因此，他代表较原始的道成肉身的神圣特质，这是基督这个角色所欠缺的。然而，基督比较喜欢他，给了彼得钥匙，及打开天堂之门的权力。

在民俗历史中，圣徒彼得继承了许多古罗马双面神贾纳斯（Janus）的特质，英文的一月（January）就是源自其名。祂也是门神，手中握有终点及起点，同时也带有前后双面头颅。一月这个月份专属于祂，因为这是介于一年的终点与另一年的起点之间。在前基督时期的罗马，贾纳斯是首位创世神，这个神代表着起始与终点既相对但又全然相合，同时祂手中握有钥匙。圣徒彼得传承了这个古老原型人物的某些特质，因为圣徒彼得可以看见双边，同时也握有钥匙。

如果国王是主导集体意识的表征，他势必就代表着主导的宗教态度及其象征性，因此那个四处游走又创建了新主的老人，就会是较远古的上帝形象，他所拥有的特质已经丢失了主导性。这个较古老的上帝意象有下述特质：他是易怒的，正如同《旧约·圣经》中的耶和华在转入《新约·圣经》前那样；他同时也是冲动的；他能够在人间四处游走而与人们接触；等等。与基督宗教的神圣人物相比，他显得更为接近人类的不完整性，且更接近人类的情感面。

正是这样一个不完整且更古老的上帝人物，才能在这个童话中拥有神秘的力量保护主角，慢慢地将他建立成为新主。

不忠实的费迪南，也就是图例中左侧的那个人物，是个专门造谣生事的家伙，他得到他那一面的退行倾向，图谋除掉新兴的意识主导象征，但是他并未得逞。这不是两个费迪南之间的争斗，然而却是个决定性的争斗。根据较原初的想法，接着将会出现一场斗争，我们会看见谁最终得到胜利：那就会是阴影问题的解决。但是这故事并不是如此，冲突通过另一个因子而得到解决。同时，解决方案也不是由老乞丐及白马决定的，因为即便是白马也在最终需要得到救赎。创造新主的是第五个元素，也就是拒绝与老国王结婚而选择了费迪南的公主。她扭转了整个情势，她是故事的中心。

阿尼玛宣告真理的神秘文件

所有其他的母题都相对容易解读。第一个出现的问题是，费迪南必须等到十四岁，也就是青春期。在那个时代，男孩在那个年龄就基本上被视为长大了。十六世纪时，许多男孩十二岁就成为荷兰军队里的军官。真理所属的时刻早已确定，你必须等待直到时机成熟或一切完整，必须等待直到内在及外在发生改变的那一刻。

城堡是非个人的阴性象征，有时候是阿尼玛的象征。城堡是由人所建造的，因此它是母性意象的特定面向——也就是阿尼玛或是其他母性神祇的意象，此意象在前朝文明已发挥作为，而此时必须为它找寻新的内涵。城堡有时候是建立幻想的系统，就好比孩童盖城堡的游戏一般。人们有时候在积极想象（active imagination）中为自己建立一座城堡或一栋屋子，并且住在里面很长的一段时间。他们建造了特殊态度的结构，以让他们安身其中，而城堡为他们提供了防卫。当外在的情况越是不如意，孩童就越会住在这样的城堡中；在层层的围墙后方，孩童可以安身其中。此处有新的意象在城堡内成熟，亦即上帝的新意象，英雄是带出新太阳的人。在广为人知的中世纪德国诗歌《救世主》（*Heliand*）中，基督骑着白马现身。他带来了新的光明，而白马是朝向新意识的本能生命力。在我们的故事中，这匹马能说话，最后再揭露白马其实是另一个王子。公主遗失了文件、费迪南丢失羽毛笔，我们只能把这两点视为故事中本该如此的情节。阿尼玛人物与丢失的文件相联结，而英雄需要能书写的东西，因此这与诗意表现的能力有关。因为这个故事带有沃登神的背景，我们必须牢记沃登神是诗及诗意写作的神，有可能是阿尼玛失去了创意本质，因此必须通过宗教态度的更新而重新拾回。

丢失的文件想必是指涉某个神秘的传统，因为阿尼玛将文件放在远方的国度中，亦即无意识，而文件必须要被带回到意识领域。在基督世代的历史中，偶有新的宗教书写突然出现，试图重新诠释基督宗教。我们可以假设文件所指的是阿尔比派（Albigenses）及卡特里派（Cathars）[4] 的著述或圣杯传说，这些书写试图以诗意的表现方式来复苏基督真理；文件所指的也可能是灵知派（Gnostic）的面向，因为这样的神秘传统不能被公开正式传授，只能被压抑在基督教会的僵化之下。因此我们下结论说，文件可能与这类事物相关，并且被收藏在阿尼玛的国度中；阿尼玛要人们去寻找文件，并且坚持如果没有文件她就不能有作为。

同时，这个公主也必然是个魔法师，因为她知道如何把头砍下然后再接上，因此文件可能也是她的魔法秘方。文件代表着非正式且不被承认的知识，而魔法尽是从古至今流传下来的传统及作为。有人曾经给荣格看一本瑞士乡下人用来驱邪的魔法咒语书，那本书的内容完全就是对维纳斯女神的拉丁祝祷文；那是中世纪时期的手抄本，到了当代仍被用作相同的目的。我们也在故事里看见德国异教的过往传统，因此也许会假定文件与既有的神秘传统有关；我们常会把这些传统跟阿尼玛联想在一起，因为身为意识的补偿角色，阿尼玛通常会抓取被遗忘、被忽略以及不被喜欢的事物，而这些事物是必须被保有、被察看的。

因为主角有一支羽毛笔，仿佛有一天他应该写下关于无意识的新诠释。我们针对童话所做的诠释，事实上是重新解读宗教及民俗传统，如此一来，他们才得以再次连上意识态度。童话是有意义的，而通过聆听童话，你可以再次与那些存活的传统搭上线，这就是为什么我要讨论童话。将阿尼玛的秘密文件再次带出，一直都是我们的问题。男人梦到他们的阿尼玛是个有学识的女人，有许多藏书，而这个主题可以在积极想象中得到发展，在其中以一种相当高傲的方式给出某种原始的宗教教义：“世人们，用心倾听，我要告诉你一个新的真理。”结果就是男人痛恨让阿尼玛执笔书写，特别是因为她那糟糕的品位。要倾听阿尼玛，真的是个需要勇气的作为。如果阿尼姆斯或是伟大的巫医出现，他也会以这样的方式说话。这些对伟大真理的傲慢宣告，对脑袋清醒的人们来说是极为厌恶的；没有品位的人们会落入其中，但是这只是让情况更糟糕，而大部分人都会觉得厌恶。事实上两者都不该做：

你必须带着勇气并维持客观，让阿尼玛以她自有的方式来宣告真理，并且发现她所聚焦的目的。问题在于这个古老的形式，以及对真理的宣告，跟我们现代的书写意念并不兼容；即使如此，某些现代诗人也采用这样的方式，而尼采有时候也让查拉图斯特拉（Zarathustra）如此说话。我想象阿尼玛有这样的文件被锁在她的城堡里。

弹性态度化解阴影面冲突

我们需要探究的是另一个奇怪的问题：为什么与阴影面相关的困难情境并没有带出争斗，而且解决方案反而是被另一个因子所带出。这一点为个体的个人阴影问题，提供了实务线索。就我目前所见，当意识人格与阴影面相对立的同时，假若我们可以不带瞒骗地认真看待阴影面，就会导向冲突全然止息的结局。假若自我走上单边的道德决定及单边的伦理态度，并且与阴影面正面冲突，就会变成无解。这是我们所处文明的其中一个问题。

在大多数的原始文明中，人们从未陷入严重的阴影面冲突，因为他们可以不经思考地从一个态度转为另一个态度，右手可以不清楚左手在做什么。你可以在传教士的报告中看到这些情况。传教士为部落做事，部落也变得十分依附他们，但是后来出现传染病，传教士就蒙受谴责而被杀害：亦即一个反向作用升起。他们事后会后悔，但是他们并不是真的对这件事感到难过或忧伤，日子还是照过。这是个极端的例子，说明某件总会发生在我们身上的事。阴影面的冲突并没有变得过于激烈，因为我们的生活仰赖的是一个会转换的态度。我们努力当个好人，但是也做出各种我们没有察觉的坏事，即便察觉了，我们也会以借口或困境来搪塞，或归咎于他人，抑或忘得一干二净——这是阴影面问题通常的处理方式。我并不是要批评这样的方式，因为这是我们得以生存的唯一方式。你我有阴影面，那是个强而有力的本能力量，而你我需要忽视某些事情好让我们能够过日子。你同时会得到某些程度的认可及批评，只要不过于离谱，就可以达到一个介于中间的解决方案。如果人们在道德上过于敏感或小心谨慎，事情就会变得比较困难；但是只要他们完全不懂心理学，这也算不上是个问题。

然而，基督教人士不再能够允许这样的灵活方式，无解的问题就应运而生。始终会有是与否的两难，左手玩弄各式各样的把戏，然后人生就卡住了，个体无法再继续生存下去，因为个体想要在其中一面追求完美。如果你有意识地秉持基督教的理想生活，这等于你必须以殉道者的姿态死去，或被杀害，如早期教会所言。我们必须为那些在中国被囚禁的人挺身而出，并且因此招致杀身之祸，或者做出其他类似的事情。大部分人会说那是愚蠢的行径，还会说那人有救世主情结；为了摆脱这个情结，他们会说只要邪恶的问题不是过于逼近，他们就会把问题留给别人。一个怀抱理想主义的年轻人决定前往美国测试原子弹的岛屿，意图防止这项试验。大部分人会说他是个傻子，过于理想化，但事实上他是在试图实践“效法基督”的理念，因此你看见了冲突：你要么坚持道德责任而最终死路一条，要么后退一步而成为玩弄于两端的人。这是基督宗教给我们铺设的冲突：我们到底要做到什么地步？如果我们过分坚持于阴影面的问题，我们要不是卡住了，就是成为殉道者；或者说我们应该要耍些小手段，活出阴影面，不要逼得太紧，才能维持健康的心理防卫。

年轻人为了抗议原子弹而宁愿一死的故事，就是个典型的例子：某个人在狂热及道德信念的引领下进入死胡同，还要为个人的信念而殉身，死于世界之恶。我们每日的分析时段都会带出这样的冲突：人们试图谨守分寸而被切断了根源，然后他们不知道该如何继续下去。男人可能会受诱惑而在婚外与女人发生关系，同时会安慰自己说这是全天下的男人都会做的事，因此不需要小题大做；他就是以这样的借口，背地里做了这件事，却又感到抱歉。但是，当他那满是妒意的妻子大吵大闹时，他又再度退缩了。其他的人受到相同的诱惑时，会试图自我控制，告诉自己不能动这个念头，因而压抑下来，同时与阴影面倾向相对抗。如果那只是个小小的诱惑，他们可以成功压抑下来；如果是巨大的诱惑，他们就会感到忧郁且身心疲惫，也不知道该如何继续走下去。他们的梦境会呈现狂怒不已的阴影面，因为阴影面被挡住了。这可能会导致他失去极大的生命力，整个生命因此被卡住。男人开始显现神经官能症状，因为人格的另一半不接受这样的决定，还持续为此感到愤怒。他会怀疑，并且想象自己生病了，变得郁郁寡欢，终日坏心情，在工作上也失去了乐趣，这在道德感太高的人身上是相当常见的。或者，这个丈夫可能对妻子感到愤怒，这是阴影面败阵之后而生的报复。在这样的情况下，无论这男人做什么都是错误的。对阴影面竖白旗是让人作恶的，但是拒绝它又显得卑微；假如他投降了他是低劣小人，但是如果他不投降他又被悬挂在那里。这就是我所谓的典型阴影面冲突，没有任何可供权衡的优缺点作为解决方案。如果个体无法权衡变通或耍些小手段，人类本质的阴影面冲突是无解的，因为它造成了一个无论个体怎么做都不对的情境。在这样的时刻，软弱的人会寻求支柱，要不是从别人那里寻求建议，就是否认冲突并且当作没这回事。很不幸的，这往往不会有什么好结果，接着就是老样子的退行行为，右手不知道左手在做些什么。

来自阿尼玛的创意解决方案

在这个童话故事里，个体会一直承受这样的冲突，直到找到创意解决方案为止。创意解决方案会是出乎意料的，它会以另一个层级来决定冲突。这个故事出现的画面是，阿尼玛人物突然扭转了整个情势，并且让其他人成为国王；这是一个从无意识而来的决定，既不是这个也不是那个。她就是这样扭转了情境，缺鼻子的国王，也就是那个没人关心的第三者，必须要出局；情况因此改变了，每件事看起来也都变得不一样了。那就是阴影面问题的创意解决模式，这也是实务上我们试图要做到的：承受冲突直到一件出乎意外的事发生，让整件事情进入另一个层次。接着，你可能会说冲突并没有解决，只是改变了。从另一个方面来说冲突永远无法被解决。个体必须被钉上十字架，让自我不再摆动于是与否之间。这也许会持续数周或数个月。这股对立面的张力是不容自我决定的，因为针对阴影面冲突的创意解决方案，意味着要放弃自我以及自我所秉持的准则与冲突；它意指全然臣服于个体心灵中未知的力量。正如同基督在十字架上所说的："我的神！我的神！为什么离弃我？"

这一点在童话的第三方得到表现，也就是阿尼玛人物改变了整件事。如果忠实的费迪南跟阿尼玛有进一步的情节，说他爱她，同时问她要如何处置老国王，那就不会有任何的解决；但是故事告诉我们他并没有任何意图想变成国王。他留在自己的位置看见对立双方，也因为他完全没这个想法，公主才能说："我不喜欢这个老国王，就让他断头吧。"

如果阿尼玛想要了结男人，她就砍掉他的脑袋，这不是指具体形式的断头，而是指心理形式的砍断，因此他就离了身；这意味着被阿尼玛附身（anima possession）——这会是极大的危险，通常在某人无法承受对立面的冲撞时就会发生。相信阿尼玛或其他无意识人物会带出解决方案，是荣格心理学派学生所面对的严重危险之一。我们从荣格的著作、心理学讲座或是我们自身的经验中得知此事，而接续而来的就是极度可怕的危险——当这样的冲突出现时，我们以智性的方式期待解决方案出现，并说："我知道阿尼玛会把我带往解决方案。"但我们却忽略了，首先必须要完全经历自我冲突的过程。

故事并没有告诉我们不忠实的费迪南最后的下场，他就只是淡出故事。相反，我们被告知白马得到转化，而白马也是当年给了费迪南钥匙的老乞丐。此处隐微未说明的是，这两个意象正代表着古早的德国沃登神，仿佛是这个与神相关的人物吸纳了邪恶的费迪南。实际上，这代表着由基督教教义所创造的好坏尖锐冲突，被异教主义的再现所取代，象征着退行到野蛮未开化的状态，而这就是我们近日所经历到的退行。在我们的版本，以及其他的一些版本里，白马转化成为一个无名的王子，这代表之后的可能进展——可能发展出一个新的态度来超越基督教冲突。但是，这个王子人物的不确定性也显示这个发展只是个虚弱的期待，仍然未进入我们的文化意识面。

注释

1. 原书注：*The Complete Grimms Fairy Tales* (New York: Pantheon Books, 1972), pp. 566ff.
2. 原书注：J. Bolte and B. Polivka, *Anmerkungen zu den Kinder–und Hausmärchen der Brüder Grimm* (Leipzig: Diederichs Verlag, 1913–1932), vol. 3, p. 32.
3. 原书注：Ibid.
4. 编注：卡特里派是一中世纪基督教派别，其 12 世纪传入法国南部阿尔比城（Albi），故又称阿尔比派。

| 第四章 |

调停者：忠实的约翰

下一个童话看似以新的面貌来呈现这类人物。

《忠实的约翰》(*Faithful John*)[1]

很久很久以前，有个生了重病的老国王，他相信自己所剩的时日不多，于是召见了忠实的约翰，这是他最心爱的仆人，因为为人忠实而得其名。当他来到国王的面前，国王说自己已经步向人生终点，但是唯一放不下心的就是他的儿子；王子年纪还小，因此总是听不进别人给的建议。国王要忠实的约翰承诺如同父亲一般教导年幼的王子所有他应该懂得的事物，如此一来，国王才能放心瞑目。

忠实的约翰承诺不会离弃男孩，即便冒着失去生命的风险，也会忠实地服侍男孩。于是，国王说他可以安心离世了，但是他又提出要求：在他死后，忠实的约翰要带领王子巡视整个城堡，将城堡里所有的房间及内部的瑰宝都看一遍，唯独长廊尽头的那一间房间不能进入，因为房间内藏有金屋公主的画像。如果王子看见那幅画像，他会立刻爱上公主而为之疯狂，并且会陷入极大的危险之中。忠实的约翰对国王发誓会依他所期待而完成任务，国王安然躺下就过世了。

国王安葬后，忠实的约翰向少主报告他对临终的老国王所许下的承诺，并且表示自己会信守承诺，将会如同对待老国王般忠实对待少主，即使牺牲生命也在所不惜。丧期结束后，忠实的约翰对少主说："是时候让你看看你所继承的财产了，我要带你巡视你父亲的城堡。”他带着年轻国王从上到下、里里外外都看了一遍，让少主巡视所有财富及豪华的房间，但是他没打开那间藏有危险画像的房间。画像的摆放位置就在房间入口处第一个映入眼帘的位置，画像是如此美丽、让人喜爱，也让人以为那就是个活生生的人；这世上再也找不到任何比画中女子更可爱、更美丽的人了。

少主发现忠实的约翰总是跳过这间房间，于是问了缘由。忠实的约翰回说，房内藏着会让少主心生恐惧的东西。但是少主说，他已经检视过整座城堡，也想知道那间房间里到底有什么，还试图强行打开房门。忠实的约翰拉住少主，说自己曾经承诺过老国王，不会让少主看见房间内的东西，因为那会为两人带来极大的灾祸。但是少主坚持认为看一眼不会对他造成任何伤害，如果不能亲眼看一看，他将会日夜不得安宁；他坚持要约翰打开房门，否则拒绝离开。

忠实的约翰带着沉重且不祥的预感拿出钥匙。打开门时，他先一步走入房间，希望能挡住画像，但是少主踮着脚从他的背后望过去。当他看见画中的女子戴着黄金及宝石的闪闪光芒，他立刻倒地昏厥。忠实的约翰抱起国王回到床上，心中忧虑着已经降临的不幸，不知道接下来会发生什么事。他给国王喝了一些葡萄酒，国王醒来后说的第一句话，就是询问那个美丽的画中女子；忠实的约翰告诉他，那是金屋公主。接着，国王说自己是如此深爱那女孩，即便树上的每片叶子都变成了他的舌头，也无法述说他心中的爱意，他就算牺牲生命也要拥有那女孩，要求忠实的约翰务必要帮助他。

这个忠实的仆人沉思了很久，最后想到了一个方法可以达成国王的要求。他向国王说，公主周围满是黄金制成的东西，如桌子、椅子、饭碗、酒杯、水盆及所有的日常用品；既然国王的城堡里藏有五吨金子，金匠就该拿这些黄金制成各式器皿、用具、禽鸟及珍奇异兽，因为这将博得公主欢心。然后，他们应该把这些对象带上船，前去碰碰运气。国王下令金匠们日夜赶工备好这些美丽的物件。当所有东西都装上船后，国王与忠实的约翰打扮成商人的模样，避免被他人认出。两人越过大海，经历一段长远的航程后抵达公主的居所。

两人抵达后，忠实的约翰让国王待在船上等候，说他也许可以把公主带回来，而国王这时候必须确认船上的一切都备妥，将所有的黄金物品都摆放出来，同时确保船舱整洁。接着，他拿了一些黄金制品放入工作袍，朝着王宫前行。王宫里有个美丽的女孩，手中提着两只水桶在打水，她问忠实的约翰是何方人物。他回答说自己是个商人，也让女孩看了工作袍中的东西。女孩放下了水桶细看这些美丽的东西，还说务必要让喜欢黄金制品的公主看看这些东西，公主一定会全部买下。女孩把他带去公主那儿，公主看了之后甚是高兴，说要全部买下。但是，忠实的约翰说，自己其实只是富商的仆人，他手上的东西跟富商船上的东西相比，根本就算不上什么；他说，富商船上有最精致且最美丽的黄金制品。公主要他把所有的东西都带过来给她过目，但是忠实的约翰说这会花上他好几天的时间，而且会堆满王宫内好些房间，如此一来，公主城堡内就没有空间放其他的东西了。这番话唤起了公主的好奇心及欲望，因此公主表示要亲自前去船上瞧瞧。忠实的约翰高兴地陪同公主前往船上，国王看见公主远比画像来得更漂亮时，他的心快要跳出来。

公主上船后，国王带公主走下船舱，而忠实的约翰则留在甲板上，并且启航离岸；他下令张满所有船帆，让船如同鸟儿般飞航。国王花了好长的时间展示他收藏的瑰宝，公主因为满心欢喜而没有发现船只已经启航。公主看完所有物品后，向商人表达谢意并打算返回城堡，那时她才发现他们早已远离陆地，她惊声尖叫，说自己被拐骗了，如今已落入商人之手。此时，国王牵起公主的手，解释说自己其实不是商人，和公主一样是出生于王室的国王；他带公主走，是因为他如此深爱着公主。他告诉公主自己是如何在第一次看到公主的画像后昏厥倒地。公主终于被安抚了，还同意与国王结婚。

忠实的约翰坐在甲板上时，他看见三只渡鸦。他停下手边演奏的音乐，细听它们的对话。其中一只说国王要把金屋公主带回家，但是第二只说这并不表示他已经赢得公主，第三只说既然公主和国王两人已经在船上，国王就赢得了公主。第一只渡鸦说这没有太大的用处，因为他们上岸后会有一匹红色的马向国王跑来，当国王试图要骑上马背时，马匹会带着国王奔向空中，而国王也永远无法再看见公主了。第二只渡鸦问，难道不能做些什么来拯救国王？其中一只渡鸦说，如果此时有其他人跳上那匹马，抽出皮套内的手枪并朝马开枪射杀，就能拯救国王。但是有谁会知道呢？而且知道这事的人，会从脚趾到膝盖都被化成石头。

第二只渡鸦接着说，即便那匹马被射杀了，国王仍然无法赢得他的新娘，因为当他们抵达城堡后，婚礼礼服会被放在水盆里，礼服乍看之下仿佛是用黄金白银所编织而成，但事实上那是硫黄及沥青；国王穿上礼服时，会连人带骨受到烧灼。同样，第三只渡鸦问，难道不能做些什么来化解吗？第二只渡鸦说，如果此时有人戴上手套，抓起礼服投入烈焰中，国王就能得到拯救，但那又有什么用呢？因为凡是知悉这一点而告诉国王的人，会从膝盖到心脏都化成石头。然后，第三只渡鸦说它还知道得更多：即便婚礼礼服被烧了，国王还是不能赢得他的新娘，因为在婚礼后的舞会，公主会突然脸色发白倒地不起，假如没有人将她抱起来，从她右胸吸出三滴血，公主就会死去。但是假若有任何人知道这一点，他就会从头到脚都被化成石头。

接着这三只渡鸦就飞走了。从那时候开始，忠实的约翰陷入了悲伤、沉默，因为如果他不把听到的话告诉国王，国王就不会幸福，但是如果他告诉了国王这一切，忠实的约翰就会赔上性命。最终，他决定要拯救他的主子，即便他会因此而死去。当他们上岸时，一匹俊美的红棕马如同渡鸦所说的向前跑来，国王说这匹马可以带他回城堡，于是作势要跳上马，但是忠实的约翰抢先一步射杀了那匹马。其他的仆人说，杀了那匹俊马是大不敬的行径，但是国王挺身为忠实的约翰说话。当他们抵达时，城堡内有个装着礼服的盆子，那看起来是一件金银线编织而成的礼服。国王走上前想穿上礼服，但是忠实的约翰将国王推开，他戴着手套抓起礼服一把丢进火焰中烧光。同样，其他的仆人抱怨他的行径，但国王也再一次护着忠实的约翰。

来到舞会的那一刻，忠实的约翰时时刻刻看着公主，突然间公主脸色发白倒地。忠实的约翰跑向公主，把公主抱入房内放下，并在她身旁跪下，从她的右胸吸出三滴血再吐出来。公主立刻苏醒，但是国王看着这一切，心中纳闷忠实的约翰为什么要如此做，还愤怒地将忠实的约翰关入牢房里。第二天早上，忠实的约翰被带往绞刑台处刑，但是在行刑前他要求对国王说话，国王准许他的要求。忠实的约翰说自己受了不公不义的刑罚，他说自己自始至终对国王都是忠心耿耿的，也把他从渡鸦那儿所听到的，关于国王如何才能得到拯救的内容全盘说出。国王大声对着他最忠实的约翰呼喊，请求原谅，并且下令将忠实的约翰释放；但是在说完最后一个字后，忠实的约翰就倒地变成了一块石头。

国王和王后很不开心。国王觉得自己以邪恶之心回报忠诚之心，于是把石像抬到寝宫里，就立在他的床边。每每看见石像，国王就会哭着诉说，希望能够让忠实的约翰复活。时间流逝，王后生了一对双胞胎，两个小王子逐日长大，也是国王及王后两人心中的喜悦。有一回，王后去了教堂，两个孩子在国王跟前玩耍，国王再次看着石像，希望能够让忠实的约翰复活。接着，石像开始说话；他说，只要国王愿意牺牲他最宝贵的事物，忠实的约翰就能够复活。国王说自己愿意放弃世上所有的一切，石像说，如果国王愿意亲手砍下两个孩子的脑袋，并且将鲜血抹在石像上，他就能够复活。国王想到要亲手杀了两个宝贝孩子，感到惊恐不已，但是当他想到忠实的约翰对他的一片忠心耿耿，甚至还为了救国王而牺牲性命，便毅然拔剑砍下了两个孩子的脑袋。当他将孩子的鲜血涂抹在石像上，忠实的约翰立刻复活，站在国王面前；他说，国王的一片心意不应该被辜负。他拿起两个孩子的头接在他们的脖子上，再拿取他们的鲜血抹在伤口上，两个孩子就立刻毫发无伤地复活了，孩子们继续玩耍，就像什么事都没发生过似的，国王欢喜不已。当国王看见王后回来了，便把忠实的约翰及两个孩子都藏进一个大柜子里，还询问王后在教堂里的祈祷。王后说，她在祈祷时一心想着忠实的约翰以及他为了国王及王后而招致的不幸。国王回答说："我亲爱的妻子，我们可以让约翰复活，但是我们必须牺牲两个小儿子作为代价。"王后脸色发白，惊恐不已，但是她说两人确实亏欠忠实的约翰一片忠心耿耿。国王知道妻子所想的跟自己心中所想一样，高兴不已；他打开大柜子，把两个孩子及忠实的约翰都带出来，还说他们应该为了忠实的约翰得到解救及再度拥有两个孩子而感谢赞美上帝。国王将事情的经过告诉王后，他们从此过着幸福快乐的生活。

被禁闭的阴性意象

第一个故事中的小裁缝及鞋匠，是善良与邪恶的原型对照表现。在那个故事里，白鹤带来了新国王，是和解的象征。在《忠实的费迪南和不忠实的费迪南》故事中，老乞丐影响了其中一个人物（忠实的费迪南），让他成为国王，而另一个角色（不忠实的费迪南）则从故事中被切除。在《忠实的约翰》这个故事中，情况则有些向前进展：既然老国王不需要被罢黜（因为他已经死了），这个故事就代表着发展的历程；在这个阶段，事物得到进一步发展，而国王也是自然死亡。少主或王子就在那儿，而忠实的约翰就等同于白鹤的角色；约翰是少主的推手，而鞋匠这个角色只以非常怪异的方式存在，也就是通过国王在约翰身上所投射的内涵而呈现——当时国王误以为约翰是个坏蛋。故事中出现的毒素，一方面可被视为国王的投射，但也同时是新娘的毒血、红马及婚礼礼服。有毒的素材，在其他故事中以鞋匠的形象人格化，这一次则是新娘内在的元素，新娘必须得到净化直到她成为阿尼玛角色。她身上的毒是所有误解的来源，它对于国王误解忠实的仆人负有责任。

约翰这个名字本身就很有启发性，因为这个名字起源于犹太拉比·约哈南的传说，他帮了所罗门王。如果这个名字确实来自这个传说，就显示了新主的推手约翰带有牧师／巫医的人格特质，邪恶的力量则存在于阿尼玛之中。

金屋公主明显是被邪恶魔法附身，这魔法摧毁了任何想靠近她的人，唯有当邪恶魔法被驱除之后，国王才能与她结婚且不蒙受伤害。这是个原型的主题——美丽的女孩被施了魔法，或是她身上的毒会把任何接近她的人都毒死，除非那人知道如何为她驱毒——这些想法在东方的传说中似乎是常见的元素。在北欧国家，新娘身上的毒通常源自她与住在树林中的异教魔鬼之间的秘密爱恋关系，通过这样的爱恋关系，她变成男人的毁灭者；在国王切断这联结、杀了魔鬼或除掉阿尼玛背后的邪精之前，国王都无法赢得她。

如果我们试着以心理学的角度来解读这个母题，我们可能会说阿尼玛有个功能，我们会将之定义为一种与较深层的无意识链接的功能。她代表了与集体无意识的桥接；也就是说，如果男人试图将这些从背后抓住他的情绪及幻想带出意识，如果他能对之有所反思，那么他就能够穿透进入无意识的深层。个体必须要问问自己：“为什么我对这个或那个感到如此烦心？”如果男人自问，他就能发现处在他的阿尼玛背后的事物，同时也会发现她是魔鬼的新娘。从心理学的角度，你可以说她受到无意识冲动的毒害，那些无意识的冲动想要被带出意识界但却不得其果，取而代之的就是抓住男人的情绪面并且影响其心情。因此，他必须越过情绪的桥梁，去发现魔鬼力量的真面目。它往往就是那些落入无意识的宗教思维及带有神性的人物，必须被带入意识中。我们可以说，那是仍然处在无意识的宗教性联结，因为未被整合的部分会落入阿尼玛的疆域，因此驱除阿尼玛通常也意指对宗教议题的再次讨论。阿尼玛，身为一个典型的女人，她会抓取即将要发生的事情以及新时代所需要的事物；相较于男人的意识，她更不僵化也更不带偏见，她抓取了新思潮（Zeitgeist）的可能性并且对这些内涵显得躁动，急欲将这些实情带入意识。

我认识一个科学家，在我看来，他有相当僵化的科学世界观，更落入了机械性的时代思潮之中。他极力忽视现代物理学的发现，一心谨慎且机械化地抱持着旧思维继续向前。在我和他的对谈中，我告诉他心理学的发现，并且传递现代物理学的发现，这些新发现改变了我们对于物质的意象，但是他听完后总是变得情绪化。有一次他甚至说，如果我对他说的那些事被证明是真的，他会举枪自尽。这在我看来是相当愚昧的，因此我说，为什么不愿意客观地检视这些事物是否为真？为什么要有如此情绪化的反应？那是错误的，是阴性本质的反应；女人通常都是那样评断事物的。世界不会因为思维的转变就被改变了。但是那个男人说他应该谨守多年来他给年轻学子的教导，而且教导这些思维想法是他的责任；如果他发现自己所教的是错误的，那他就没有颜面继续活下去，因此他必须举枪自尽。

这说明了男人典型的理法态度，除非他们对于灵性态度的开放性已经有足够的发展；这也解释了为什么男人总是比较保守，不像女人那样轻易地改变思维。女人说："为什么不？"问题不过就在于你如何看待事实，于是想法就改变了。但是如果你对女人说："先不谈科学，让我们来讨论爱的问题。对于一夫多妻你有什么看法？"那么就会是一场大地震。男人会说："是啊，为什么不尝试呢？"女人对于社会生活形态的改变会变得情绪化，因为那是她整个世界的支点，而这个领域的改变可能会让她想要举枪自尽。男人与女人都应该知道这一点，否则就不可能相互了解。女人可以以思维自娱，因为对她们而言，思维不是攸关生死的问题，这说明了为什么女人对于男人的思维有正面的影响力。

女人可以借由她的灵活性来启发男人的精神世界；通过她的灵活性，她能够抓取新的内容并且呈现在男人的面前。她启发了男人，但是必须由男人来付诸执行，这正好与生物学上的关系相反；在生物性的关系中，男人在女人身上授精，由女人产子。因此，在外在的现实中，女人往往是男人的启发；在人类的内在，阿尼玛也有相同的作为——她播下了思维的种子，这都是新的内涵，通常在男人真正开始面对之前，这些思维的种子早已酝酿了一段日子。但是阿尼玛之所以让人心烦、让人讨厌，在于她总是以未经修饰且未经整理的方式带出这些思维种子以及巧思预感，而且她表现影响力的方式也是有些奇怪的。她以糟糕的方式呈现新的真理，这可以从神智或是流行的宗教杂志中得到验证。如果你阅读这类文献，你会看见新的思维是如何通过未经整理的阿尼玛形式表达出来，这立刻就带来了毒害：它混和了情绪及未经整理的思维，而最糟的是，你既无法接受它也不能反驳它。一方面是胡诌乱语的毒害，但是其中又包含具有启发性的真理核心。你在边缘性思觉失调症患者的写作中也会发现类似的素材，他们写下具有启发性的内容，但是如果进一步检视，你会发现他们的脚注是错误的，内容的呈现方式既糟糕又凌乱无章法，所提供的证据全是谎言。你所看见的，就是带着满满毒素的阿尼玛典型释出形式，但是里面藏着一些东西，甚至是具有启发性的。一个热爱真理且负责的男人当然会痛恨这样的东西，但是他必须对此有些作为，否则他会断了自己的发展。

这是批判性思维所面临的问题，关乎的是阿尼玛的驱除，或进入无意识的感情关系中。新思维的启发藏于另一面的原料形式中，那是黄金和粪土混杂的原始素材，人们必须过滤筛选才能提取其价值。阿尼玛的毒在于她总是让男人误以为自己是新真理，或对立面的伟大诏告者。她通常是歇斯底里型的骗子，而且会夸大或带些扭曲。要关注男人被阿尼玛影响的最简单方式，就是从他说谎的地方开始，那是阿尼玛能揪住他的地方，因为阿尼玛尽是谎言及小把戏：那是阿尼玛的毒，也是故事中的公主需要驱除的，唯有如此才能让公主继续生活下去。

末日将近的国王，在故事中有巧妙的描述：集体意识的主导原则，也就是国王，处在衰退中，即将死亡，而女性的原则并未得到表现，因为故事中除了那一幅被禁闭收藏的金屋公主画像之外，没有王后也没有其他的女性角色。因此，故事从一开始就描写了阿尼玛被全然压抑的状态，与阴性原则的关系也是被切断及隔离的。此外，活着的女人居于大海的另一方，也就是说，远离意识之外。

我们可以清楚看见这个童话是相对较晚期的版本，同时也必然代表西方基督文明相对较晚期的状态，因为我们可以相当精确地说，这个时期的女性原则是被排除在外的。天主教中的母亲原型通过圣母玛利亚得到表现，但是在基督新教中，即便是这一点表征也是被切断的，女性原则完全没有得到表现。

一个被禁止进入的密室里，藏着正面且明亮的人物，这是童话中常会出现的主题。它象征着一个被压抑的情结，也就是说，是意识不愿意与之接触的鲜活心理因子。另外，金屋公主似乎是个崇高的人物，因为她来自屋顶，而非来自地窖，这个意象过于灵性且高高在上。这一点与基督教文明的状况相合，在基督教文明中被压抑且不得表现的，是大地之母的女性人物，这在所有的异教信仰中都可发现。因为在基督教文明中，母亲意象是由圣母玛利亚所承接，她表征着所有美丽且纯净的事物，而不是像巫婆一般具有毁灭性及动物性。我们可以说基督教全然删除了女性原则的低下表征，亦即删除了其中的阴影面，只接受圣母玛利亚象征中上层且光明的面向。如今有越来越强的趋势要找回她的黑暗面。教宗称她为宇宙的主宰（domina rerum），因此她已开始拿回她的阴影面，但这自然是个危险的揭示。此处，你可以看见我们所处文明的经典景况：主宰的原则已经失去它的力量，即便是阴性的意象也被遮断，其中的黑暗现实也被隔离了。

无意识内的陌生高层智慧

与国王同在的是忠实的约翰，这是个奇怪的人物，藏身在整个故事之后，而我们首先必须了解他的所作所为及他所受的苦难。他打开了那间禁室，你可能会说这是不明智的，因为他在国王死后就违反了他的旨意，但约翰是在被迫的情况下行动。他握有钥匙，也是个关键的人物，他是超越功能的表征。他的行为象征着无意识的古怪招数；无意识总是采取迂回的方式，因此你永远不知道自己身在何方。这个心理形态完美地表现在《古兰经》第十八章中，荣格在《炼金术研究》[2]一书中加以解读。希德尔是个尚未道成肉身的救世主人物，在某种程度上与灵知派的道（Logos）的意念相对等。他引导且帮助人们，在中东地区仍然是个鲜活的角色，一般人仍然信奉他，人们突然转现的好运或厄运都是与他相关的。此外，人们说假若有陌生人前来你家，你必须要待之以礼，因为他可能就是希德尔。

希德尔遇见了摩西，摩西要求希德尔收留他并带他四处游走。希德尔不愿意接受，因为他认为摩西无法达到他的标准，而且这会带来问题；但是摩西承诺会接受希德尔所做的每件事。在一个村落里，希德尔在每一艘渔船上钻了洞，让船都沉没了，摩西因此提出劝诫。希德尔说他老早就说过摩西无法承受这一切，而摩西再次承诺自己不再提只字词组。接着，他们遇见一个俊美的年轻人，希德尔杀了这年轻人，摩西再一次提出抱怨，也因此被谴责了。后来，希德尔让整个城镇的墙垣倒塌，整个城镇陷于毫无遮蔽的状况，摩西再一次无法止住他的舌根。之后，希德尔说两人必须分道扬镳，但是在这之前他对摩西解释他的所作所为。他让船只沉没，因为他知道有一群强盗意图攻击抢夺；现在虽然船只漏水，但仍然可被修复。那个年轻人正要去杀人，而希德尔让他不至于因为这个罪行而失去灵魂。他让城镇的墙垣倒塌，因为墙下藏有宝藏，如今这些穷困的人们发现并拥有了这些宝藏。摩西知道了自己对希德尔的行事有如此深的无知与误解，深感激动。这可被视为无意识中那陌生高层智慧的象征，我们的理性意识永远都无法达到这个层次。自我意识永无止境地抗争，而且以理性拒绝无意识的高层智慧，但是这份高层智慧却是如同蛇一般的滑溜迂回，它所考虑的是我们所不知的事物，因此我们总是反抗。

忠实的约翰就像希德尔：他是无意识内神圣原则的表征，其中蕴含伟大的知识，因此，他被王子表征的意识新原则所误解。

积极想象与无意识历程

约翰这个角色明显对等于炼金术中墨丘利这个人物，他是国王的朋友，是炼金术士的密友，有时候是仆人、有时候则是主人；墨丘利也会因为他的怪点子及自相矛盾的行为而激怒炼金术士，当炼金术士试图与墨丘利打交道时，会觉得自己是个笨蛋，因为墨丘利总是玩弄把戏，而这就接近于仆人约翰这个角色中无意识的人格化。忠实的约翰对国王的建言似乎是相当符合炼金术的：他要国王以黄金冶炼各种动物、禽鸟、鱼类、器皿及工具，这些东西可以吸引公主。他为阿尼玛设下了圈套。

在原始部落，鬼魂圈套通常被用来捉取最近死去的魂魄，防止他们的鬼魂出没人间造成惊吓。原始人说鬼魂失去了他们的判断力，因此原始人会为亡者做出他生前住所的小模型，并将模型房屋放在坟地及先前住所中间，鬼魂会进入这个模型屋，而不会察觉这并不是真的房子。通过相似的魔法，金屋公主也被吸引住了。

以现代的心理学作比拟，则是积极想象；通过积极想象，个体就以类似的方式吸引无意识的内涵物。如果你成功制造正确的象征，无论是通过绘画、幻想写作或是通过真正的积极想象，你就可以在某种程度上激化你自己的无意识；否则，意识与无意识之间要成功达成联结，是相对缓慢的过程。举例而言，带有特定意识态度的个体做了个梦，我们对之加以诠释，如果诠释是正确的，将会带出反应，同时也会改变其态度或思维。意识的改变也会影响下一个梦境，并通过这样的方式形成缓慢的交互联结。假若因为某些特定的原因，整个过程必须加速，或者因为来自无意识的压力过于巨大，需要更多行动以解救意识于洪水来袭，抑或者当意识被阻断了，则我们就会出现带有意识性的意图，但同时也维持在意识边缘内，让事物在清醒的状态中发生、在清醒的状态下表现并得到处理，而这样的意识努力也会在无意识历程中带来丛集效果。相较于单纯地分析梦境，通过积极想象原来可以有更大的作为；当我第一次发现这一点，即对积极想象留下深刻印象。

我曾有个酗酒的病患，他无论从内或从外都处在危险的情况。他一再梦见一个已经死去的朋友；他说，这个求学时代的朋友是个相当聪明但神经质的人，甚至可说是思觉失调的——就是那种看来是道德错乱的思觉失调症。他的精神功能并未受到影响，但是道德人格被破坏了。他陷入司法困境并且试图自杀，在他被囚禁之后自杀成功。因为这个人物几乎每天都出现在病患的梦境中，我对他说此人必定存在于他内心某处（因为他也不相信生命），而且这必定与他的酗酒问题有关，同时提醒他应该要正视这个阴影人物。这个病患同意我所说的，却什么都没做。当我们计算他梦到这个人的次数时，发现他平均每个星期会梦见三次左右。

经过一段时间之后，我觉得受够了，于是对这个病患说他应该要通过积极想象与这个人做个了断；因为他的单纯及天分，他成功做到了。他问他的朋友为什么要烦他、为什么要骚扰他，而这个朋友回答说整个心理治疗都是假的。这个人物说，一切问题都在于我的病患对肝癌的害怕，只是想要让自己好过一些，背后根本没有隐藏着什么，他不过就是个懦夫罢了。我的病患为自己辩解，但是他完全不像他朋友那样聪明机智，不久之后就再也不知道该如何争论下去，结果就放弃了，同时认同他的朋友所说的。当时是下午五点左右，那天晚上他回家上床睡觉，隔天上午八点却因为极度的心痛而惊醒。他拨了电话给医师，当天差点就死去；他得到医师的照顾，也照了心电图，但事实上那只是一次纯粹的心因性发作，不过还是几乎要了他的命。

后来我和这个病患再次检视之前进行积极想象的情况，我指出他当时忘了心的争论。他的朋友因为本着智性的争论而胜出，智性的争论总是好坏并陈的，但是那都是可选择的可能性，而这就触及了心，或感受。我建议他从头再来一次，他照我说的去做，并对他的朋友说：“看看这里，我重新思考过了。”他的朋友说：“我的天啊！你想必是和你在苏黎世的灵魂女导师谈过了！”这个朋友就是有这种坏心眼的小聪明，但是我的病患说，心脏的问题是他自己的问题，尽管他的确在苏黎世有过对话，而事实上是他和这个朋友之间的谈话让他的心脏无法承受。因此，在这一次的尝试中，这个朋友成了焦点，而对谈也在对方哑口无言中结束。同一天晚上，我的病人就梦到自己身在朋友的葬礼中。

后来的分析持续了一年半，这个人物只再出现过一次，不再是先前那样平均每星期出现三次的频率。因此，积极想象如果操作得当，真的会影响无意识。它比纯粹进行梦的解读带来更强大的影响，而前文的案例也显示，在象征性对话中创造出正确的象征人物，就能够捉住那冷嘲热讽的阴影面，同时也能对无意识施加实际的影响力。这显然跟古早时代被用来影响心理情境的法术是相同层级的；这的确是相同的作为，不过魔法还带有外在的目的在其中。如果这个男人是中古时代的人，如此频繁地梦到这个愤世嫉俗的朋友，就表示他被幽灵缠身了；但因为他是现代人，这个友人就成了他内在拥有的部分。

积极想象与黑魔法

我们将白魔法及黑魔法做了区分，后者被用作自我本位的目的。一个在恋爱中的女人使用爱的迷魂汤，但那是自我试图满足自我本位的需求。以驱邪的形式呈现的白魔法也是存在的，但那带有神职的目的。积极想象是全然从内而生的，同时也必须要从内在检视，虽然有些时候它也会有外在的效果；实际上，唯有为了个人的内在需要，才应该运用积极想象。荣格曾经体验过，如果我们在实际活着的人物身上运用积极想象，那个人会受到实际的影响，虽然他无法解释这是如何发生的，但这也说明了为什么积极想象是危险的，而我们也会试图与之保持距离。你可以跟投射在某个活生生的人身上的内涵进行对话，而不是直接跟那个人对话。如果你极为痛恨某个人而想要处理这件事，你必须要将你的恨意人格化，并与之对话，而不是对那个实际存在的人说话。

我有个被分析者对一对夫妻有着崇拜的移情，她起初对他们非常友善，但是后来就开始感到深度的痛恨。她老是想要见他们，但是总会带着毒害及伤心而回来。这显然是个投射：他们有许多相同的阴影面。后来她隐隐约约得知积极想象技术，但是她心中以为的积极想象，就是去想象那个人就在眼前，然后侮辱打击对方，并且在最后杀了对方。在这之后，她感到如释重负，但却在夜里梦到自己被巫婆抓住，甚至被囚禁。我问她当天做了什么，而且强调当天势必发生了些什么，于是她告诉我那个假的积极想象；她的梦境明显地告诉我们，她在操作的是巫术而不是积极想象。她其实可以将她的痛恨或情感人格化，那样就没问题了，因为在那样的情况下她可以有两个人物，一个是她自己，另一个则是“带着恨意的女人”，接着她就可以问后者为什么想要杀了那个男人，这样就会实际有效。只处理外在人物的意象，是个错误的做法，会带来不好的结果，也会像回力镖一样射回。这个被分析者并没有摆脱她心中的恨意，反而落入巫婆的原型中，同时进入更深的无意识之中。如果你想要处理的是你跟某个真实人物的关系，但是又不想落入法术，那么就去对着你那人格化的情感进行对话，但你必须要维持在自我的容器中，不要将外在的人物拉入。

在某些情况下你可以得到巫术的效用，这时候你会看见其中有外化的破坏效力，但更甚的是，这对操作的人有伤害，会让他深入无意识，更不会有任何疗愈效果。运用积极想象时，必须要清空自我，同时成为一个客观的旁观者。自我应该说："现在就来看看我的情感。"因此，第一步就是，当自我成为客观的旁观者时，要去除认同。这个被分析者认同于她的恨意，而实际上这是她需要去除认同的部分，这就是我们所说的相逢（auseinandersetzung），意指"分别开来并且与对方一决雌雄"，而第一要务就是要"分别开来"。那是积极想象技术的绝佳描写。我将自己从心中的恨意或是伟大的爱意中"分别开来"，接着我和那个因子对话，但是我不考虑那个实际的对象，否则我就是在操作黑魔法。你的恨意或是爱意的对象，是你的无意识牢牢扣住的事物，而通过那些操作，你制造了想望，正好是积极想象的反面。人们总是想着他们所喜爱的，或他们想要做的，然后以为那就是积极想象；但那是法术，而且带有全然的意识削弱（abaissement du niveau metal）[3]效果，甚至也可能释放出精神症状。

如果我们对某些事物感到心烦意乱，我们的内在时时刻刻会出现对话，但那是被动的想象，这完全不同于"分别开来、放下认同及客观检阅事物"的艰难艺术。如果有人能够操作积极想象长达数小时，那就是错误的；当你正确操作积极想象，不消十分钟，个体就会精疲力竭，因为那是真的耗费心力，而不是“放下”。我们不尽然知道对方会如何被前面所提到的黑魔法影响。对方可能会有相似的情结，因而受到影响；这说明了此类事物如何在原始人类中运作。例如，某人握有一张照片，并在上面刺上图钉之类的。如果你操作巫术想象，你会上瘾而一做再做，那些不自主被开启的事物将无法中止。

在日本东京的贝尔茨医师（Ernst von Baelz）曾经描述一个日本思觉失调症女病患的案例，她身上带有狐狸鬼魂。[4]女病患来自一个小村落，当时处在僵直的症状，既痴愚又阴沉。她会一个人坐在角落，一段时间之后会说：“出现了。”然后从胸口发出吠叫声，声音越来越大。接着，她的双眼会变得闪耀明亮，她也变得非常风趣机智，还斥责每位医师；她会说出各式的老生常谈，而且内容都毫无差错，大家都很怕她。一段时间之后，吠叫声又会再度响起，这些突发的状况也会慢慢消失，她又再度回到先前那个愚钝的状态。

这是个经典的例子。思觉失调的病患是如此优游于集体无意识中，他们处在每个人的无意识里，以令人惊异的方式看清事物。我曾经拜访过一个被安置在医院的男人；他说自己变成带有双重性特质，问我是否愿意去看看他。我答应前往，因为我认为这可能会是个有趣的拜访。他立即安静下来，变得理性且平和，也能陈述发生了什么事。接着他说：“这些医师真是蠢得让人傻眼，他们给病房里一个拒绝进食的僵直性病人做静脉注射，但我马上就知道问题到底出在哪里，我告诉医师有方法可以给这个病患所有他需要的东西，只要他们把东西都装在瓶子里就可以了。”大多数医师都忽视他所说的，认为另一个可怜的疯子哪能知道什么，但是有个年轻的犹太医师说不妨一试，而这个男病患真的吃了装在瓶子里的食物。在《智慧、疯狂与愚痴》（*Wisdom, Madness and Folly*）[5]一书中，约翰·卡斯坦斯（John Custance）叙述了类似的案例，一个病患通过“心电感应”知道其他人在晚上梦见了什么。这类人就像是优游在相同的羊水中，因此能够有即刻的接触。在较低层级中，有着全面的混合。

我们提到的故事里，忠实的约翰建议少主打造黄金小物件来吸引公主，对我而言，这就仿佛是积极想象，它是一种新的、全然不同的魔法形式，只是就心理学而言属于较高的层级；因为其中有着相同的基本意涵——产生了特定的象征物或象征性的创造，无意识借此受到激化而“被吸引”。

注释

1. 原书注：*The Complete Grimms Fairy Tales* (New York: Pantheon Books, 1972), pp. 43ff.
2. 原书注：*The Collected Works of C. G. Jung,* trans. R. F. C. Hull (Princeton, N.J.: Princeton University Press, 1957 - 1979), 9i, chap. 3.
3. 译注：荣格借用法国心理学家皮埃尔·贾内（Pierre Janet）的用词来描述意识自我减弱的心理状态，在此状态下注意集中力减低，同时内在的约束及防卫机制也较松散，因而得以让无意识内涵物展现，通常会自发出现或是通过积极想象技术而得以激起，此状态也通常是无意识为新的发展历程所做的事前准备。
4. 原书注：Ernst von Baelz, *Über Besessenheit und verwandte Zustände* (Vienna: Perles, 1907).
5. 原书注：John Custance, *Wisdom, Madness and Folly* (London: Victor Gollancz, 1953).

| 第五章 |

石头或雕像

忠实的约翰似乎就是某部分无意识的人格化，这个部分的无意识带有建造新意识立场的倾向，我们或许可以称之为无意识内的创新精神——因此让他接近于炼金术中的墨丘利精神，他是处在自然深处，或者可说是处在无意识深处的创新精神。他也可以被称为荣格所谓的超越功能的人格化，它联结了对立立场。

诱拐了公主之后，国王和他的新娘一并在船上，事情似乎进展顺利，但是忠实的约翰这时候就听见了三只渡鸦的对话，预言接下来的危险以及能够克服危险的步骤；渡鸦还提到，试图解救国王的人一旦说出他所知道的一切，就会被化成石头。结果就是王子要对忠实的约翰有全然的信任，就如同希德尔要求摩西对他盲目相信，对任何举动的原由、目的与细节都不得有半点疑虑。虽然忠实的约翰猜想国王不会接受这样的情况，也不会信任他的所作所为，他仍然决定拯救国王。我可以略过不谈这三只渡鸦的对话内容，因为那跟绞刑架上两只乌鸦的对话很相似；但是我不能略过不谈这三只渡鸦。此处我们看到一群渡鸦，它们是属于太阳神的鸟，也是被用来卜卦的鸟。因此，它们与超心理学情境及心电感应是有关联的。它们能洞视未来、看清秘密。相较于乌鸦所代表的女性原则，它们较偏向代表男性原则。

在这里我们有三个一组的暗示，这存在于德国及凯尔特（Celtic）传统中前基督教时期三位合一的神明。但丁（Dante）《地狱篇》（*Inferno*）里的魔鬼有三个头，分别面向三方，荣格将这一点解读为在上三位的镜映表现，也就是三位一体。双重的三角形可以被视为整体的象征，如果你把它一分为二，你就得到上层三位一体的基督教传统，以及下层的地狱三重。民间传说中的冥界在集体意识中补偿了基督教立场，它以异教的三位一组形象出现，原因即在于此。在德语国家中，这与异教神祇沃登神有关，祂通常会跟其他两个神明一起出现。

渡鸦通常展现非好也非坏的特质，单纯就是自然的，它们表现真理的方式就近似于无意识的表现方式。若说无意识的本质是与人为善的，那自然是一种拟人化的说法，因为那是由意识所决定的。故事中渡鸦们相互交谈，但并不是对忠实的约翰说话，这一点显示它们并没有打算要让意识了解。它们不过就是一起说说话，而你能做的就是偷听，这仿佛意味着无意识并不在乎少主是否得救。

但是忠实的约翰打定主意要救国王，他必须面对的三个危险是：（1）红棕马会引诱国王上马，然后跃上空中并消失无踪，必须以马背皮套内的手枪射下它；（2）穿上礼服，国王就会全身被烧灼；（3）新娘胸口的三滴毒血。这所有的危险都与返回原初之地相关。童话中通常会出现男人和女人前往远方国度，也就是前往较深层的无意识界。当他返回原先离开之地，通常都会有危险；虽然在他前往目标的路途中也是会有危险的，但是那些在回程中遇见的危险通常带有不同的特性。我们必须进一步看看这些不同的无意识层次所带有的意义。

回程的考验

大部分人在解读童话时，会松散地把越过大海前去找寻金屋公主这一桥段解释为进入无意识界，但这不可能是对的解读，因为这些人物从一开始就已处在无意识界。既然从我们的观点而言，国王、忠实的约翰及少主都处在无意识界，那么我们就不能跳过这一点，必须要问这些不同的界域所代表的意义。有些童话中有三个以上的界域，国王从一个王国进入另一个王国，因此我们必须考虑这些在路途中的驿站，不单单是两个，而是三个、四个或五个王国。我认为起始的王国，也就是故事行动开始的王国，是与意识相关的。它与意识的情境有关，但这是从无意识的角度来看的。

在此，我们必须先了解，这里所谓的意识，即通过报章杂志及出版品所代表的集体意识层，关心的是我们当代的精神及问题，它们代表的是具有自我检视功能的集体意识。我们总是借由谈论等方式，试图在意识情境的国度内觉察我们的意识情境。但如果我们尝试去看梦境，或是观看艺术家以真诚且不带过多反思的方式从无意识中带出灵感而创作的作品，那么我们就会看到对整个情境的另一个意象；我们得到的是一个镜映的意象，它是一种以无意识来看意识情境而得到的影像。你可以说，所有梦境都带有这个面向。在梦境中，你可能表现得像个傻子或像个英雄，你也许会说那不是你看自己的形貌，而是无意识看你的样貌——那是从无意识的角度对你的自我所拍摄的相片。就这个面向而言，童话故事的开场情境大概就像是这张相片：它描写了意识的情境，但却是从无意识的角度来看的。在第一张相片中，集体意识的原则已步入老年或将亡。也许会有悲观阴郁的新闻报道说我们的文明需要更新，这也许为真也可能为非，但此处的相片是这么告诉我们的：老国王将死，而阿尼玛的意象被排拒且被搬迁到远方。

在这种情况下，阿尼玛被视为只是在三维现实的一个意象（肖像）；它不再作为一个心理现实而存在，因此被进一步地从意识移入无意识中，也就是被移入阿尼玛的王国中。而接续在返回路途中的危险，就是试图要将这两个王国结合。

我们可以拿这个过程跟分析中的个人发展比较。开始进入分析时，人们的梦境通常会带出一个全然陌生的世界，其中有阿尼玛及阴影面，而在分析过程中，个体通过对这些事实的讨论而创造了内在回击的情境；因此有人会说，分析中的关系并不像平日生活中的关系，而是两个人之间的特殊关系，这份关系专注聚焦在无意识生活，而平日生活的其他事实则被省略。被分析者可能提到他和妻子的问题，或者跟他的事业有关的问题，但是你会忽视从外而来的情况，同时带着一种相对排除外在情境的视角，从内检视它。这种排除外在的特性，可相比成蒸馏器或蒸馏瓶内的炼金历程。这是相当人为的情境，在这个情境下，问题被视为个体的内在梦境，而这样的观点将事物强行加入瓶内。我们创造这样的人为情境，就是为了内省。

有时候人们试图将童话解读成没有时间限制的永恒事件，而集体无意识在当中老化并消亡，但是我并不相信这一点。分析过许多欧洲、日本、中国及非洲的童话故事后，可以这么说，只有童话的基本架构是永恒的。故事里总会有巫术、王子与国王、巫婆及动物助手等角色，但是故事的特殊情境设定则是对特定意识情境的回应。因此，当你比较欧洲及日本的故事时，你会得到相同的人物角色，但是这些角色被定位在不同的架构中。如果你再进一步去看，你会发现，如果你对日本的文明及意识情境无所知，或不了解日本的禅宗佛教及武士道，你就无法解读日本的童话。而且，你不仅要看外在的情境，还要从日本人的集体意识情境的角度出发，你才能真正了解童话。我甚至可以这么说：我们应该能够追溯童话的年代。但我也必须承认，我没有办法每次都正确，大概只能做出两百或三百年期间的推估，因为童话所描写的，是一种比意识发展更缓慢的历程。基督教象征的缓慢衰退已历经将近千年之久，从千年之前就已经开始出现无意识的改变。因此，如果有个童话补偿了基督教意识，要将之精准标注在时间历程中，是相当困难的。不过，我认为我们可以相当精准地追溯手边这个童话的年代，这个我稍后会再讨论。因此，就某方面而言，无意识替意识情境所拍摄的相片，将意识情境投于永恒的一般情境中；在其中老国王将死，吾等自然可见文明总会衰退并结束，也就是所谓的在永恒的相下（sub specie aeternitatis）[1]。老国王将死，是人类生命历程的经典情境，因此接续就要提出特定的改变，以保证改变的到来。

在个人的分析中，梦境以个人的方式来显示部分反应，接着无意识揭露集体的情境并将之显示为永恒的问题，但是这个问题带有时间的架构在其中。个人的实体母亲引出家庭戏剧，但在那以外的则是原型的梦境，诉说着这是年轻男性惯常会有的问题，原型将男人从个别所拥有的特定形式的母亲形象中拉开。因此，我们可以说这些产物有部分是不受时间限制的，但同时也带有部分的独特性，因为无论是梦境或是童话都不是无意识的。毋庸置疑，梦境是无意识的产物，但是梦境是在意识边缘的现象，只有那些你不能记得的部分是无意识的。童话也带有无意识中永恒无时间性的特质，但是又带有意识的相对时间性，因为童话并不是全然在无意识中。

作家“创作”的童话并不是真的童话，因为这些故事包含了某些属于作者个人的问题。安徒生的童话镜映了他所属国家的独特宗教问题。他拥有天分，能带出底下正在发生的故事，并且创作出几乎为真的童话，但他本身是相当神经质的，他从来没有离开他的母亲，而且也从未结婚。他的故事相当明显地呈现悲剧氛围：无法与阿尼玛连接上，正如同安徒生自己的人生。他无法让自己从个人的问题中得到真正的解放。虽然研究他的童话很有趣，但我还是会跟文学性的童话保持距离，因为就我实务所见，没有一个艺术家能够完全放下对个人问题的认同，而那会形成全然另一类的故事。在民俗传说中，我们有真实的“骨架”，在其中以戏剧化方式呈现的，是更为普遍的现象。

回程的问题必须要继续跟无意识的问题放在一起。当人们处在这个阶段时，会坚持寻求外在的解决方案，像是他们是否该结婚，或是否该换个职业；他们以为这是有用的，但这并不是重点所在。我们必须将无意识的历程带出意识，但我们不能过早将之归因于外在情境。过于理性的人们总会迫切想得到精确且片面的梦境解读；一旦发现一切仍处于模糊，且带有象征性，他们就深感震惊。他想要简单明白地说明这到底代表什么意思，因为他想要把情境带入外在现实的范畴中。

面对这类案例，你必须坚持你所做的解读，让事物留在所属的范围内，不要急于找寻外在的解决方案。如此一来，你可以抵达内在的范畴并留在那里，但是接续而来的是“红棕马的考验”——外在范畴当然并没有得到改变，因此仍然有实务意义的问题。这个状况会发生在从外国来的被分析者身上，他们前来讨论家庭的情境，并且从心理层面解决，但是在这之后他必须返回，因此思考着他回家之后这一切是否仍然稳固。然而，因为被分析者的改变，情况也就跟着不同了。有时候，被分析者回家后会说："我的母亲在这段时间想必是有所改变了。"他没看见的是自己已经改变了，而整个情况也因此而转变。对于生活在同一个地方的人，相同的状况也会发生；分析的过程创造了一个人为的情境，而接着面对的是回程的考验——问题在于如何将分析所得与外在生活联结。虽然以纯然心理的角度来看待心理情境是有益的，但是在一段时间之后，你必须要面对内外两者，而接下来的险境就是新升起的危机及新的问题。在这个特定的情况下，在这个镜映意识情境的范畴中，阿尼玛仅被认知为意象，而不是一个立体鲜活的实体。

如今，国王及忠实的约翰前来与活生生的阿尼玛见面，此处指出他们是在不具时间性及空间性的无意识范畴中遇见阿尼玛。举例而言，在个人的情境中，当男人与自身的深度感受及情绪层次欠缺关联时，阿尼玛并不为他而存在，男人所拥有的只是对阿尼玛的幻想。我们常会遇见这类与无意识保持意象关系的男人，他们能接受无意识中充满着象征及母题，但是如果你试图告诉他们这会影响他们的生活，同时也会对他们的意识有作为，亦即无意识本身自有生命，而且男人若没有正确作为的话，他们的阿尼玛就可能会生病，此时男人的理性主义态度就会浮显，因为他们无法接受无意识能让他们生病，或让他们出车祸。让我们假设有个处在精神边缘的人出现幻觉，如果你说这是无意识的表现，他们可以接受这样的说法，因为这可算是件好事，让他们可以假装这不是他们个人独有的病态现象；但是，如果你告诉他们幻听的内容必须被看作是某种他们要服从的伟大权威，则通常要等到疾病或是意外真的发生之后，他们才会臣服，因为这样的说法对他们而言又更进一步了。

艺术家通常愿意接受无意识的存在，无意识提供了灵感让他们得以投射到画作或是写作中，但是他们对于分析则是非常害怕的。他们认定分析会毁了他们的创思；然而，真正的害怕在于他们必须把画作当作实体，而他们害怕维纳斯女神雕像会从基座上走下并拥抱他们。他们认为自己创造了这个雕像，因此雕像是没有权利活动的；因为那是他们的成品，雕像没有权利变成活生生的实体来抓住他们。他们能辨识出意象，但是他们不允许意象作为一个活生生的实体存在，这样的实体存在可能会闯入他们的生命。这一切都给了我们一些关于童话内容的暗示。在这样的情况下，当个体开始去思考跟真实的现实生活有何联结时，“返回的问题”就出现了。在故事中，对阿尼玛的认知是那个金屋阿尼玛的意象，她高高在上；而红棕马则是另一个面向。阿尼玛的存在同时具有性的吸引力，但是另一方面她也代表神圣的事物。但丁的碧雅翠丝（Beatrice）可能就是那个高高在上的金屋公主，而与魔鬼共舞的巫婆则在底下。圣母玛利亚及妓女玛利亚都是阿尼玛的意象。身为妓女，另一个性别为她着迷，她是情绪的吸引力，也是个驱力；而当她在上层时，她就是但丁点点滴滴所提到的碧雅翠丝。我们同时有天堂的维纳斯（Venus ourania）及世俗的维纳斯（Venus pandemos），兼顾神圣及粗俗的面向；其中的一个象征是白鸽，另一个则是麻雀。阿尼玛包含了这样的二元性，同时她本身既不是意念的，也不是躯体的，而是在这两极对立之间以她自有的本质存在。男人在这两极面向间拉扯，一面是我们所熟知的异性吸引及情绪机制，另一面则是高层秩序的内在经验。

在一场有关于法国浪漫主义诗人杰拉德·德·内瓦尔（Gérard de Nerval）的演讲中，荣格提到内瓦尔是如何热爱巴黎的女店员，他想要为她作诗（就如同但丁），因为女店员就好似女神。可是法国的写实主义思维，以及内瓦尔的嘲讽态度与对爱的世俗想法从中作梗，他称女店员为“本世纪人间的碧雅翠丝”（d'une personne ordinaire de notre siècle），却无法看见平凡小女人同时也是女神的矛盾之处。他对这个女孩做了某些事，想必是在某方面伤了这个女孩的心，但是他只提到自己因为无法承受这个矛盾而做了件糟糕的事。内瓦尔最后逃离女孩，而在他的作品《奥雷利亚》（*Aurélia*）中，他描述梦见自己走入一个花园中，里面有个破碎的女人雕像：也就是说，他因为逃开了那个女人，灵魂被石化且崩毁。

另一个女人试图拯救这个情况。她认为内瓦尔的风流韵事与他个人的问题有关，因此安排让两人再次见面。女孩走向内瓦尔，两人握手，但内瓦尔因为女孩眼神中所透露的心痛斥责而饱受惊吓，两人终究无法和解。没多久之后，女孩就死了，而内瓦尔也上吊自尽。这里所描述的是，个体因为无能力承受阿尼玛的矛盾面向而成为悲剧受害者。她是住在两个世界的心灵实体，既不是女神，也不是平凡女人，而是不同层面的现实中所浮现的生命力量。或许我们可以说那是阿尼玛，对待她就要如同对待阿尼玛一般，但是男人可能会接着说：“好吧，那我到底是要跟她上床，还是要敬而远之？”我们的意识总想要说清楚、讲明白，但我们必须要避开，而且不回答这个问题；相对地，我们要说那是一个鲜活的力量，我们需要如其所是地敬拜之，同时要耐心等待其他视角的浮现。但是，意识自我会接着说："我该不该打电话给她？还是应该只从另一个角度来看待她？"这是一个理智的问题，其他类似的问题情境会一再出现，因为意识认为这是势必要做出"二择一"的问题情境；于是，人们就发脾气，因为意识情境对焦在这般的单边性，不让另一边进入。

本能驱力的刹车系统

故事中第一次找寻阿尼玛所使用的策略，就是打制黄金物品。如果忠实的约翰试图对她施暴，这就不成，他必须要以适切的方式靠近并吸引冷漠的她。但是在那之后，当他们回到岸上，红棕马会脱缰并且把国王带走：那是性本能驱力的爆发，在这儿是通过马的意象而非金屋所呈现。虽然故事没有提到，但红棕马自然是公主自身的一个面向。如今她激化了冥界的动物，不过我们也不能忽视的是，这是一匹马，它并没有将骑士带入沼泽中，如果是那样的话，那就会是性驱力；而事实上它向上跃入空中，这是匹天马（Pegasus），将人带离地球，亦即带离现实。生理的激情如果真的是由阿尼玛所承载，她不会将人们导入现实中，因为阿尼玛本身是个意象，同时也因为阿尼玛带有的神圣本质，会将人们导入着魔且不现实的范畴中。这是众所周知的事实，当年轻伴侣的性生活运作正常时，他们是一点都不具现实性的，因为他们的热情将他们带入空中，让他们远离意识态度，并停留在地面上相当微妙的中间位置。

基督徒的成见反对阿尼玛所投射的本能面，因此倾向于往另一边发展，变得不人性。举例来说，尤其像是牧师的儿子及女儿，他们受到过分规矩的教养，因此容易变得非常不现实；他们就仿佛受到黑马的驱策，这是针对金屋公主的冷漠疏离的补偿面向。当个体接触到阿尼玛时，此时危险就升起，因为这个补偿面可能会将人带离地面，而且也只有野蛮的介入才能压制它。这是个特定的情境，而故事中唯一的解决方案就是将马射下，这是一个相当激进的作为，对比于分析情境，就等同于说："这个或那个不需要讨论！"虽然年轻的国王不需要亲自射杀马，但忠实的约翰却必须如此做，而结果就是他成为超越功能，得以带出较高意识的推动力；也就是说，意识并没有做出决定，而是由无意识自行中止这一切。

有趣的是，马的身上就配带着枪。弗洛伊德认为本能驱力是单方面的，而意识必须对之处理或是将之升华；荣格相信无意识驱力本身就内含奉献的可能性。《转化的象征》(*Symbols of Transformation*)[2]一书中关于奉献的章节就解释了这个现象。(当荣格写下这一卷时，他与弗洛伊德分道扬镳)如果我们去看外在世界的动物天性，这一切就再明显不过了，因为动物除了在纷扰不安的状况之下，不会过度纵欲、过食或是过分争斗，这意味着在大自然中本能驱力有自己的刹车系统。所有的动物驱力都不会只朝单边发展，各驱力本身都包含被牺牲的可能性，而人类的驱力也是如此，他们会自行踩刹车，只有当意识处在如同着魔一般的单边性错误介入时才会变得狂躁。举一个在大学城内疯狂奔跑的牧师之子为例，亦即他的红棕马脱缰了。如果他不是带有智性且神经质的本质，在一段时间之后，他会对那种脱缰生活感到厌倦而想要有更长久稳定的关系，以及投入研究学习的时间，如此一来，第一个爆发就会至此中止。但是如果他变成自由性欲的倡导者，那么他会过度行事，甚至超出他的自然本性。这类人也许能觉察到抑制自身性欲的第一个迹象，但是却仍然坚持纵情而为，而自然本能接续就会让他们变得性无能。这样的状况屡见不鲜，这就好比是从无意识中将马射下；它传达的是，如果你听不进去，我就会将马射下。性欲内建的刹车系统是极度蛮不讲理的，它可能会借由生病或其他的状况而中止。分析的过程显示，当个体对于需要有所牺牲的情况欠缺适切关注时，自然本能希冀个体踩刹车：朝向个体化的驱力通过牺牲就能打断单边的本能驱力，这个本能驱力已过分脱离中庸之道。

有时候本能是以“全有或全无”的方式反映自然本性，而意识必须借由适切正常的（适度的）使用本能而加以介入。除去性的角度，我们也可以从侵略性的角度中找到例证。带有强烈侵略性的人通常都好像是用头撞墙般白费力气。他们受到父母及师长的当头痛击而学得压抑，之后他们体会到侵略性的破坏本质而压抑之；然而，分析显示他们之后应该会多多少少再一次地将之从内在解放。这类人也不知道该如何回击，他们认定一旦回击通常都会过头，因此选择什么都不做，自然而然地，他们就变成丧家之犬，同时也因为活在应属的层级之下而心生憎恨，或是发展出被迫害的想法。或者，这些人也可能会再次变得具有侵略性而反应过头，事后宣称自己根本就不该试图有所作为，因为一旦尝试通常都会惹祸上身。他们必须学习通过意识得到释放，一次释放一点。如果你一股脑打开锅盖，所有的蒸汽会立刻冲出来，但如果要让它一点一点地释放，则需要比“全有或全无”反应更多的自我控制，因为接续的意识参与带出了适量的文明行为，那是介于本能反应中全有或全无之间的中庸之道，与无意识驱力协调一致并朝向个体化。

化成石头的无意识内涵

忠实的约翰从公主胸口吸出毒液，他独自一人挺身解决公主的邪恶面。男人的阿尼玛初次出现时，总是纯粹自然的，她是包含好与坏的纯粹生命。有个广为流传的“毒妇”童话母题，她在初夜杀了她的爱人。阿尼玛的确可以诱惑男人莽撞地活出欲望，借而摧毁男人，让男人抛弃他所有的人性价值。在我们的故事里，忠实的约翰中和了毒性，但是国王对于他的所作所为全然不解。

忠实的约翰为年轻的国王解决了所有问题，但是国王却对他心生怀疑，更糟的是，约翰最后还被化成了石头雕像。我们隐约感觉底层有个诅咒，但是原因一直到故事结局才出现，因此我想要先介绍另一个故事，名为《两兄弟》(*The Two Brothers*)，这个故事中的主角在故事结束前被变成石头，这个桥段能给我们一些启发。

如果我们将忠实的约翰视为原则或驱策力，驱策集体无意识朝向建立一个集体意识的新主导力，也就是“新主的创造者”，因此也可谓是超越功能或自性的代表，那么，他在故事里实行这些任务时变成石头，这桥段就变得有点怪异了。不过，当意识中有个错误的态度，那么从无意识而来的讯息，无论是见到或听到的，都会被错误解读，而意识就会对它们施加石化的效果。如果我们思考基督教文明中所经历的发展，那么年轻的国王及王后将忠实的约翰的雕像带入卧室，就成了一个典型的作为：它站立在那儿，象征一个谴责的人物，国王和王后每每看见雕像就会郁郁寡欢。

你也许会说弗洛伊德在我们的文明卧室中发现了被化成石头的忠实的约翰，因为无意识的鲜活原则最初就是以某种被石化的形式而被发现的，它是某种不再活着，也不被同化的原则态度。因此，国王及王后寝宫中仍然有个未解决的问题。弗洛伊德本身从未见过无意识内的创意鲜活原则，但将之视为某种被压抑、被意识所排拒的事物。他首创辨识出我们所处文明的绊脚石，障碍主要显现在性关系中；但是除了确认绊脚石的存在以外，他无法更进一步，因此只能从负面及破坏面来看这个障碍，并以此解读国王及王后的悲伤。这是弗洛伊德首次与石雕像相遇的情况，而那也是基督教时代结束时所发生的情况：我们发现了一个原则，而这个原则是性领域的绊脚石。

荣格接续发现这个石雕像，或这个阻隔，本是动力原则的人格化——这是一个可以再度复活的原则，同时也显现为活的宗教原则，但只有在个体将孩子奉献给它时才会复活。性关系就好比是地震仪一般能显示骚动。从我们的观点来看，大部分在性生活及性关系中的骚动，并不全然是自身的困境，而是指出更深层的问题。举例来说，女性的性冷感案例中，真正的问题通常出在被阿尼姆斯附身；如果我们只从性的层级来处理，就无法触及问题的深度根源。每一种心理骚扰主要都显示在社会适应、对死亡的态度，或是性关系之类的问题上——也就是显示在要求本能反应的地方，因为这类反应需要得到至关重要的原型模式的帮助。在某些原型的情况中，人类需要运用他的全部人格，如果他带有神经质的分裂，就会在这样的情况中显示出来。国王与王后无法全然交会，因为在他们之间有个化成石头的人物总是带着斥责的眼光看着他们，让他们心生罪恶感而无法一起享受生活。

如果我们概略检视石头与雕像的象征，在炼金术的传统中，两者都有较正面的意义。石头通常象征内在心灵上帝的整体意象，那是个救赎的神人角色，通常被描述为比基督更加完整的角色。雕像大部分带有相同的外显面向：它象征着再度复活的神人或人类，是埃及神话冥王奥西里斯复活后的形式，同时也是精神与物质的全面结合。在我们今日的西方文明中，这个富有意义的主要宗教象征早已丢失，并且被理性主义及物质主义所压抑。这说明了为什么它仅以国王和王后寝宫中的绊脚石形态出现。

当意识的主导原则没有辨识出无意识变化万千的面向时，我们就会看见忠实的约翰被化成石头；因为一旦欠缺这样的视野，就会给无意识带来石化的效果：这个缺失创造了欠缺弹性及僵化的观点。当我们将无意识诉诸理论，并且赋予文字超越描述性的功能时，我们就将它硬化了，并且阻止它表现出鲜活的生命力量。每一种理论都会影响它，因为静态的东西不被允许有自发表现的机会。在我们的故事中，忠实的约翰被化成石头后仍然得以获得拯救。他建议国王趁王后不在时，斩了两个孩子的头颅，然后将鲜血抹在他的雕像上；忠实的约翰因此就活过来了，同时也让两个被牺牲的孩子恢复生命。某些意识态度将忠实的约翰困在石化状态，而孩子势必跟这些意识态度有关，因此他们必须要被杀死；但别忘了，我们关注的是孩童的角色而不是其他人物，我们要去检视，从国王的角度而言孩子的意义为何。孩子是国王的未来可能性，同时也是他在世上最珍爱的。献祭的原型意涵等同于亚伯拉罕（Abraham）与以撒（Isaac）的故事：亚伯拉罕势必会倾向于选择杀了自己，而他牺牲以撒，代表着他所能做的最大牺牲。

就在这一刻，忠实的约翰揭露了自己的真实身份——他是上帝的意象，因为我们知道只有在面对上帝时，人才会牺牲自己的孩子。另一方面，孩子总是带有双重的意义：从神话学的角度来看，孩子能代表自性，同时，视情境脉络及细节而定，孩子也是初期的阴影面。两者必然是相同的东西，因为你可能会说，实践自性的同时总会随之带出纯真的回复，亦即孩童反应中的真诚性及整体性。但是问题在于："我是否仍然过于孩子气？或是我应该要再次重拾赤子之心？"但是，个体必须首先变成成人，然后再变回小孩。有时候我们会发现，基督教文明宁愿相信我们应该持续当耶稣的小羔羊，才能抵达天国，但事实上我们需要的是恢复那份不加思虑、顺服自性的能力。

但是我们首先必须认知自身初始的阴影面，并看见在这个纯真的态度之后，同时也有不成熟且孩子气的态度。这个矛盾是极不容易看见的。孩童母题的双重性，表达了孩童同时带有孩子气及自发性的双重面向。弗洛伊德学派的分析主张除去幼稚症，因此倾向于去掉任何形式的自发性。这种解读方式可能具有摧毁性，因为当它杀掉幼稚行为的同时，也除掉了自发性，以及连带的创意，同时也导引至沉闷与欠缺自发性的态度，那是一种窄化的意识，个体会在这样的意识中不断质疑自己是否表现出恋母（Oedipus）或恋父（Electra）情结。

如果童话没有得到应有的进展，那么老国王死去的相同桥段会一再重复，相同的问题会持续出现直到无穷无尽——相同的冲突一再贫乏地重复出现。国王只表达出他想要的：他想要看禁室内的物品，他想要画像里的真品。忠实的约翰为他做了所有的事情，但是国王本身对于征服阿尼玛一点贡献也没有。如果从这个观点来看这个故事，我们或许可以说他很幸运，因为拥有这个老奴仆为他料理生活大小事，而他唯一能做的事，也就是信任忠实的约翰，但他却没有做到。也许这一点也可说是幸运的，因为打从那时候开始他得到醒悟，他问："这是怎么一回事？"接着就是为自己先前的愚钝态度赎罪，牺牲了他的孩子。

就心理层面而言，那意味着牺牲不成熟的意识行为。自我总是会做出一些无意义的事：能够放弃那些自我认为对的，以及自我想要的事情，同时屈服于正在发生的事件，这是最了不起的行为。自我并不是真的要完全牺牲自己，而只是要牺牲他的幼稚；国王听到要杀了两个心爱的孩了，他的害怕反应证明了这是真正的牺牲。童话故事中描述感觉的形容词通常是非常精简的，关于心理与感觉层面的着墨也不多；这个故事描述了国王想到要杀了孩子时的恐惧，但是后来记起忠实的约翰因为忠心耿耿而牺牲生命，于是拔剑杀了孩子们。因此我们可以说，国王在忠实的约翰被化成石头后，就已经发展出他的感觉。他必定在孩子成长的这些年受尽折磨，而每一回看见立在寝宫的石像，他就伤心哭泣，希望能够让忠实的约翰再度复活；或许这就衍生了成熟的效果，当忠实的约翰最后提出牺牲的要求，国王已经准备好要做出牺牲。国王在孩子成长的过程中受尽煎熬，后来当魔法时刻降临，石像开口说话，国王即刻便认为让忠实的约翰复活远比世界上任何其他事都来得重要。国王心中的结论也揭示了下列事实：一旦个体与自性的意义失去联结，任何其他的事物都变得不再重要了，因为除了更新联结之外，没有任何事物得以取代所丢失的。

牺牲发生在王后正在教堂之时。在她回来时，国王试探地问她会怎么做，她接受了国王的行事决定。王后身在教堂里，这意味着她仍然为真实的宗教态度而服务；对她而言，这显然仍是个活的原则。她受到教堂之翼的保守，阿尼玛就是基督信仰，只有男人的意识有问题。如果你分析那些声称自己不相信基督教条的现代男人，你通常会看见他们的阿尼玛仍然会上教堂，因为所有的无意识人物都连接上遥远的过往。我们的内心中有各式层次，有些无意识人物不像意识般具有现代性，部分的我们仍然处在中古时代，部分仍然处在远古时代，甚至还有部分是裸身在树上的。

另一个问题则是关于国王：他从忠实的约翰那儿接受了所有的一切，他必须要还债。通过忠实的约翰，他得到他所想要的，他是礼物的接受者，他自然就是那个需要偿还的人，而非王后。故事中的王后显得平常且不带戏剧性，她的生命完全无涉于童话所要传达的讯息。女人通常不太能觉察对立面，她们可以从旁溜过；除非女人有父亲情结及强势的阿尼姆斯，否则这个问题通常不会如此强烈地表现。女人在生活中比较在意的是生命的延续，“从来不在意对立面”。

你可能会说，那么男人内在的女人也是相同的：阿尼玛感兴趣的是生活，而不是好与坏，或真实及其对立面的问题；这些问题是理法的原则，男人通常比较专心于此，这也让对立面的问题显得更加尖锐。犹太教文明并没有女神存在，立法者是耶和华，你只有选择跟从或不跟从，而这也带出了伦理响应的问题。在希腊的宗教信仰中，女神与男神的数量是不相上下的，因此伦理的问题就不那么尖锐。

接下来我将研究相互对照的两篇格林童话，分别是《两兄弟》及《金娃娃》(*The Golden Children*)。在这两个故事中，代表对立面的一对主角是平行对等的，也没有奴仆及国王，只是其中一个结了婚，另一个则像忠实的约翰那样孤单一人。此处原本更应该发展出婚姻的四位一体，但最后却没有出现。我们必须聚焦讨论那个孤单角色的可能意涵。

《两兄弟》(*The Two Brothers*)[3]

从前，有两兄弟，一个贫穷一个富有。富有的哥哥是坏心眼的金匠，贫穷的弟弟则专门做扫帚维生，是个多话但好心肠的人。弟弟有两个儿子，是双胞胎兄弟，两个男孩就像是两滴水一样分不清谁是谁。两个男孩常到富有的伯父家里走动，有时候也能捡到些吃剩的东西。一天，贫穷的弟弟到森林里捡拾树枝做扫帚，在那里看见一只金鸟，这只金鸟比他见过的任何一只鸟都来得漂亮。他拿起一块石头，朝那只鸟丢去，很幸运地打中了，但是只有一片羽毛落下，鸟却飞走了。弟弟将羽毛拿给哥哥，哥哥告诉他这是纯金的羽毛，还给了弟弟一些钱买下那根羽毛。

第二天，扫帚工弟弟爬上一棵山毛榉，想要砍下几节枝条，前一日的鸟又飞过。他仔细一看，发现树上有个鸟巢，里面有颗金蛋。他把鸟蛋带回去给哥哥，哥哥同样说这是纯金的鸟蛋，又给了弟弟等值的钱买下金蛋。后来金匠哥哥说他想要得到那只金鸟，贫穷的弟弟第三次进入森林，他再一次看见站在树上的金鸟。弟弟朝金鸟丢掷石块，将金鸟击落地面并带回去给哥哥，哥哥也和先前一样给了弟弟等值的钱作为交换。贫穷的弟弟心满意足地回家，心想如今他就可以自给自足了。

但是金匠既聪明又狡猾，他很清楚知道自己手中得到了个宝贝。他要妻子将鸟拿去烤熟，并且交代妻子千万小心不能遗失任何一部分，因为他自己要吃了这整只鸟。事实上，那是一只带有法力的鸟，谁要是吃了它的心和肝，每天早上起床之后就能在枕头底下找到一块金子。金匠的妻子遵照他的指令料理了那只鸟，并插上铁叉烘烤。但不巧妇人有事需要离开厨房，而扫帚工的两个小男孩正好走进厨房。小男孩站在烤肉架前，动手转了几回烤肉叉，结果有两块肉正好掉在铁盘上，其中一个男孩对另一个男孩说："我们把这两块肉吃掉，我肚子好饿，没有人会发现的。"

妇人回来后发现两个小男孩嘴里吃着东西，问两人吃了什么。两个男孩回答说："吃了几块从鸟身上掉下来的东西。"妇人惊恐地说："那必定是心和肝！"为了不让丈夫注意到，她马上宰了一只鸡，取出心和肝放在金鸟旁。当鸟烤熟之后，她拿去给金匠，金匠自顾自地将整只鸟吃完，丁点都不剩。第二天早上，他伸手到枕头底下，却什么都没有得到。

两个小男孩完全不知道自己蒙受了何等好运气。第二天早上当他们起床时，有东西滚落地面，他们发觉竟是两块黄金。他们把金块拿去给父亲，父亲纳闷这到底是怎么一回事。但是同样的事每天都发生，他前去把一切都告诉了哥哥。金匠立刻就明白了整件事，顿时勃然大怒。他不怀好心地跟弟弟说两个男孩被邪魔缠上了，交代弟弟不能要那些金子，也不能让两个孩子继续待在家里，不然恶魔会要了他的命。弟弟对恶魔心生畏惧，即便心里百般不愿意，他仍然把两个男孩带进树林，狠心地把两个男孩留在森林里。

两个男孩四处找寻回家的路，但是怎么也找不到。最后他们遇见一个猎人，猎人问他们是谁家的孩子，男孩们将父亲的所作所为告诉猎人，同时也提到他们每天早上在枕头底下都会找到金块。猎人说："这不是件坏事。只要你们保持诚实且不偷懒就好。"这个好心的猎人喜爱这两个男孩，而且自己又没有孩子，于是猎人把两个男孩带回家，说自己会如同父亲一般照顾他们。猎人教导两个男孩如何打猎，也帮两个男孩将金子存起来，以备将来有需要时使用。

两个男孩长大后，猎人要测试男孩们的射击技术，但是等了许久都没有猎物出现。最后，猎人看见一群列队成三角形的雪雁飞过，便要男孩射下最尾端的那只，两个男孩精准地射下。后来，又有更多的雁子以"2"字形队伍飞过，两个男孩也再次成功射下最角落的雁子。此时，猎人对两个男孩宣告，他们两人已是完成训练的正式猎人。那天晚上，两个男孩向猎人请求准许他们离开，他们想到外面的世界闯荡，还说如果不得允许就拒绝吃饭。

两个男孩的要求得到准许，在约定好要离开的那一天，猎人分别给了两个男孩一把枪及一条狗，同时也让他们各自拿走先前为两人存下的金子。在告别时刻，他又分别给了两个男孩一人一把刀，告诉他们如果两兄弟要分道扬镳，就将刀子插入分岔路口的树上，当其中一人回来后，看见树上的刀子就可以知道另一个兄弟是否安好；如果刀子生锈了，就表示那个兄弟已经死了，如果仍是安然无恙，刀子就会闪闪发亮。

两兄弟走进一座巨大的森林，因为无法在一天之内走出去，两人就在森林里过夜，从背包里拿出食物来填饱肚子，第二天也是相同的状况。当食物都吃完了，两人就决定要猎些东西来吃，于是其中一个兄弟把枪上膛。一只老兔子出现了，但哀求两人放过它，它说会提供两只小兔子作为交换；然而，两只小兔子出现时，它们开心地玩耍，两兄弟不忍心动手，两只兔子就跟着兄弟两人。同样的状况一再发生，但对象是狐狸、狼、熊及狮子。最后，两个猎人就带着两只兔子、两只狐狸、两匹狼、两头熊以及两头狮子上路，当然还有日益加深的饥饿感。狐狸因此领着大家前往附近的村落添购食物，喂饱了动物之后，大家又继续上路。

因为找不到工作，两兄弟决定要分道扬镳；两人将动物平分，立下誓言至死都要持守兄弟情，同时将刀插进树中。在那之后，一个向东走，另一个则向西前行。

弟弟带着他分得的动物前去一个小镇，镇上挂满黑纱。他走入一家旅馆，询问是否可以让他的动物住下。旅馆主人给了他一间畜栏，墙上有个洞，兔子从洞口爬出去带回一些青菜，狐狸钻出去带回一只母鸡及一只公鸡，但是狼、熊及狮子因为体型太大出不去，就交由旅馆主人喂食。之后，猎人询问整个城镇挂满黑纱的原因，主人告知隔天国王的女儿就要死了，因为她要被献给一条龙。那条龙每年都要求一个年轻女孩，公主是城里剩下的最后一个女孩，如果龙没有得到女孩，它就会毁了整座城。许多年轻人试图屠龙，但是最后都被杀了；国王也做出承诺，谁能除掉那条龙，就能得到她的女儿及他的王国。

第二天早上，猎人带着他的动物走上那条龙栖居的山头，在山上小教堂的祭坛上发现三个酒杯，杯上写着：凡是喝下杯中物的人，就会成为世界上最强大的人，也能拥有门廊上的那把剑。猎人先行前去拔剑，但是怎么也拔不出来，只有当他喝下杯中酒后，才能轻易地拔起那把剑。当公主、国王及差役走出城时，他们看见山中的猎人，误认为他是那条龙。

公主走上山，没看见龙，反倒看见这个年轻人。年轻猎人安慰公主，并将公主关在教堂内。不久之后，一条七头龙出现，问年轻人所为何来。年轻人回说自己要跟龙来一场决斗。那头龙从他的七张口中喷出火焰，火焰本该点燃枯干的草地并将年轻人一把烧死，但是动物们将火苗踩熄。接着，恶龙扑向年轻人，猎人及时砍掉龙的三颗头，盛怒的恶龙朝年轻人喷出火焰，而年轻猎人又砍下了另外二颗头，一直到最后仅剩的那颗头也被砍下了，他的动物们接手将恶龙分尸。年轻人打开教堂大门，看见公主因为饱受决斗的惊吓而瘫倒在地。公主清醒后，年轻人带她去见恶龙的残骸，并告诉公主她已经自由了。公主开心地说，如今年轻人就是她亲爱的夫婿，因为这是父亲的承诺。

她顺势解下颈项上戴着的珊瑚项链，分送给动物们作为奖赏；公主把自己的手绢给了年轻人，他将七颗龙头的七条舌头切下，小心翼翼地包裹在手绢里。

决斗后的年轻人极度疲惫，他建议大家小睡一会儿，并交代狮子在他们小憩时看顾大家。但是，狮子转而交代熊，熊交代给狼，狼又交代给狐狸，狐狸交代给小兔子。可怜的小兔子也很疲惫，但是不能再交代给其他动物，最后他们全都睡着了。

在远方监看一切的礼官清清楚楚地看见这里所发生的一切；他不怀好心，拿起剑砍断了年轻猎人的头颅，并且抓了女孩带下山。公主醒来后被吓坏了，礼官说如今公主在他的手上，要求公主告诉国王是礼官宰了龙。公主拒绝，但是在礼官的性命威胁之下，公主只能同意照做。因此，礼官带着公主回宫，瞒骗说是自己杀了那条龙，还要求娶公主为妻。国王问公主这一切是否为真，公主回说："是的，肯定是真的！但是婚礼必须要等到一年又一天之后才能举行。"公主心里想的是，她或许可以在那段时间得到亲爱猎人的消息。

与此同时，动物们都还在沉睡中。有只大黄蜂飞过三次并停在小兔子的鼻尖上，就在第三次，黄蜂叮了小兔子并唤醒了它。兔子醒后也叫醒了其他的动物。狮子发现公主不见了，年轻猎人也死了，它吼道："这到底是谁干的？"动物们相互指责彼此没有叫醒其他动物，只有可怜的小兔子没有指责的对象，因此它就成了罪魁祸首。为了自保，兔子说它知道有种草根可以医治任何伤病，不到二十四小时就从远方找来了那草根。狮子将年轻人的头颅放回（反向），当年轻猎人发现女孩不见了，还以为女孩从他身边逃开了。中午时分，他想吃点东西，这时才惊觉自己的头被倒置了，也才开始追问发生了什么事。因此，狮子再次将猎人的头拔下并转向，小兔子也医治了他的伤口。

伤心的猎人四处游走，带着他的动物到处跳舞表演，正巧就在一年之后，他抵达一个结满红彩的城镇。他问了缘由，原来是国王的女儿要与礼官结婚，这个礼官将她从恶龙手中拯救出来，并且屠了龙。所有的动物都要出力。兔子要从国王的餐桌上拿些面包，狐狸要拿烤肉，狼要拿青菜，熊要拿甜点，而狮子则要负责取葡萄酒，而每一次都会有一只动物来到公主面前，公主看见颈项上的珊瑚立刻就认出它们，因此公主就依动物所要求给予食物。猎人及他的动物们一起吃了这些食物，也很开心，因为猎人明白公主是爱他的。

接着，猎人亲自前往王宫，手中带着公主的手绢，里面还包着恶龙的七根舌头；原来是国王派人去找猎人进宫的，因为他的女儿不愿意说出为什么那五只动物进进出出王宫。但是猎人要求国王派人送宫廷礼服、六驹马车及仆人来接他进宫，国王的女儿要国王答应猎人的要求。国王也走出宫接见猎人，猎人的动物们都紧随在后，而猎人也被安排与国王及公主同桌而坐，礼官就坐在正对面，但他完全没认出猎人。接着恶龙的七颗头被带出来，国王说礼官杀了恶龙，所以他要把女儿许配给礼官。但是猎人打开恶龙的嘴，问恶龙的舌头到哪儿去了？礼官脸色发白，回说恶龙没有舌头。猎人说骗子才没有舌头，并且指出龙舌才是胜利者的象征。他接着拿出手绢，将每具舌头放回所属的龙嘴里，再将绣有公主之名的手绢交给公主，询问她当时将手绢给了谁。公主回答："给了屠龙的人。"然后，猎人叫唤他的动物们，从每只动物身上拿下项圈，将项圈交给公主过目，问她这是谁的珊瑚。公主说出当年发生的事，猎人也接着解释：当他在决斗后因为疲倦而睡着，礼官趁机砍了他的头，带走国王的女儿，还假装是自己杀了恶龙。公主说，这一切实情不是由她揭露的，但她可以作证，虽然她答应了礼官不会泄露只言片语。

礼官因此被四牛分尸，大家也都开心欢庆，对猎人与公主的婚礼表达祝福。但是，后来有一天，猎人，也就是如今的国王，想要出门打猎。他跟着一只白狗深入森林时迷路了，他生起火准备在那儿过夜，四周围绕着他的动物们。接着，他听见树木传出声响，看见一个老妇人坐在他上头，抱怨着说她很冷。猎人要老妇人下来取暖，但是老妇人害怕猎人身边的动物，于是丢下了一根树枝，要猎人以树枝碰触动物，这些动物才不会伤害她。猎人照做，但动物都被化成石头；老妇人下来后，也把猎人变成一具石像。

哥哥回到森林看树上的刀子，他看见刀身上半边生锈，心知有厄事降临在他的弟弟身上。当他抵达城门，门口的侍卫询问是否应该要宣诏国王进宫，他心想自己必定是被误认为他的弟弟，同时认为自己应该将错就错，如此一来，他才能弄清楚该如何帮助弟弟。最后，他被带进王宫，宫内的每个人，即便是公主，都认为他就是国王，他解释说自己在树林中迷路了。晚上，当他被带进寝宫时，他在两人中间摆放了一把出鞘的剑，公主对此摸不着头绪，但也不敢多问。

几天之后，哥哥终于厘清了一切，他说自己必须再次出外打猎，大家都试图劝阻他，但是他仍然坚持要去。同样，有只白狗走向他。之后，他跟弟弟一样在森林里生火。同一个老妇人坐在树上，但是当老妇人给他投下树枝时，他拒绝拿树枝去碰触他的动物，并且要求老妇人自行从树上下来，否则他会将她拿下。之后，他射向老妇人，不过子弹对老妇人没效，他从外套取下三个银纽扣，用来射向老妇人，结果她摔落后大声哀号。他接着一脚踏上老妇人脖子，威胁老妇人交代他的弟弟及动物们的行踪，否则就要将她丢入火中。老妇人说她的弟弟和动物们都被化作石头，而且被埋在地沟里。他强迫老妇人带他前去埋藏的地点，要求老妇人让他的弟弟及动物们复活，否则老妇人就会被扔进火里烧死。因此，他的弟弟以及动物们，还有其他许多人都活过来了。他们将巫婆绑起烧死，瞬间整个树林都亮起来了；在光芒照耀下，即便是三小时路程之远的王宫都能看见。

当他们打道回宫时，兄长告诉国王自己先前假冒了国王，吃国王的食物、喝国王的酒，甚至也睡在国王的床上。当国王听到这里，既愤怒又忌妒，就一把砍掉了兄长的脑袋。但是没多久，他就为自己的所作所为感到后悔，并放声大哭。这时候，兔子又必须前去找寻草根来医治猎人，被医治后的猎人完全没有察觉自己所受的伤。接着，两兄弟分别从两边进城了，两边城门的守卫都前去老国王那里报告年轻国王进城。老国王知道两边城门的距离有一小时路程，因此认为这是不可能的事；但是当两兄弟现身时，老国王要女儿分辨哪一个才是她的丈夫，王后凭着动物身上的项圈而区辨出来。当晚就寝时，王后问国王前一晚为什么要在两人中间放上一把剑，她以为国王要杀害她。这么一问，也让国王知道了他的兄弟对他的一片忠心耿耿。

《金娃娃》(*The Golden Children*)[4]

从前有对贫穷的夫妻，他们除了一间小茅屋及捕鱼所得外，一无所有。有一天，男人坐在水边，抛下网后捕到一条黄金鱼。他满脸讶异地看着这条鱼，黄金鱼开口对他说："听好，渔夫，如果你把我抛回水中，我会把你的草屋变成一座美丽的城堡。"但是渔夫回答："如果我连肚子都填不饱，城堡对我有什么用处？"黄金鱼对他说，他的需求都会得到照料，因为城堡里有个橱柜，抽屉内满是美味的食物，要多少有多少。男人说："如果真是这样的话，我当然可以帮你这个忙。"黄金鱼说："这是真的，但前提是你不能对世上任何一个人透露只言片语，无论是谁，都不能告诉他你是如何得到这个好运。如果你说漏一个字，就会失去这一切。"

因此，男人将鱼丢回水中，然后回家去。原先的草屋所在地如今矗立着一幢大城堡。他睁大眼睛看着城堡，走进去后发现妻子穿着华服坐在一间华丽的房间内。妻子开心地说："老公，这是怎么一回事？这一切让我好开心。"男人回说："是啊！我也很开心，不过我饿坏了，给我拿些吃的东西来。"但是妻子回说："我什么都没有，而且我在这新房子里什么事情都不会做。"男人说："那不成问题，那边有个大橱柜，你去把柜子打开。"当他们打开橱柜后，发现里面有蛋糕、肉、水果及酒。两人开心极了，坐下后就一起享用这些美食。他们吃完所有想吃的东西之后，女人问："可是这些丰富美好的东西是打哪儿来的？"男人说："这个嘛！别问我这个问题，我不能告诉你，如果我告诉任何人，我们的幸运就会消失不见。”女人说：“好吧，如果我不应该知道的话，那我就不要知道。”但是她并不是真心这么说的，因为她日夜为此痛苦不堪，不断地烦她的男人。最后，男人因为不耐烦而脱口说出这一切都是来自那尾他抓到但又放走的魔法黄金鱼。他才说完，摆着橱柜的美丽城堡就消失了，而他们又回到渔夫先前的那个茅草屋。

因此，一切又得重新开始，但幸运的是，男人又捉到了那条黄金鱼，而黄金鱼再次说如果男人放了它，它会再给男人那个摆着橱柜装满食物的美丽城堡，但是这一次他必须要坚决不动摇，绝对不能告诉任何人。不过相同的事情又再度发生了，女人说她宁愿不要这一切财富，因为如果她不知道这一切从何而来，她就一刻也不得安宁。

男人再一次去捕鱼，第三次抓到那尾黄金鱼，鱼说：“听着！看来我注定是逃不出你的手掌，既然如此，你就把我带回家，将我切成六大块，其中两片给你的妻子吃，两片给你的马，另外两片则埋在地下，这样你就会得到福泽。”男人照着指示做：那两片埋在地下的鱼肉生出两朵金百合花，马生了两匹小金驹，而渔夫的妻子则生了两个金娃娃。

两个娃娃长得标致，百合花及小金驹也长得非凡。两个孩子说他们想要骑两匹金马到外头的世界闯荡。但是他们的父亲说，一旦孩子们离开，他会因为不知道孩子们的状况而深受煎熬，而且必定无法承受。孩子们说，两朵黄金百合会在这儿，渔夫看着百合就可以知道两个儿子是否安好——如果百合仍然鲜艳，就表示孩子们一切安好；如果百合失去色泽，就表示他们生病了；如果两株百合都枯死了，就表示两个孩子也死了。之后，两人就策马离开。他们来到一家客栈，里面有许多人，这些人看见两个金娃娃就开始取笑、戏弄两人。其中一个金娃娃觉得无比羞耻，不愿意再出外闯荡，因此打道回府去找他们的父亲。另一个则继续前行，来到一片巨大的森林；当他打算穿越森林，人们告诉他这是不可能的，因为森林里满是会伤害他的盗匪，一旦盗匪看见他和他的马都是黄金，一定会杀了他们。他并没有因此被吓住，反而坚持继续前行。他拿起一件熊皮披在自己和马的身上，就这样策马入林。走了一小段路之后，他听到树丛中的声响，有个声音说："这里来了一个。"另一个声音回说："让他过去，他身上只披一件旧熊皮，根本就是跟庙里的耗子一样穷酸，能有什么像样值钱的？"因此，金娃娃就开心地骑出了森林。

一天，他骑进一个村庄，在村里看见一个美丽的女孩，他认定这女孩是世上最美丽的女子。他深爱着女孩，因此上前对她说："我真心爱你，你是否愿意嫁给我？"女孩也喜欢他，因此同意成为他的妻子，还说她会一辈子真心对他。两人结婚后一起开心地生活。但是，当新娘的父亲回家后得知他的女儿已经结婚，他大吃一惊，并问她新郎在哪里。女孩将金娃娃介绍给父亲，不过金娃娃仍然披着熊皮，父亲勃然大怒，说他的女儿绝不能嫁给穿着熊皮的男人，他气得想杀了新郎。然而，新娘说这是她的丈夫，而且她深爱着他，父亲于是稍稍平静下来。但是父亲实在放不下心里的念头，第二天早上，他早起想探一探他女儿的丈夫是否真的是衣衫褴褛的乞丐。他往房内一看，躺在床上的是个俊美的黄金人，地上则摆着那张熊皮。他因此放心走开，庆幸自己控制住了怒意，不然就会犯下不可饶恕的过错。

此时，金娃娃梦见自己前去捕猎一头美丽的公鹿。早上起床后，他告诉妻子要去打猎。妻子心生恐惧并央求他别去，她认为他会轻易遭遇不幸，但是他坚持动身进入森林。走了没多久，一头美丽的公鹿就站在他面前，完全与梦境如出一辙。他打算射杀这头鹿，但是却让鹿逃跑了。他越过树丛及深沟紧追着鹿，整整追了一天，但是在傍晚时分，公鹿就消失不见了踪影。金娃娃看了看四周，发现一间小房子，房子里有个巫婆。他敲了敲门，老妇人走出来问他这么晚还待在森林中做什么。他问老妇人是否看见一头公鹿。老妇人回说："是的，我对那头公鹿清楚得很。"接着一只小狗从屋内跑出来，到老妇人身边对着金娃娃狂吠不已，他说："安静点，你这个小畜生，再叫我就宰了你。"老巫婆狂怒说："什么！你胆敢杀了我的小狗，有种试试看？"于是她就把金娃娃变成一尊石像。他的新娘等不到他回家，心想正如她先前所害怕的，金娃娃必定遭遇了不幸的事。

家中的另一个兄弟站在金百合前，看到其中一朵凋萎了，心想："遭了，我的兄弟必然遭遇不测，我必须要去找他，或许还能救他一命。"

但是，父亲认为他必须待在家里，因为如果他连这个孩子也失去了，那他真不知该如何是好。但是，这个孩子坚持要去，并立马骑上他的金驹。他来到兄弟被化成石头的那座大森林，老巫婆走出房子叫住他，想要骗他入屋，但是他并没有走近老巫婆身边。相反，他说如果老巫婆不让他兄弟复活，他就会将老巫婆射死。老巫婆不情愿地用她的手指碰触石像，石像马上就活了过来。

两个金娃娃开心地再次见到彼此，一同骑马离开树林，一个回家见他的新娘，另一个则回家见父亲。父亲说他早就知道儿子救活了另一个儿子，因为那朵百合花忽然间又耸立起来，而且还开花绽放了。最后，他们开心幸福地一起生活了一辈子。

邪恶力来自无意识中被忽略的原型

我们仅以这两个故事来理解“忠实的约翰”的故事以及阴影面的问题，其他的细节就不多谈。这是个有趣的金鸟（或是鱼）的母题，是它让两兄弟得以诞生，或者说是它让他们成为有法力的角色。鸟（或鱼）是单一的原则，它是自性的真正象征，来自无意识的深处，相当于整体的自发意念，而这个单一的原则带出了意识世界双重情境的根源。

在忠实的约翰故事中，邪恶原则只出现在背景中：它是金屋公主身上的毒，后来由忠实的约翰吸出。故事中的老国王死后并没有带出进一步的难题，但是邪恶仍然相当活跃，因此，最终忠实的约翰被化为石头；而在鞋匠及小裁缝的故事中，鞋匠在故事的最后被逐出，他被驱逐且最后落脚在绞刑架下；但是在忠实的约翰故事中，邪恶包裹在毒素内，同时也表现得像是一道诅咒。此处，我们以另一个故事来看，故事中的邪恶则是通过巫婆的形式而得到人格化表现。

比较这几个故事并检视其中巫婆的象征，我们或许会问，为什么这个老妇人必须对这个独一原则的毁灭负有责任，而她又会如何负责。我们可以相当轻易地认为，当邪恶来自意识的错误态度，无意识就无法得到表现：这说明了为什么我们总是会告诉人们，他们的意识中有个错误的态度，因此无意识就无法通过有益的方式而得到表现，还会下沉成为失去活化的状态；当无意识下沉为全然的失去活化，就只能制造出罪恶感及精神官能症状。但是，如果我们更贴近看这个情况，有时候会发现当中是更为复杂的：就如同金娃娃故事中所显示的，邪恶力不是直接来自意识的错误态度，而是来自无意识中被忽略的原型，也就是来自巫婆。

巫婆是大母神的原型面向，她是被忽视的母性女神，是地球女神的破坏面。埃及的母性女神伊西斯被称为伟大的魔法师及伟大的巫婆：当她动怒时她就是巫婆，但是当她充满慈爱心，她就是全心付出的救赎母亲，给诸神带来生命。在这样的人物角色中，你会得到母亲原型的双重面向，因为她有光明面及黑暗面，是巫婆也同时是慈爱及母爱的。印度的女神迦梨（Kali）同样也显现为带来生命及带来灾难的人物。

童话故事大体上来说受到基督教文明的影响，大母神的原型，就如同其他原型一般，被分裂为两个面向。举例来说，圣母玛利亚从她的阴影面被区隔出来，因而她只代表母亲意象的光明面，结果就是如同荣格所指出的，当圣母玛利亚的角色变得相对较重要的时代，就是巫婆遭受迫害的时间点。因为大母神的象征过于偏颇，黑暗面就被投射到女人身上，带出了对女巫的迫害；因为大母神的阴影面不被包容在任何正式的女神象征崇拜中，母亲角色于是被分裂成正面的母亲及破坏的巫婆。童话中，有数不清的巫婆及大母神出现在许多故事里，正如同德国宗教学者迪特里希（Albert Dietrich）在他的著作《大地之母》（*Mutter Erde*）[5]中所验证的。举例来说，故事里会出现恶魔的祖母（grandmother）或是伟大母亲（great mother），而童话中的恶魔因此与这老女人共同生活，那是他的母亲，是伟大的大地之母。

在广受欢迎的黑圣母意象背后也藏着相同的问题，因为她们也与暗黑女神伊西斯有关。瑞士艾因西德伦（Einsiedeln）修道院中黑色圣母的传说指出，修道院曾经遭祝融之祸，从那时开始，雕像就维持被熏黑的样子。但是我们很清楚地知道事实并不是这样的：她是黑色的，因为相较于以白色女人现形，黑色的她具有更强大的法力及效能。此处，宏伟的大地之母原型从后门进来，因为当某个原型因为教条而被排除时，它势必会从后门返回。受到主导的集体意识藐视，原型在这里会做出可怕的事情，因为邪恶力的阴性原则并不会直接攻击国王，会转而攻击另一个人物，像是忠实的约翰之类的。忠实的约翰受到邪恶力的直接攻击，而国王就受到次级的冲击，因为他必须要牺牲自己的孩子。然而，这也是我们在治疗个别案例时必须铭记于心的典型原型事件：当无意识内的某事物被排拒在外时，个体的精神官能症情结会直接行动，在转角处造成骚动，而被排拒的内容物会转向攻击其他事物。

举例来说，一个带有负面母亲情结的男人陷入半无意识的强大野心及权力驱力，这一点显然让这个男人拥有成功的人生，但是他隐微感觉到有些事情不对劲，特别是在他与女人的关系上。在分析的过程中你会发现，权力驱力就仿佛一匹邪恶猛兽坐在他的性生活中；它在无意识中对性本能造成伤害，但是并没有直接伤害意识面。通过梦境的分析，你可以清楚看见无意识中有两个因子相互冲撞，因为在梦境里面出现相互争战的两个无意识原则，你会感觉到意识无法为此负责；但肇因于某些错误的态度，意识对无意识内的战争是间接负有责任的。

人们在意识界通常会显现间接的冲突：他们说想要结婚但总是欠缺好运，在无意识内的某些事物打断了他们。他们会说，他们之间并没有冲突，但有些事不对劲，而他们不知道为什么。接着你会发现他们的爱欲（eros）原则被另一个无意识的因子所攻击，因此破坏力就机械性地在无意识内自动运行，意识就只是间接地需要为此负责；因此，你必须绕道而行，跟从梦境的带领。在这样的状况下，意识并没有造成明显的伤害；老国王从未伤害忠实的约翰，然而王国内显然有些力量被忽略了，首当其冲的是忠实的约翰，接着则是年轻的国王。

在后来提及的故事《金娃娃》中，你可以看见大母神原型借由攻击超越功能而进行自我报复，超越功能代表的是变成意识化的过程，也是朝向个体化的历程，这远比直接攻击意识来得更糟。

压抑的理论并不总是适用，忽略或未察觉某个因子，通常会对个体化的整体历程造成破坏效果。另一方面我们也可以说，在最严重的精神官能症底下，性高潮也是疗愈之处。我们必须要在最恶劣的地方找寻疗愈的事实，因为其中藏有麻烦，但同时也有朝向个体化的迫切需求。基督教文明大大忽略了阴性原型，因此破坏了个体化的整个历程，而整个问题就必须要从这个角度重新被提出讨论。金娃娃的故事还点出另一个问题。在前一个故事中，我们有少主及忠实的约翰这两个角色，但目前这两个故事里却是同年龄、同阶级的两兄弟。同样，他们是彼此的阴影面（别忘了，阴影面只是相对的概念）；此处他们是双胞胎角色，展现双面的特点，其中一个待在家里，对于世界的愚蠢感到厌恶，另一个则朝外走向世界。古代埃及有个类似的故事：阿努比斯（Anubis）和巴塔（Bata）两兄弟有着相同的命运，其中一个陷于外在世界，另一个则是个隐士。[6] 双生子当中走向世界的那个结了婚，因为他代表着意识倾向于活出生命及投入生活的那个部分。同时，因为阿尼玛是伟大的捣乱者，玛雅（Maya）会将他卷入善与恶；他自然会与公主结婚，但也在那一刻同时落入阿尼玛背后的恶势力之中。阿尼玛是生命与死亡的女神，她是巫婆，她带着同时涉入生命及死亡历程的倾向。他则冒险进入生命中，这是变成意识化过程的情境。

如果你分析年长者，通过他们在生命前半期逃开生命的经历，你得以了解一个未充分活过的生命，可以多么巨大地切断个体变成意识化的可能性；你得以了解没被充分活过的生命，冒着将自己丢入无望冲突的危险中，在多么大的程度上其实就是切断了个体化的可能性。另外，将自己一股脑投入冲突情境且试图潜入生命的人，则落得被化为石头的下场，就更深一层的意涵而言，就是被生命原则的本质化为石头，也就是被大母神化为石头，因为大母神转向带出死亡的原则。因此，只有投入冒险的那个被化为石头，而那个避开生命且没有在实际躯体或灵性上涉入生命历程的，则成为伟大的救赎者；他能够解决掉巫婆，得以看清巫婆并终结她的破坏力，他终结了阿尼玛的破坏力并解救了他的兄弟。

在秘密之下他们是同一个

在我们的文明光芒下，相同的情况则是以下述方式呈现的。相较于东方的文明，基督教文明是相对外倾的文明，因此它的正式象征就牵涉到那个较积极主动的兄弟。在《神秘合体》[7]一书中有关国王和王后的那个章节里，荣格讨论到十五世纪英国的炼金术士里普利（Ripley）的文本，其中首先出现的是国王及王后的真正结合，王后生了哲学家之子，也就是哲人石；但是身为牧师，里普利接着带入另一个不寻常的第二次合体。荣格认为里普利之所以引介出第二个合体，是因为他心中想的是羔羊[8]与教会的联姻，而荣格认为这一点揭露出炼金术意象与基督教自性象征的分歧。第一次的合体之后（意识与无意识原则的结合），为什么还需要第二次的结合，这确实不容易理解，除非个体认为新的意识主导必须与人类的奥秘之体（corpus mysticum）[9]相结合。

孤寂的炼金术士并没有与羔羊联姻的母题，因为这其中包含了个体对社群终极牺牲的意涵，这是炼金术中所没有的思维。炼金术的哲人石是隐士的思维，那是孤单个体的目标。他们的石头代表着对立面的结合，是内在男性及女性的结合。但是对社群而言，石头并不属于任何人，它比较像是野地上的宝藏，人们找到后又再度把它藏起来。因此，那个美丽的珍珠，亦即哲人石，就仍是个体的神奇秘密，虽然老主人说他们并没有藏起秘密。石头被藏为秘密，及不被藏为秘密，可以做这样的解释：这是个对立面，个体化历程在其中达到顶点。当新的神圣象征在这个历程中建立，神圣性要不是被牺牲以强化社群，就是成为恪守在个人内在的秘密。

如果荣格创立了荣格教派，我们可能会说国王在第二次的合体中被牺牲了。这样的组织事件会建立起新的社群，同时也会振兴组织，就如同那些不为人所知的神秘社团。这个可能性唤起了一个相当急迫的问题。人们说："你所做的真是太棒了，但是这对欧洲人有什么实质帮助？这在我们所处的情境及时代如何能帮上忙？只在这儿那儿帮助了一两个孤单的个体，该如何修正，好让大多数人能受惠？"人们认为我们该设计一个集体的食谱，以简单易懂的方式喂养大众，以解救基督教文明。但是这样的第二次婚姻会杀了原初的象征，因为接续而来的就是个别的象征与社群的婚配。但那是基督教的思维：基督与教会联姻，并持续直到末日，最终的结果就是为了建立一个新的社群，而让个体化的历程被牺牲了。

与之相反的想法则是，将那个被发掘的象征再度隐藏起来，同时不与这个世界及社群婚配，而仍然保持为孤单个体的个人秘密，维持为炼金隐士的秘密；这一点以相当具有神秘性的方式反映在《曼都卡奥义书》中：

两只鸟，孟不离焦，
栖息在同一棵树上。
其中一只啄食甜美的果子，
另一只就只在旁看着不吃。[10]

夏威夷有个神话，故事中的男人（相对于亚当的角色）在天上时是完整的，后来他被召唤来到地球，可是只有半个他来到人间，这说明了为什么我们这个文明的亚当被称为半个人。神话暗示说，在世界告终之日，他将找到他的另一半。许多原始文明中都认为，每个出生的个体都有一个双胞胎兄弟，也就是他的胎盘。这个孪生兄弟没有来到这个世界，因而干枯并在颈项周围形成肉芽，因此，他仍然是天上的灵体。在死亡的当下，这两半会再次会合。

《奥义书》持续写道：

在同一棵树上，一人坐着沉浸在悲伤中，
因着自己的无能为力而不知所措。
但是当他看见神的喜悦，认知其伟大光辉，
他就超脱了悲伤苦痛。
当见者将这伟大的创造者及世界之神主，
等同视为持守梵为中心的真人，
他就成为智者，脱离善恶，
达到至高的存有，超脱情痴。

在《白净识者奥义书》（*Shvetashvatara Upanishad*）中提到：

有个未出世的存有［女性］，带着均一的红、白和黑色，
生出了各式的后代。

有个未出世的存有［男性］，深爱她并与她相伴；

另一个离开了她［故事中摆放在兄长与弟媳间的那把剑］，

就在她食所当食之际。[11]

在生活中，我们食所当食。这两个引文都在《弥勒大梵奥义书》中被扩大：

这样的见者，不见死亡。

不见疾厄，不见苦难。

这样的见者，得见一切［客观地，而不若主观般影响他］；

无处不在［他成为梵］。

眼中有真人，睡梦中漫游，沉沉入睡中，超越梦中人。

这是［自性的］四种状态，而以第四种为至高。

梵以一足行于三者，

梵以三足行于至高。

因着真［在第四种状态］伪［在三个状态下］皆有其功过，

伟大的自性［似乎］成了双，是的，他［似乎］成了对。[12]

因此，这些童话中的兄弟二人就是代表自性的两个面向的人物角色。在秘密之下他们是同一个，就如同我们故事中的金娃娃，因为他们是同一条鱼身上的同一块肉。冲突只有在意识存在的时候会存在，同时，只要有意识存在的一天，冲突就是无可避免的。但是，这只是表面上的冲突。我们必须牢记，他们秘密地作为同一个，而且别忘了这个同一性的意涵。

注释

1. 译注：本词为十七世纪荷兰理性主义哲学家斯宾诺莎（Baruch de Spinoza）的哲学概念，用以表达宇宙通用的永恒真理。斯宾诺莎认为宇宙间只有一种实体，宇宙与上帝实为同一概念，生命有其内在法则，而物质世界中发生的每件事都有其必然性，因此提出应该秉持“在永恒的相下”（sub specie aeternitatis）观点来看待事物。
2. 原书注：*The Collected Works of C. G. Jung,* trans. R. F. C. Hull (Princeton, N.J.: Princeton University Press, 1957－1979) 5, chap. 8, p. 394.
3. 原书注：*The Complete Grimms Fairy Tales* (New York: Pantheon Books, 1972), “ The Two Brothers” , pp. 290ff.
4. 原书注：*The Complete Grimms Fairy Tales* (New York: Pantheon Books, 1972), “ The Gold Children” , pp. 388ff.
5. 原书注：Albrecht Dietrich, *Mutter Erde: Ein Versuch ü ber Volksreligion* (Leipzig und Berlin, 1905).
6. 原书注：*Altägyptische Märchen, Die Märchen der Weltliteratur,* series published by Diederichs Verlag (Jena, 1927), p. 89.
7. 原书注：*The Collected Works of C. G. Jung,* trans. R. F. C. Hull (Princeton, N.J.: Princeton University Press, 1957－1979), 14, para. 525 et seq.
8. 译注：此处羔羊指耶稣基督。
9. 译注：此词出自1944年法国现代著名神学家亨利·德·吕巴克（Henri de Lubac）的著作，据德·吕巴克所称，此词源自中世纪的拉丁词汇，用来指称教会乃是基督的奥秘之体。
10. 原书注：*The Upanishads,* ed. Max. Muller (London: Oxford University Press, 1926), vol. 1, part 2, p. 38.
11. 原书注：Ibid., p. 250.
12. 原书注：Ibid., p. 345.

第二部

恶

| 第六章 |

邪恶的原始层次

我最初提到童话镜映集体无意识素材，这一论点是不证自明的——进入细节前，这个论点带领我们先深入一个相当普遍的问题：如果那是集体无意识的素材，那么在童话中是否存在道德的问题？如果答案是肯定的，就意指无意识带有道德伦理的特征或倾向，但这是我们无法天马行空妄下论断的。在我们进入讨论这一点之前，最好是先转向去看一看我们在个别个体所能观察到的个人及集体无意识素材，我们可以从中发现所有的信息；我也建议你去看荣格的论文《良知》（*The Conscience*）[1]，文章中讨论了他对此的个人观点。他触及了我所提到的这个问题，而下述内容就是他响应这个问题的方式。

的确，人类的社会整体显示了一个基本的道德倾向。除了一些异常的案例之外，我们可以假设各地、各国人类的心灵架构内都包括某些特定的倾向，荣格称之为人类对于自身行为的道德反应。人类并非对自身的所作所为毫不在乎，不分地域的人们都倾向于对自身的活动及动机带有评量判断。这样的评断也许会因地制宜，但是个体会呈现出这样的感受及反应，则是人类共有的特质。然而，进一步的分析可以突显以下各项之间的分别：无意识动机、意识反思的超结构、关于个人动机的意识思维，以及主观评断。因此，当我们详细分析人类的良知，可知良知本是相当复杂的现象，它的复杂性带出一个神学家们所熟知的普世问题，也就是错误的做贼心虚、错误的问心无愧，以及所有的伪良心及假内疚。其他观察家主张所有这些复杂因子都不是罪恶感问题，因为这个带着无意识及意识的复杂情况，早就存在于整体人类的基本架构中。

荣格接着以大篇幅讨论弗洛伊德超我概念的问题，这是弗洛伊德对于罪恶感、作贼心虚及人类道德倾向的解释；而荣格发现超我与他所谓的集体道德准则相符合，这个准则在我们的社会中则与犹太基督父权宗教传统相结合。在个别的案例中，这个准则可以部分通过无意识运作，同时也引出各种罪恶感、复杂性、抑制性及行为动机，弗洛伊德总结为超我现象。

从这一点来看，我们荣格派并不否认这个现象，因为这个现象是存在的，同时也是集体的道德准则，个体在意识上得以区辨出来，它也能对个体的动机施加无意识或半无意识的压力。但是进一步检视后发现，超我可被视为历史的产物，因此它并不对人类的道德问题负有全部的责任，而只有部分的责任。

换句话说，荣格所谓的人类心灵道德反应，与弗洛伊德的超我并不同。反之，这两个概念甚至可谓是冲突且相对的。荣格认为我们承受着两个因子所施加的压力：其一是集体道德准则，这一点随着所处的国家而异，通常支配我们的道德行为；其二则是个人的伦理驱力，这是相当个人的，也通常与集体的准则不一致。当两者一致时，自然难以区辨彼此。

举例而言，假设你对某人感到愤怒，你气得想杀了那个人，但是你觉察到在正常的状况下，而且就个人层面而言，那不是你能做，也不是你会做的事。那是一般的集体准则对内在说话？或者该说是属于你个人较道德的那一面，也就是那份与自我相关的感觉制止了你？在这样的情况里，我们无法区辨两者。从个人的角度而言，我们可以说即便没有旁观者、没有警察或没有道德准则，个体都不会做出这样的事情；但这不容易证明。事实是，你不能做这件事，因为你内在的某个事物制止了你，而那个事物原先就在那里。朝向道德反应的个人驱力与伦理准则，两者是全然不同的因子；然而，只有在形成责任冲撞的时候，才能突显这两者的区别。荣格说，只要其中没有责任冲突，我们并不难知道个人应该做什么决定。只有当无论你做什么都只有一半对、一半错的时候，困难才会升起，在这种情况下，无论你做什么，都会有一个面向是错误的。这里有个典型的情境：当医师决定要不要告知病患罹癌的时候。如果医师不说出实情，他就是说谎；但是如果医师给了病患致命的打击，这可能会对病患造成极大的伤害。他到底该怎么做呢？伦理准则无法回答这样的问题。他的同僚可能会叫他绝对不能说，但是另一些人可能认为他必须说实话，他们觉得即使病人受到打击，但长远来看知道实情还是比较好的。但是我们并没有通则规范，那是个责任的冲突——一方面是说实情的责任，另一方面是不伤害病人的责任。

有无数相同的例子，甚至也有更加复杂的例子，让我们猛然明白，道德准则不是我们行事的唯一法则。即便在某些情况下，有清楚的答案告诉你该如何做，你可能仍然会强烈感觉那样的行动对你而言是不符伦理的。于是你落入了困境，接着你会了解到确实有两件事在支配人类的行为：其一是集体的道德准则，我们也可以说是弗洛伊德学派的超我，其二则是个人的个别伦理反应。后者通常被称作神或上帝的声音：罗马人会称之为守护神，苏格拉底会说是“所有的神意”，而北美内拉布拉多半岛（Labrador Peninsula）的纳斯卡皮族印地安人（Naskapi Indian）会称之为“心中的伟人”（Mistap'eo）[2]，亦即住在每个人心中的那个伟人。换句话说，这就是我们所谓的自性的原型人物角色，是心灵的神圣中心，在不同的文化中，自然会有不同的名称及含义。如果这个现象在个人内在升起，个体通常会有份奇特的确定感，知道什么是正确当为之事，无论集体准则可能会对此有何说辞。通常那个声音不仅仅告诉个人该做什么，同时也会给予一个确切的信念，甚至可以让个体为此牺牲生命，正如同苏格拉底及许多基督教殉教者所为。

如果这个内在的声音支配某个极其高贵的事物，此事物是与集体道德准则平行的，那么没有人会对此感到不满，甚至会认为这是伟大、正确且英勇的行为。但是很不幸，在实际的生活中，如同我们在每日的分析工作中所见，诸如此类的上帝之声或内在真实本能所支配的，有时候会是某些让人非常震惊的事物。这一点甚至也出现在《圣经》中：想象上帝告诉何西阿（Hosea）应该要跟妓女结婚！假若他前去找任何神职人员，不论是基督新教、圣公会、天主教或是犹太教，我相信他们应该都会说："我亲爱的弟兄，这是心理妄想；上帝不可能会要你做这样的事。"因为神学家往往认定自己知道上帝会做什么、不会做什么，因此那个人必然是搞错了，那必定是魔鬼、个人的阴影面或是个人内在被压抑的性问题；如果是在今日，他们会说那是何西阿内在被压抑的性阿尼玛问题在他的内在说话。总之，那绝不是上帝！

他们怎么会知道？只有上帝才知道，但是他们看来都知道。他们也许与上帝一起用餐，然后在喝咖啡的时候跟上帝讨论这件事，因此才能如此确定！但是，不愿意服从这样的知识，也就是传统伦理准则的人，就会落入可怕的困境中，因为如果他是诚实的，他自然就不会知道。他可能会说，是的，也许这是我内在污秽的阿尼玛让我觉得我需要与妓女结婚，谁能证明这是上帝的声音？接着这问题就变得困难了。我们可以说这问题并没有答案；然而荣格发现，只要个体沉浸在这样的冲突苦恼中够久的话，不知何故就会有一条内在的界线出现，让内在的发展变得清晰，而这给个体足够的确定感以继续前行，即便是要冒着犯错的风险。个体自然不可能完全确定，但是从荣格派的观点来看，能对自己的行为保持怀疑的态度总是较佳的；也就是说，要尽自己所能，但是也总要准备好假定自己做错了。你可以对梦境做出某种方式的解读，然后发现是错的；你再一次检视梦境，思考出不同的解读方式，然后这就对了！这是我们必须冒的风险，无可避免。但是根据荣格派的观点，这是成人的态度——要放弃那原本紧紧抓住的幼稚规则。

无意识的心灵道德

这些都是更高层且更具区辨性的问题，在童话的集体无意识素材中自然是看不见的。集体无意识素材只涉及荣格文章中所提到的第一部分内容，也就是人类心灵中的天生道德反应，这相当奇特地非关个人，也与我们所称的意识道德反应相当不同。下面的例子能让你感受这个现象的氛围。

有个国际罪犯干了十来宗谋杀案，是个干尽冷血谋杀的病态，完全没有丁点的良心反应；他在苏黎世街头杀了一个无名老人，抢了老人的钱财后被逮住了。分析师阿道夫·古根别尔－克雷格（Adolf Guggenbühl-Craig）必须为法院提供精神科专家意见，以确认此人是否该对其行为负责。古根别尔医师想到个聪明的主意，他提出要检视此人的梦境，同时他将其中一个梦告诉瑞士精神病学家弗朗兹·瑞克林（Franz Riklin）医师及我，但是他并没有告诉我们此人的全盘故事。他简单地询问我们对于这个四十岁男性的梦境有什么看法。我自然无从得知做梦者是个病态谋杀犯，但是我当时差不多是这样说的："别碰他，别管他，他是个失了魂的人！"我们谈论的那个梦境相当简单，是个重复出现的梦境，在梦中谋杀者去了主题乐园，里面有大型的秋千。他就在秋千上，上下摆动，越摆越高，突然间，秋千荡得过高了，以至于他跌入空无中。至此就是梦境的结局。

我心想："老天啊，在两个对立面摆荡，还可以享受其中，不带任何反应，把这一切当作好玩！"而梦境最后只是以一句"跌落空无中"退场，甚至没有"我尖叫醒来"的反应。里面没有情绪反应，我只能说这是个失了魂的人。如果将这放入具象化的语言，我感觉仿佛就是上帝将这个灵魂涂销了。梦境中没有显示任何意图要让他震惊而借此拯救他。我们会假定这个梦出自无意识本能，也就是说，出自天性。他的无意识正在以他谋杀时的那种冷血态度说出：他失心疯了！这个梦采取做梦者本身的冷血态度，从此人所处的层级同他说话。

我举这个故事为例子，说明无意识的伦理反应。这不是你的阿姨跟你说："你不能做这！不能做那！"这不是道德超我所设立的行为规矩。这是天性反应，以奇特的方式展现残酷的客观性，但是个体免不了会感觉这是个道德的反应，因为无意识在某方面来说对这个杀手的泯灭人性做出了反应。

因此，所谓无意识心灵的道德理由，有时候是可以很客观的，而且不同于我们的意识道德标准。然而，荣格在他的文章里同时也提及另一个例子，可能因此把我们引导到这个结论：无意识可以是带有伦理的，甚至会以老姑婆或学校老师那种说教的作风表现出来。荣格提到有个生意人得到一个机会投入一桩不正当的生意。他在意识上并未觉知其中的可疑之处，正准备要签署文件加入这个计划。晚上，他梦到正当要签署文件时，他的手变得又黑又脏。他在接受分析时提到这个梦，而荣格提醒他不能涉入这笔生意。最后显示那是一笔相当不正当的生意，他可能会因此锒铛入狱。在这个特别的案例中，我们可以说无意识的反应与集体伦理准则一致，以通俗的语言来表达，就是给了他明确的道德警告：加入这个生意就会弄脏自己的手。因此，无意识会显示许多不同的反应方式。有时候，它的反应如同道德的反应，但有时候就只是反应出残酷本性，就好比杀手的例子。但是，通过感觉的功能，个体可以觉察出一些基本上像是伦理反应的事物，虽然可能不容易抓住细节。

因此我们可以说，道德的反应即便是来自人类心灵集体无意识层级的道德反应，似乎都是相当个人化且相当具有独特性的。我们甚至可以说，每个人都有自身的道德层级及道德反应方式。举例来说，有些厚脸皮的人能够承受许多我们所谓的罪，他们可以开心地踩上别人的玉米田而没有一丁点反省。其他人可能完全无法承受这些，只要他们稍稍从内在的法规中逾越，就会生出最糟糕的梦境及内在反应。因此，面对林林总总的问题，我们会看到具有道德天性与欠缺道德天性的人。道德敏感的个体自然会不容易发现自身所具有的个别内在之道；但是我们也可以说，成为道德敏感的人，是个体化历程中最重要的动机之一。每当我看见分析中的个体带着这样的敏感性，我就知道一切都会没问题的，因为许多问题都已经得到解决了。脸皮厚的人有时候反倒给我们带来许多问题，因为他们可以更容易地将此压抑。处在分析当中的人，有时候会做出最不可思议的事情，此时你会觉得终于有可能抓住他们的阴影面。不过，身为分析师，我们自然必须等待直到他们的梦境出现。但是他们就是没有梦境出现！无意识赦免了他们，而你只能将自己的道德愤怒放入口袋中，什么都不说，因为说了也是白说。

然而，我们此处的主要关注并不是这一切道德问题的上层结构。我讲述这些，目的在于厘清一点：我接着要谈论的集体素材，相较于个体问题的复杂因子，显得更简单基本。我多年来检视集体童话素材，试图找寻人类行为通则的可能性，期待找到永远有效的通则。我期待发掘一般人类通则，这些通则是简明的，是超越国家及个人差异的，是人类行为的基本规则；我深深着迷于这样的想法。我必须承认，我找不到标准的基本规则；或者该说，我找到了，但也没找到，因为总是会出现矛盾不一致的情况。

我可以告诉你一些故事，要你在碰到恶魔时就必须要与之对抗，但同样也有一些故事会告诉你必须逃跑，不要对抗。有些故事会说要承受而不反击，有的则叫你别当个蠢蛋，要打回去！有些故事说，面对恶势力时唯一能做的就是糊弄过去，但是其他的故事则说：“不行，要诚实！即便是面对恶魔，都绝不能干出说谎的事。”我可以给你举出各种例子，但总是会有正反两面；而且，这一面的故事，和那一面的故事，都一样多。这是一个全然对立的局面，而从后见之明的角度来说，我只能失望地得出以下结论：那真的本该就是那样的，因为那是集体的素材！我们又如何能有个别的行动？当集体的素材是全然矛盾的，当我们基本的道德配置是全然矛盾不一致的，我们才可能在那些基本对立面上拥有个人的、带有责任及自由意识的上层结构。然后我们才能说，在人类天性之下，这么做或那么做才是正确的，但是我要做的却是这一个，中间的第三者，那是我的个别性。如果基本的素材不是相互矛盾的，我们就不会有个别性。这是我发现这个矛盾结构的糟糕真相之后，能给自己的一丝丝安慰！

然而，矛盾规则有个单一的例外，就是个体绝对不能伤害童话中的动物帮手。只有在少数的案例，不听话通常会带来问题，但长久而言没有导致灾难；你可能暂时不听从狐狸、野狼或是猫的告诫。但是，如果你在本质上与之作对，不听从愿意帮助你的动物或鸟类，不遵循任何动物给你的建言，那么你就完蛋了。在成千上百的故事中，那似乎是唯一一个没有例外的规则。然而，如果我们分析动物所说的内容，同样也会发现那是全然矛盾的：一只动物叫你逃跑，另一只说要正面迎战，还有一只要你说谎，但另一只又说你自始至终都要诚实。从道德的观点来说，动物们总会反反复复，但是你只要与之作对，你就输掉了。这意味着服从个体最根本的内在存在，也就是说去服从个人内在的本能存在，比任何其他一切都来得重要。这在各个国家、各个童话素材中皆然。

我还想简短谈谈另一个因子，当我们检视童话中所抛出的道德问题时可以看见这一点，也就是补偿的功能。荣格认为，这是个体无意识功能普遍上的典型特质。在他的论文《良知》中，荣格提到有个女人自认为是纯洁的圣人，但是每晚都梦到最肮脏的性猥亵。[3] 这就是一个粗俗的例子，说明了我们所谓的补偿律。我们也知道，有时候当人们活出他们的黑暗面并压抑较正面的自我时，他们会做出各式各样关于基督或人类救赎者的梦境。黑德维希·博伊（Hedwig Boye）曾写过一本书，名为《带着巨大阴影的人们》（*Menschen mit gross Schatten*）。[4] 作者是一位分析师，特别擅长对监狱犯进行分析，而且她主要的兴趣是大尾的罪犯。狱囚杀的人越多，她对这个人的兴致就越高。她分析了许多这类人物，而让人惊讶的是，有许多的黑羊都带着出乎意料的洁白阴影。在此书的结语，她引述了这些大角头在圣诞节给母亲写的那些感性、满怀理想且让人感动的信件。其中可见他们有着宛如婴儿一般的小乖乖阴影面，这是他们在意识生活中身为莽撞杀手的典型补偿。有时候她能够善用这一点，然后在泪水及各种戏剧性发展之中，成功将杀手转化成他们的正面阴影面。他们之后可能会出狱，而且行为良好。

这些无意识中常见的补偿倾向，也在童话中得到镜映。有个日本童话里的正面解决方式，是让男人将官员痛打一顿，然后才能发现被深藏的宝藏。我认为这是对日本社会道德规约的典型补偿——在那个国家，你无法想象会有人拿着棍子朝政府官员的脑袋痛打一顿。但是那则童话说，你必须这么做，才能得到宝藏，例如在家中厨房地板下发现宝物之类的。这样的童话对瑞士的民主主义者来说并没有太大价值，因为他们本来就知道，三不五时朝官员的脑袋痛击是件好事，这样官员才不会变得自大或过分膨胀；但是在社会阶级异常分明的国家，这样的童话则包含了让人震惊的真实性，必须要在意识中唤起。这类补偿倾向在各地的童话中都可找到，因此我总是在完成分析或诠释之前，问问自己：这样的故事是要给谁听的？谁需要这个故事？而且，故事通常跟它来自的国家完美切合，因此当地人才会这么开心地彼此传讲这个故事。

原始场景中非关道德的邪恶

接下来，我要开始阐述在原始层次所遇见的邪恶。此处，我所谓的原始层次并非社会学的概念，也非意指原始国家或是特定的人；我所指的是原始的情境，而人们仍然住在自然中。对我们而言这样的情境是过去式的，而且在某程度上来说也变成了社会学的问题。举例来说，现今的我们在深山或偏僻地区的农夫圈里还会发现石器时代的特征，所以这也是社会学及史学的问题。但是，在这里我所说的原始人，指的是处在原初状态的人，也就是历史建构社会制度及上层宗教架构之前，仍然住在自然中的人。我会试着提出镜映了这个基本层次的童话，而这个层次对当时的人们来说可能原本是邪恶的。

你可能会问，到目前为止我都尚未定义邪恶——我会先假设我们知道邪恶是什么，以此去谈论有关邪恶的问题。在此之前，我想要先呈现一些实际的素材，说明邪恶在不同层级的样貌。如果我们手边有一些童话，关于原始人的民族学或民间传说的素材，而当中触及了有关邪恶的问题，那么我们就能够进行更好的讨论。

我也要请你先关注另一些事。动物学家康拉德·洛伦茨（Konrad Lorenz）出版了一本书谈论“所谓的”恶[5]，“所谓的”一词就暗示了这并不是真的恶。他的本意并不在暗示说从他个人的观点而言，那些东西不该被称为恶；而是说，他的书中内容主要是从一个纯粹动物学的观点所做的表述。他谈论自我防卫及攻击性的问题，而他所谓的族内攻击性一词，意指不同的动物、鱼、鸟的行为模式中，对于族内及其他物种的攻击倾向。大多数动物都会视特定物种为敌人；对于其他动物却互不理会、彼此忽视。同时，洛伦茨也谈到族内敌人，也就是针对觅食区及领域的争斗，这通常是同物种强大雄性之间的争斗。举例来说，一只山鹊不会对其领域上的老鼠有所反应，但是却会对其他的山鹊做出反应，甚至会与同物种的动物争斗，至死方休。

洛伦茨认为人类过度分化且过度发展族内争斗倾向，从这个观点来说，人类是异常的动物。他认为，如果不想落入自身物种的集体自杀，我们最好觉知这一点。他接着提出从动物层级而来的简明解药，虽然他说这不会解决世界的问题，但却是他在此一目标上的贡献。其中的一个建议是促进彼此了解，因为只要动物对彼此有足够的了解，族内攻击性就被破解了。当动物习惯了其他动物的味道，它就无法再厮杀。洛伦茨以老鼠做了这项实验；他将一只老鼠从它所属的族群中带出，放入另一个充满敌意的鼠群中。当他再把这只老鼠带回它原有的鼠群时，它身上带有外来鼠群的味道，因此马上就被撕成碎片。但是，如果这只老鼠先被放在一个笼子里，其他老鼠就无法立刻将它咬成碎片，但是却可以对它嗅闻好些天，这样一来它们就不会杀了这只老鼠——说白了，这个实验就是要我们多嗅闻彼此。

那的确是个有建设性的提议，但是，正如同洛伦茨自己所承认的，这只碰触到整体问题的特定本能层级。我诚挚推荐这本书，因为它相当适切地说明了我们接下来要讨论的问题，特别联结到原始人类所认知的恶，以及对恶的反应。

就我所知，在原始的场景中，恶的现象单纯只是某种有魔力或异常的事物表现，是一种无法抵抗的自然现象，带来的不是道德问题，而是纯粹的务实问题——如何克服，或如何成功脱逃。问题在于个体是否能够克服这个现象，抑或者个体不过就是要保全自己的生命。至于任意攻击是否意味着个体犯了错，或是个人对这个现象是否负有责任，这类主观问题在这个层级中并不存在。

我会带出一个这类故事作为例子。我通常以德国杰纳（Jena）的迪德里希斯（Diederichs）公司出版的《世界经典文学童话》（*Die Märchen der Weltliteratur*）为素材，几乎每个国家都有专属的一册，里面的故事是随意选录的，但是主题经常重复出现，因此有足够的例子来说明我们想要谈的内容。在中国童话的那一册，有一个从平民口述的传统故事。

《魔神仔》(*The Horse Mountain Ghost*)[6]

在马山底下有个村庄，村里有个农夫以卖玉米维生，他总会骑着骡子到隔壁小镇做买卖。有一天，他喝得微醺，从市集里骑着骡子返家。在山中弯道处，他看见一个怪物。怪物的巨脸是蓝色的，两只眼睛像螃蟹一样凸出脑袋外，明亮闪烁。怪物的嘴从右边耳际裂开直达左边耳际，看起来就像是血盆大口，口里杂列着又尖又长的獠牙。怪物就坐在河边弯身喝水，可以清楚听见它舔水的声响。

这个农夫吓坏了，但是好在怪物还没发现他，因此，他迅速绕上一条人们有时候会走的小径，飞快地逃离。但是，就在他转过弯时，听到后面有人叫住他。他回头看见邻居的儿子，因此停下脚步。那人说："老李病得很严重，没多少时日了，老李的儿子要我到市集找一副棺木，我才刚从市集回来，可以跟你结伴同行吗？"

农夫答应了，那人问农夫为什么走上这条不寻常的小径。农夫有点不自在地回说，他原本想要走另一条路，但是在那儿看到一个可怕的怪物，所以他转身拔腿就跑。

邻居说："听你这么一说，我也觉得毛毛的，我不敢一个人回家，你可以让我和你一起坐上骡子吗？"

农夫答应，而邻居也同他一起坐上骡子。过了一会儿，邻居问农夫怪物长什么样子，但是农夫说现在谈这个会让他觉得浑身不自在，等回到家之后再说。

邻居说："如果你不想说，那你就转身看看我，看我像不像那个怪物？”

农夫说邻居不该开这样的傻玩笑，因为人绝不会长得像魔鬼。

但是邻居坚持地说：“你回头看看我！”他拉了拉农夫的手臂，农夫回头一看，后面坐的正是他之前在小溪边看到的怪物，他饱受惊吓，在骡子上昏了过去，还被遗落在小径上。骡子知道回家的路，但是当村民看见骡子上没坐着人，怀疑可能发生了不测。村民分开寻找失踪的农夫，后来在山崖底下找到，并带他回家。一直到半夜之后，农夫才恢复意识，告诉大家事情发生的经过。

这是个经典的故事，我可以告诉你许多相同类型的故事，发生在因纽特人、瑞士的乡下人以及非洲及南美洲国家的人身上。这是个全面国际性的故事，只是凑巧出现在中国童话那一册里。让我们感到惊讶的是，这个故事似乎没有任何重点。它就只是让人感到新奇，同时也让你有些毛骨悚然。如果你在晚上上床睡觉前读了这个故事，可能会突然间觉得不敢上楼，还会查看四周，心里觉得毛毛的。你很清楚这些鬼故事带给你的感觉，有点恐怖，也带点奇妙；这是许多人在孩童时期都曾经历过的可怕遐想，人们在其中得到某些乐趣。我常常观察孩童，因此注意到，如果我们不让孩童接触这些故事，他们自己也会编造同类的故事，并享受其中。

我童年时期的朋友家中有个大花园，每晚孩子们都会玩相同的游戏。我的朋友、她的兄弟以及她的两个堂兄弟会列队在漆黑的花园中，讨论着那个花园尽头的草堆上坐着一个黄色小精灵；他们其中一个会走出来，独自走向那个他们创造出来的黄色小精灵。他们会提着胆子尽量走远，但通常会往前走个八九步之后，就快步跑回来。走得最接近小精灵的那个小孩就赢了。由此可见，这不仅是可怕的，同时也是让人兴奋的。例如，人们会快速逃离一场可怕的车祸，但事后却沉浸于详述细节。他们会在餐桌上讲述一次，甚至两次，然后脸色发白，说自己觉得浑身不自在，什么都吃不下。那就是人们内心里的原始乡下人！他们会描述一个在雪崩底下埋了二十年，或横躺在水里一个星期的尸体状况，还说你只能辨别尸体的牙齿，因此必须由牙医辨认尸体的身份，他们详尽描述所有的细节！他们不会放过你，而且沉浸在其中。荣格曾经提过非洲有个习俗，举凡有厄事发生，当地人们都会围着尸体一坐就是好几个小时，他们闲谈并饱食那可怕的景象。

如果将故事中的怪物视为本质为恶的现象的拟人化表现，我们就可以说那是超自然的表现。那是极为神圣，也极为让人着迷的，这说明了为什么个体会对此产生愉悦兴奋感。但是它同时也是让人恐惧的。它既可怕又具有吸引力，同时也是绝对非个人、非人类的现象。它就如同雪崩、闪电或是可怕的天敌，与此相同的事物还包括疾病与死亡、自然神灵、怪物、吃人怪等，跟其他自然界的破坏现象一样真实，而你必须面对它们。如果发生了雪崩，你要不是竖起屏障，就是逃开，你不会傻到去做其他事情。如果溪水暴涨，你要么架上堤防，但如果你没有力气堆起石头来抵抗这件恶事，那么你就要撤退到高处或山上。

这其中并没有道德问题，不过就是有能力的话就对抗，不行的话就逃开。这是属于自然的问题，而且还有一个重要因子——其中有些神性的特质，这一点彰显在它所具备的吸引力，以及我们想要听闻其事的欲望。它也是原型的，因为类似这样的魔神仔角色在世界各地都存在；也就是说，人类心灵的架构无论在各地都会制造出这样的幻想。只要人们生活在自然中，就会有这样的魔神仔在生活周遭，虽然形貌各异，但是每个都带有非自然、超越人类、恐怖，以及让人难以招架的特质。

这就是恶在这个层次上的表现。这个魔神仔不是人类，但是我们可以称它为自然神灵。接着，以下故事呈现的是相同现象，但却是出现在人类身上，或是通过人类而展现。这是南美洲印第安瓦劳（Warrau）族的故事，也是收录在南美印第安童话那一册的故事。

《飞矛腿》（*The Spear Legs*）[7]

有两个兄弟喜欢在森林寂静深处打猎。有一天，他们在林中听到像是酒宴一般的吵闹声。哥哥说："我们去看看吧！"弟弟则说那不可能是真的人声，要在如此深远的树林中办这样的酒宴是绝不可能的，因此认定他们必定是鬼怪。但是哥哥坚持要前去一探究竟。

因此，他们循着声音的方向前去，发现好些人正在举办庆典，而两兄弟就上前加入他们。哥哥喝了许多酒，但是弟弟则显得紧张，拒绝喝任何东西，甚至怀疑而且感觉他们落入了蛙怪

(Warekki)群中；所谓的蛙怪就是巨大的人形雨蛙。弟弟的怀疑后来被证实是有道理的。

过了一会儿，两兄弟离开庆典继续前行。当黑夜降临，他们在树下搭了个棚子做庇荫，哥哥叫弟弟去捡拾柴火，兄弟两人架起吊床并生起火。哥哥总是要求弟弟多放些柴火好让火越生越大，但是弟弟突然闻到好像烧焦肉的奇怪味道，同时注意到哥哥的双腿伸出了吊床，正悬挂在炉火上，因此弟弟大叫要哥哥当心点。但是哥哥只是说着："阿嘎！阿嘎！"这是瓦劳语用来表达惊讶的声音，但是也相当接近雨蛙的叫声。哥哥把双腿缩了进来，但是后来又忘得一干二净，再度将腿伸出去，弟弟心想这是个恶兆。

过了一会儿，哥哥自己注意到他的双腿完全被烧掉了，一路烧到膝盖处，两条腿就像是木炭一样。因此，哥哥拿起刀割去剩下的碎肉及双脚，并且在腿骨的底端削出尖端，把双腿变成两只矛。然后哥哥就在吊床上躺下并尝试抓住飞过的松鼠及鸟儿。不消须臾，哥哥就相当专精于这项动作。哥哥显然需要一直待在吊床上，而弟弟必须帮哥哥取来食物并为他服务。但是哥哥变得越来越残暴，最后甚至完全不让弟弟离开棚屋，因此弟弟认为自己需要寻求帮助，于是逃跑了。哥哥发现无论怎么喊叫，弟弟都不到跟前，他立刻跳下吊床追赶弟弟；他发现用两只矛腿竟然跑得比双脚来得快多了。但是他错追了鹿的足迹，误以为那是弟弟的足迹；当他追上那匹鹿时，他立马跳上去将鹿刺倒在地。他接着对那匹鹿说："很抱歉，兄弟，我把你杀了，但这是你咎由自取，你不应该从我身边逃开的。"接下来，他将鹿翻过身来，看见那颤抖的黑色嘴巴，他心想这真滑稽，想说弟弟是不是吃了什么果子才把嘴弄黑的？接着，他注意到鹿的四只脚，心想这真是太好笑了，然后他开始数算脚上的趾头。这花了他很长一段时间，但是最后他终于发现，眼前被他杀掉的不可能是他的弟弟，实际上他杀了一头鹿。因此，他返回他的棚屋，躺回吊床上。

在同一时间，弟弟已经回到家，将哥哥身上发生的不寻常事迹告诉大家，也说了他不能再与哥哥为伍，必须杀了哥哥。因此，弟弟带着村人回到树林中，他们包围住哥哥栖身的小棚屋。他们因害怕哥哥的飞矛腿而不出击，但是试图引诱哥哥走出吊床来到空地上。首先，他们派了一只鸟来诱骗，但是哥哥的矛腿出乎意料地敏捷，他旋即杀了那只鸟。最后，他们抓来了忽拉（Hura），这是村民所知行动最敏捷的小松鼠，让它来诱骗哥哥出棚屋。小松鼠总能从哥哥身边溜过，而哥哥试图以矛刺向它，最后哥哥跟着忽拉出了棚屋，而屋外的人则将哥哥团团围住并杀了他。

附身：从人到非人的历程

某方面来说，这两个故事并没有太大的差异，因为你同样看见邪恶是通过鬼怪所带出的。大型雨蛙怪显然对哥哥的变身及疾病负有责任，所以背后的它们才是邪恶的真正问题所在。虽然故事里没有直接跟雨蛙鬼怪的正面争斗，但问题在于他们通过附身的方式来改变人类，因此哥哥不再是人类，而哥哥的行径也完全如同恶魔一般。

在此要说明附身现象的问题，这是民族学家认定在原始社会中的最大问题。我们心理学家则相信每个社会皆然。附身意指被某些超自然原型意象所同化，而这个故事也完美显示哥哥经历了缓慢且可怕的去人性历程，这一切开始于他在没有本能的警觉下加入酒宴。兄弟中的另一人则带有些特质让他保持警觉，但是哥哥却说不打紧的，而且认为兄弟俩应该要好好享受一番。那是个可谅解的错误，但是从那时候开始，哥哥就被附身了。接下来的事件仍然相对无害，也就是他在火堆中放入太多木柴，这一点显示他欠缺判断力。在原始社会中，捡拾木柴及食物都是辛苦的劳动，没有人会过度使用柴火。在农村社会中，丢弃粮食是上帝面前的极大罪过，同样的，如果你在炉火中丢入过多的木柴，也是不寻常的。

当生活极为艰苦时，个体学会以省力气的方式去做每件事，同时也尽可能尊重他人的付出。个体小心翼翼地持守一切规矩，而破坏规矩就是恶事。举例来说，我常去度假的地方有个不成文的规定，我万万不敢违反这个规定。如果你无意发现身边有一块好木材，你可以拾起带走，但是如果你手上已经拿满而无法再多拿，你可以将带不走的木材直立放在树旁，这样就没有任何其他人可以碰它，你通过这样的形式表现了你对那块木材的所有权。随意碰触这块木材是极大的罪过，远比进入他人家中拿走木材来得更糟糕。那就是原始人们所感，而如果你知道要将木材带回家是何等困难的事，你就会知道为什么有这样的规矩。如果隔天发现那块木材不见了，你会陷入极其凶恶的怒意中。

在人类社会中维持这样的规则，是人们群居生活中绝对重要的事情，而奇特的是，邻近聚落那些干坏事的人也会遵从这样的规则。可是在我们的故事中，哥哥在火堆中丢入过多木柴，如果你了解其中的情境脉络，就能体会做出那样的事有多糟糕。接着，当他发现双腿被火烧时，他回应："阿嘎！"同时继续同样的姿势；此时，他就已经失去了自保的本能，人格已经有了很糟糕的改变。从那一刻开始，他就是恶魔，而他的行为表现也与魔神仔如出一辙。但是有趣的是，入了恶道，他反而得到超自然的力量、超人类的天赋及特质。想象一下你躺在吊床上，然后以腿刺中松鼠及飞鸟！

从心理角度分析，这正是人类认同于原型人物时会发生的事。他得到生命的能量，甚至得到某些超心理学的天赋、千里眼等，这些都是与原型相连接的。边缘型精神病的案例通常都有超心理学的天赋，他们通过无意识知晓那些他们不可能会知道的事情。一旦你落入某个原型或认同于无意识的力量，你就得到那些超自然的天赋，这就是为什么这些人不喜欢被驱邪，也不想再次恢复成人类。

不愿失去那些天赋，也是抗拒治疗的原因之一。在这个原始的场景中，似乎并没有治疗的概念，也没有任何为这个可怜猎人驱邪的仪式。他的族人就只是淡淡地说此人变成恶魔，因此必须被除掉。同样，其中也没有道德问题，这个现象就被当成是山崩、野兽或是地震般处理。如果可以的话，就做些什么去对抗，不行的话就逃开。中国故事中的恶鬼以及被恶鬼附身的男人，这两个故事都一致地出现相同的处理原则，这就只是个务实的问题，除此之外无他。

我认为那是关键重点，因为人们内在自然也有这样的基本原始反应。我们并没有远离这一切，它仍然是基本现实之一。

在南美洲印第安故事集那一册，有个恶魔的故事，可以作为这个可怕问题的另一个例子。这个故事不同于你所认知的附身故事，而是关于人类的变造。

《旋转骷髅》(*The Rolling Skull*)[8]

一群猎人在森林里搭起营帐以猎捕林中的鲜肉。许多猿猴就被串在火堆旁的烤肉叉上，那些被宰了的猿猴身上的皮毛则被摊放在营地四周。猎人们都离开营地去打猎，只留下一个男孩在营地看管正在烹煮的鲜肉。突然间，一个男人出现在营地，他表情冷酷地查看营地的猎物，并数算营帐内的吊床后就离开。猎人们在傍晚时分回到营地，男孩告诉他们这个奇怪的拜访者，但是没有人关心这件事。猎人们都上床后，男孩将这个故事对父亲再说一次，父亲感到不安，同时将两人的吊床带入黑暗处，架在远离营地的地方。过没多久，两人听见猫头鹰及老虎的叫声，还有其他夜行性动物及人类的哀号声，以及骨头碎裂的声音。“噢！”男人对他的儿子说：“这是树精骷髅皮拉（Kurupira）带着祂的人马来猎人。”

隔天早上他们回到营地，发现里面空无一物，只剩沾满血的吊床以及人们的残骸，其中还躺着一个猎人的骷髅头。当男人与男孩转身离开时，骷髅叫道：“兄弟，带我走！”男人一脸惊讶，但骷髅一再说："兄弟，带我回去！"接着，男人要男孩先一步回到村子里，自己则拿了一根绳索绑在骷髅上，将骷髅拖在身后一起向前行。过了一阵子，头颅开始变得有些毛骨悚然，男人就把它丢在后方，可是骷髅在他身后追着跑，就像是个葫芦一样，还哭叫着说："兄弟，兄弟，等等，带我一起走！"男人只好放慢速度好让骷髅能够在后面跟着它滚动前行，但是他一直在心中忖度着如何甩开这个可怕的同伴。他要骷髅等一等，说自己必须先进入森林。接着，他没再回到骷髅那儿，而是从稍远的地方绕回原来的路径上。他在原先的小径上挖了个沟渠，覆上小树枝好让骷髅落入圈套中，自己则躲起来观看接下来的状况。同时间，骷髅不断喊叫："兄弟，你完事了吗？"而男人的粪回答骷髅说："还没好，兄弟，还没呢！"但是骷髅说："什么！在我当年，当我还是人的时候，粪是不会说话的！"因此骷髅沿着小径向前滚动，没多久就掉入陷阱中。男人接着现身，将那个沟渠盖满，还不忘在上方用力踩踏，然后才继续往村子前行。但是，当黑夜降临，林子里传来哭叫声，声音越来越接近村子。

"那是骷髅逃出陷阱了！"男人对其他村民说。在此同时，骷髅得到了翅膀及爪子，如今就仿佛是一只大猎鹰。它朝着村子飞来，并且纵身扑向途中见到的第一个人，一口就吃了他。但是，隔天晚上有个巫师带着他的弓箭来到这条从丛林走出来的小径上，等待怪物出现。黑夜降临，怪物叫嚷着停在森林边缘的一棵树上，此时怪物看起来就像是一只巨大的猎鹰。巫师拿箭射向它的双眼中间处，怪物因此跌落地面而死。

死亡之后到处流窜的恶行

有另一个同样关于怪诞骷髅的故事，巫师最后将它丢入天际，骷髅因此变成月亮，从那时候开始，它就成为夜晚的月光。

这类从原始的观点看来极为怪诞及邪恶的现象，在希腊或埃及文明中仍然存在，而且通过古器法术而得到保存。这类现象也存在于我们的民间传说中，与自杀、他杀或死于非命等人物相关。这些人死后变得充满敌意，而且转变成魔鬼。原始的解释认为，他们身上有某些程度的生命能量并未用尽，而是在天时未达之际就被阻绝了，因此感到挫败。这就好比时钟的发条坏了，但是并非自然止息，而尚未用尽的生命能量转而成为敌意。亡者对于活着的人心生嫉妒，同时亡者也没有足够的时间与生者自然地分离，因此对生者的世界带来毁坏及危险。即便是那些在生前为人善良，心中不为恶所动摇的人，一旦他们死于非命，也会因为生命被剥夺而心生憎恨，最终成为这样的结果。

这就是为什么近古代的黑魔法咒语总是如此开始的："喔！阴曹地府众神、哈得斯（Hades）、普西芬尼（Proserpina）[8]，以及道不尽名讳的自杀、他杀及死于非命的庞大军团。"那是典型的晚近希腊咒语，在多数古代遗留下来的法术牛皮纸上都可见。这样的信念不单单只存在于近古代，它也是遍及全世界的。没被使用完的常态生命力量会将人类变成恶鬼，而我们的故事就显现出这个缓慢的转化历程，原本只是人类死后的骷髅，最后变成一个像鬼一样的猎鹰，它长出翅膀，并且变得更具有灵异性及超自然。

一开始只是个不开心的猎人，他因为被杀而生出憎恨之心，但是后来他自己也变成树精骷髅皮拉团中的猫头鹰、老虎或鬼兽。

接着，我们要试着从心理学的观点来看待这个问题。我常看到自己的亲朋好友，或被分析者的家属突然死亡所带来的厄事效应，就这个信念来说，不知道除了心理投射之外，是否还存在客观基础。这个问题真的需要更进一步的解说，例如常常会发生这种现象：某个刚失去近亲的人，可能在几天后发生车祸。我们也许会以理性解释，说这个人在葬礼后身心疲惫所致，也或许会说那是死者将亲人拉进坟墓。没有人可以确切指出哪个才是真正的原因，但是就心理学的角度而言，的确可以看见死亡拉力的现象。我们无法指明这个拉力从何而来，但是它就在那儿，而在近亲死去之后，这变成一个清晰易见的现象。从理智上来看，可以说是原先被投注在关系上的心理力比多能量回到我们的自身，同时没有其他的出口。

当你失去某个与你生活非常亲密的人时，这种现象特别会发生；因为原先有着巨大的心理能量被投在你与那个人之间的相互适应及关系上，而突然间这一切都被切断了，如今能量回流到你身上，但是此时却无用武之地，任何没有驻扎标的的能量都非常容易带出危险的效果。这些力量让你变得无意识，它们造成人格分裂，直到新的适应对象及航道出现之后，事情才会好转。我确信事情就是这样，我们真真切切可见这一切是如何运作的，所有的细节都看得清清楚楚。如果你失去了某个跟你的生活有密切关系的人，当你早上醒来却一时忘了那个人已经过世了，你想要说："嘿，哈啰，早安！"但是那个人早就不在身边了！或是你想要告诉那个人你所经历的美好，但是你再也没办法告诉对方！如今你可以向谁说？你总会落入那个相同的可怕洞穴！凡是曾经失去挚爱的人，都会有过这种糟糕的经验，想要走向那个人，却掉入地面的黑洞里。如果这样的状况发生在不太具有意识觉知的人身上，他们会不知道到底发生了什么；如果他们的人格不够强壮，则可能进入解离，或者能量会流入不适合的对象上。在原始的社会里，甚至在我们的国家中也可看见，它可能接着会以不怀好心的暴怒形式出现，你会找寻替罪羔羊；你会想到这个人并不是自然死亡的，于是行使黑魔法，必须要找个替死鬼，才能满足心中的报复感。在现今的社会，它的表现可以是对医师的控诉，或是对于遗产分配的争执——并不是因为人们真的如此贪心，想要得到这件或那件地毯，或是去世父亲的所有物，而是因为他们必须要将这个他们不知道该往哪儿丢的过多能量发泄出来。因此他们必须要找个医师或护士，把他们视为恶魔；总之，总会有这些死亡之后的恶行到处流窜。想必这样的方式提供了部分解释。但是在被分析者的梦境素材中，这现象却总是以不同的方式得到阐释，人们认为这真的是死去的人所带出的灾祸。因此，是否要认同这个假说，则由你来决定。

注释

1. 原书注：*The Collected Works of C. G. Jung,* trans. R. F. C. Hull (Princeton, N.J.: Princeton University Press, 1957－1979), 10, chap. 6.
2. 译注：指灵魂中不死的核心本质。
3. 原书注：Ibid.
4. 原书注：Hedwig Boy é , *Menschen mit grossem Schatten* (Zurich: B ü chergilde Gutenberg,

1945).

5. 原书注：Konrad Lorenz, *On Aggression* (New York: Harcourt Brace and World, 1966).
6. 原书注：*Chinesische Märchen,* ed. Richard Wilhelm, *Die Märchen der Weltliteratur,* series published by Diederichs Verlag (Jena, 1919), no.48, "Der Rossberggeist" .
7. 原书注：*Indianer Märchen aus Sudamerika, Die Märchen der Weltliteratur,* series published by Diederichs Verlag (Jena, 1921), no.7, "Die Speerbeine" .
8. 编注：被冥王哈得斯绑架及强暴，强行拘留在冥界，后虽获救但被迫吃了冥界的石榴而每年须留在冥界四个月，成为冥后。

| 第七章 |

附身

在《飞矛腿》故事中，弟弟看着哥哥缓慢地被附身，且变得具有破坏性，接着弟弟动员其他村民除掉哥哥。以现代文学的角度，我们大可以从这样的素材写出一篇漂亮的小说或悲剧，彰显弟弟面对的极端责任冲突——他一方面想着过去对哥哥的情感依附与兄弟之爱，另一方面又必须顺应集体而摧毁这个凶狠的怪物。但是，我们在故事中完全没有看见这类冲突的描述！弟弟完全没有视之为问题。当哥哥被附身而变得全然邪恶时，弟弟全然正确地专注在如何从哥哥身边逃跑，否则他就会被哥哥杀了。弟弟后来要杀掉哥哥的时候，也没有任何冲突感，他就只是告诉村民要除掉这个被附身的杀人魔，而且还带着村民回到兄弟两人扎营的地方。由此可见，意识较高层次中针对动机及道德问题的觉知，以及责任的冲突，在这个故事所描述的层次上并没有带来任何悲剧；在这里，一切就只是就事论事。

在这个层次上，邪恶不仅仅显现为自然的恶魔，置身于树林间、白雪地、高山上或湖水里，它同时也可能源自亡者身上。为了证明这不仅仅限于南美洲印地安人，我接着要提供一个来自中国且类似的恐怖鬼故事，你可以从这个故事里看见相同事实的另一个面向。

据说诗人苏东坡喜欢说鬼故事，虽然他自己从没见过鬼。当时有另一个秀才元禅写了一篇文章争论世上并没有鬼。有一天，当元禅在写这篇文章时，另一个秀才前来拜访，并说：“自古就有关于神鬼的真实故事，你到底为什么要否认这些东西？”元禅接着试图从现代的推理来解释为什么世界上没有鬼，另一个秀才因此非常生气地说：“可是我就是个鬼！”说完这句话，他就变成一个绿脸红发的骇人恶魔，同时消失在地底下。没多久之后，元禅就死了。

这个故事是个前奏，好让你调整好正确的态度迎接下面的内容，因为下一则故事完全不一样，里头说世上有许多不同种类的鬼，其中最糟糕的就是吊死鬼。通常这些吊死鬼都是来自乡下贫穷家庭的女鬼，假若她们受婆婆虐待、受饥饿之苦或过度工作，她们就会心有不满。如果他们和妯娌姑嫂有口角或被丈夫斥责，对于身处的困境看不到任何出路，通常会在绝望的状态下结束自己的生命。她们可能喝毒药或投井，但多数是上吊而死，于是变成那些恐怖的鬼。父执辈们会说，自杀的女鬼通常会试图引诱其他女人，因为唯有如此，她们才能进入阴间地府投胎转世，再度进入轮回并重获生命。找到替代者之前，她们都必须要游走于生与死之间的阴阳界，这就是为什么她们必须引诱他人好替自己找寻替死鬼。

《吊死鬼》(*Spirits of the Hanged*)[1]

从前有个人通过从军应试后，正在进京应职的路上。此时正逢雨季，路途中他必须要经过许多泥泞湿道。他前进的速度很缓慢，到天黑时仍然没能抵达京城，因此必须要留宿途经的村落，但是村中只有几户贫穷的人家，没人能提供他借宿的地方。村民指引他前去附近的寺庙，让他带着驴子一起在庙里留宿一夜。

寺庙里的神像都残破不堪，根本无从辨识，而且四处尽是蜘蛛网及灰尘。他把驴子绑在一棵老树下，并喝了葫芦里的水。他从白天酷热的天气中得到舒缓，稍事休憩并且闭上眼睛睡着了。

突然间，他听见寺庙附近的树叶沙沙作响，同时有一阵凉风吹过他的脸颊（众所周知这是阴风吹起）。他看见一个女人从寺庙里偷溜出来，身上穿着老旧的红布衣，一脸苍白就仿佛是刚刷过白漆的墙面。女人小心翼翼地走过他身边，隐身不让他看见，但是这个勇敢的士兵动也不动地假装自己睡着了。他看见女人的袖口挂着一条绳索，立刻就明白这女人是个自杀的鬼，因此他偷偷起身跟踪那女人。

那女鬼走向贫穷村民的草屋，士兵通过窗子看见一个二十岁出头的女子坐在小孩的摇篮边，女子不时抚摸孩子并哭泣。接着，他看到女鬼坐在梁上，还不时摆弄她的绳索；女鬼将绳索缠绕在颈项，暗示年轻女子这是个解脱的方法。他听到女子对女鬼说："你说死了就一了百了！我会去死的，但是我不能弃我的孩子不顾。"说完又开始哭泣，而女鬼则边发笑边将绳索摆弄在女子面前。

最后年轻女子说："好吧！我下定决心了，我这就去死。"她打开橱柜门，穿上新衣裳并在镜子前化好妆。女子接着站上凳子，取下腰带绑在梁上。当女子将脖子靠上腰带并准备跳下时，士兵用力敲打窗户，最后还破窗跳入房内大叫，因而解救了这女子。女鬼就此消失，但是士兵看见绳索仍然垂挂在梁上，他旋即将绳索解下并且教训了年轻女子一番，要她别做傻事，应该好好照顾孩子，而且生命不能重来。说完这些话之后，士兵就回到寺庙里。

走到半路，女鬼突然出现在面前，女鬼对士兵行礼，并且有礼貌地说："多年来我一直在找替死鬼，好不容易在今天找到一个，却让你坏了事，但是对此我也别无选择，不过我在匆忙中遗留了一件东西，我相信那件东西就在你手上，可否请你还给我，没有那个东西，我就无法找到下一个替死鬼。”

但是，士兵只是让女鬼看一看那条绳索，说道：“东西的确就在这里，但是，如果我还给你，你会用来勒死其他人，我不能让你这么做。”因此，士兵把绳索缠绕在自己的手臂上，并说：“给我让开。”

女鬼听完盛怒不已，她满脸铁青，头发纠结缠绕在颈边，双眼血红，还从口中伸出长长的舌头。她伸长双手想要一把抓住这个士兵，士兵以拳头回击，但不知怎的却打到自己的鼻头上，鲜血直流。士兵随手抓起几滴血洒向女鬼，因为女鬼不喜欢人类的血，后退了几步，还放声诅咒士兵。双方激战持续到鸡鸣乍响，之后女鬼就消失不见了。

第二天，村民前来感谢士兵救了年轻女子一命。他们在寺庙中发现了士兵，当时士兵仍然对着空气拳打脚踢并放声咆哮。后来村民对士兵说话，士兵才说出事情的经过，他露出手臂上清晰可见的绳索痕迹，此时绳索已经渗入他的皮肉，形成了一个红色环圈。当太阳升起，士兵就跳上驴子上路进京了。

这就像是南美洲故事《旋转骷髅》一样，故事中显现自杀或他杀的后坐力。不只是那个被杀掉的男人骷髅变成恶鬼，根据这个故事，这种事会一代又一代地持续下去，因为一个自杀会触发另一个自杀。从心理学的角度来说，这是真真切切的，我们知道自杀是会传染的。在学校里，只要发生一次自杀事件，就会有连续的第二宗或第三宗，这是因为自杀所带出的破坏性感染效应，而这种效应或许也解释了为何死去的鬼魂会不断引诱他人寻死。

家族内的自杀也可能会持续数代。以意象的方式来看，我们可以说自杀身亡的祖父试图引诱他的孙子起而效尤；就这一点而言，这的确是场无止尽的杀戮，正如同在这则故事或其他故事中所描写的套索一般，会一代又一代地传下来，直到有个勇敢的人出现，也就是这个故事里的士兵——他介入其中，让这个毁坏的效应终止。故事中的鬼并没有表现出全然怪异的行径，她只是要将自己从阴阳界解救出来；在阴阳界的她既不能复活而重返人间，当然也无法进入阴间，我们稍后会再谈论有关这一点的心理意涵。首先，我想要再提供几个这类恐怖故事，之后我们才能进一步讨论其中的细节及分类。

接着，我要说一个南美洲印地安人的短篇故事，这个故事也带出了另一个母题：

《智取树精》(*The Outwitted Wood Spirit*)[2]

有一家人受邀前去参加酒宴，全家人都去了，只留下女儿一个人在家。在中午过后稍晚时分，一个久未见面的女孩来找她。女儿心中以为那个前来拜访的女孩是她的女性朋友黛儿(Daiadalla)，但事实上那是树精化身成她朋友的样貌，以此蒙骗取信。这两个女孩是非常要好的朋友，化身为黛儿的树精问女孩为何一个人在家。女孩解释说她不想参加宴会，于是树精就说要留下来过夜，与女孩做伴。

夜晚降临，两人听见蛙鸣声；因为两人都喜欢吃田鸡，女孩建议不妨去抓几只回来。

她们于是摸黑出门，每过一段时间就大声询问对方抓到多少青蛙。树精被问到时，回答说他抓了很多，可是一抓到就立刻吃下肚了。听到对方生吃动物，女孩吓坏了，心里多少明白了眼前这个伪装者的真实面目。因此，当树精又再度出声询问女孩抓到多少青蛙时，女孩回答说她抓了很多，但是她把青蛙都放在她的葫芦里。女孩接下来不断想着要如何安全脱身，她要树精安静不作声，因为说话的声音会把青蛙吓跑，事实上是因为女孩知道树精可以从她的声音来判断她身在何处。接着，女孩慢慢爬回家，不作声响地将家里的所有锅具翻倒过来。她将青蛙丢掉，并且爬上屋顶，等着看接下来发生的事情。

不久之后，树精因为得不到任何响应，惊觉自己被摆了一道，于是急急忙忙回到女孩家里。在摸黑之下，树精在锅具间跌跌撞撞，试图找出他的猎物。最后，他大声吆喝，声音清楚传到女孩耳中；树精说，如果早知道女孩想要逃跑，他会将女孩连同青蛙一起吃掉。

他极力找寻女孩，每个锅子都翻遍了，直到黎明破晓他才徒劳无功地离开。女孩后来从屋顶走下等候她的父母返家。父母回来后，女孩告诉他们树精化身成她朋友的样子前来家里拜访。父亲告诉她，下次当他们要女孩一起出门时，她就应该听话。

这个故事很重要，因为我们稍后将讨论的是，哪一种人，或哪一种行为，会吸引或邀请恶灵附身。不要误以为这种类型的故事只适用于中国或南美洲印第安人；这些故事是我随意选取的，因为我想要找寻的是某种普世皆有的故事类型，而不是某一个特定的故事。为了强调女孩因为没有参加宴会而暴露在树精的危险中，我接着要提供一个近似的欧洲文本，也就是格林童话中的《特鲁德夫人》（*Frau Trude*）这个故事。

《特鲁德夫人》（*Frau Trude*）[3]

从前有个小女孩，她个性倔强，充满好奇心，也相当莽撞，不听从父母的交代。有一天，她和父母说自己听闻许多关于特鲁德夫人的事迹，因此想要去看看她到底是何方神圣。人们说特鲁德夫人长得十分有趣又见多识广，家中有许多稀奇古怪的事物；女孩相当好奇，因此想一探究竟。女孩的父母亲制止女孩，说特鲁德夫人是干尽坏事的恶女人，甚至还说，如果女孩执意前去，就不再是他们家的孩子。但是女孩完全不理会父母所说的，仍然坚持前往。女孩抵达时，特鲁德夫人问女孩何以脸色如此苍白。

“喔，”女孩全身发抖说，“我被眼前所看见的吓坏了！”

“你看见了什么？”

“我看见阶梯上有个黑色的人。”

“那是烧炭夫，他在森林里烧炭。”

“我还看到一个绿色的人！”

“喔，那是猎人。”

“然后，我还看到一个血红的人！”

“那是屠夫！”

“喔！特鲁德夫人，我害怕得直发抖。我从窗子这头望过去，我没有看见你，反倒是看见一个顶着火头的恶魔！”

“哈！”特鲁德夫人说：“你看到的是巫婆的真实面貌！我等你很久了，现在该换你给我一些光亮了！”

接着，她把女孩变成一块木头，然后扔进火堆；木头被烧得火红时，她就着木头取暖，边说着：“这就亮起来了！”

由此可见，这并不只是南美洲的问题，这也是我们的问题，而这个故事暗示的是相同的特质，同时也引出了那样的灾难。接着我要让你看一个与《飞矛腿》相似的附身故事，这是一个冰岛的故事文本，标题中的“春特”（Trunt）是个名字。

《春特、春特，以及山里的怪》
（*Trunt, Trunt, and the Trolls in the Mountains*）[4]

从前有两个男人到山里采集药草。一天夜里，两人都躺在帐篷内，其中一个睡着了，另一个则躺在那儿醒着。醒着的男人看着睡着的那个走出帐篷，他跟踪睡着的那个，但是几乎跟不上那人的脚步，两人间的距离也越拉越大。睡着的那个朝着冰河走去，醒着的男人在冰河的顶端看见一个庞大的女巨人，她做了个手势，把手伸出来后再拉回胸口，如此一来，她就对睡着的那个施了巫术，将他吸引了过去。睡着的那个笔直走进女巨人的臂环，女巨人带着他离开了。（这部分就像《飞矛腿》故事里两兄弟之中的一个在树林中着魔了。）

一年之后，这个地区的人又回到相同的地方采集药草，而那个着魔的男人走向他们，安安静静地在一旁什么都不说，即使说了也是语带保留，大家几乎都没能从他口中问出只字片语。人们问他信奉什么，他说他信奉上帝。

来年，他再次出现在采集药草的人群中，但这一次他变得更像个怪物，大家都很害怕他。大家问他信奉什么，他没有回答，而且他这一次停留的时间也短了些。第三年，他再度出现，但是这一次他真的变成了山怪，看起来异常恐怖。其中一个村民鼓足勇气问他信奉什么，他说他相信春特、春特，以及山里的怪，然后他就消失不见了。那次之后，人们就再也没有看见过他，而接下来的许多年，也没有人胆敢再到相同的地方采集药草。

这是一个人被同化成为恶鬼的故事，跟《飞矛腿》的故事相似，唯一的不同在于男人并没有变成毁灭性的怪物，而只是成了一个山怪。他并没有像飞矛腿故事中的男人一样伤害其他村民。

如果我们进一步去探问这些原始故事展现的是哪一种邪恶，我们会看见有些故事中出现的是我们明确熟知的精怪，像是骷髅皮拉这类的山林精怪，它对猎人进行大规模屠杀之后，将猎人全数吃尽；有些故事则出现像是这个冰岛山中女巨人这样的精怪。这些都是民间传说中人们所熟知的角色，它们被称作恶灵，而它们在大自然中的栖身处所，对人类社群来说都是带些怪诞及危险的区域。住在海边的人们会有海怪，住在原始森林附近的人们会有森林精怪，而山里的人则会有山怪及冰河精怪。人们因此相信这些所谓的精怪不过就是自然邪恶的人格化表现，这也是你在文献学及人类文化学著作中确实会看见的论述。但是，我们应该要能洞察这只是表浅的断言。邪恶的原初形式与自然中的厄事是有关的，同时也与那些吞噬人的动物，或是森林、雪地，湖泊、山崩等带有毁灭性的天然力量有着密切关联；这是毋庸置疑的，但是它们并不单单只是这样。

还有另一种类型，人类受到如同恶魔般的自然力量同化，就像是飞矛腿故事中的那个人，以及变成山怪的男人——原本正常的人因为被邪恶附身，而慢慢被转化成具有毁灭性或邪魔性的东西。我认为这一点是非常重要的，因为如果你问我，在我的经验中我所知道最可怕的邪恶是什么，我会说最可怕的是被附身的现象。一个人最糟糕的经历，也是我人生中见过最糟的厄事，就是看着人们被这些邪恶原型所附身。

还有第三个密切相关的类别，那就是亡者的魂魄；这些人并没有变成邪恶，但却因为无辜枉死，所以在死后变成恶灵。这在某种程度上与被释放的能量有关，但部分也与死亡的神秘性有关。关于死亡，我们所知的并不比活在自然里的人来得多。

因幼稚的狂妄而被“那个”附身

如果你检视人们落入邪恶的状况，你就能看见所有故事里常见的共同特征。在许多情况下，喝酒多少在其中扮演了一个角色，因此对原始人类而言，要让自己敞开大门被邪恶附身，最简单且最容易的方式就是饮酒。另一点就是孤独，也就是孤单一人，与村民团体或他所属的部落团体分开。大部分进入这种冒险旅程的，都是孤单一人，或者两人一起进入树林中采集药草或到山中采拾，这都意味着人与自然的独处；又或者像故事中被树精缠上的女孩一样，单独在家。女孩只是不愿意参加酒宴，她并没有犯下任何其他的过错。在这个故事里，喝酒的效果正好反过来了。此处可见我们是如何陷入矛盾中。女孩想要自己一个人在家，这让树精有了想要来吃掉她的念头，因此假扮成女孩的朋友偷溜进入。

因此，孤单的人，特别是在大自然中孤单一人，就是对邪恶敞开大门，身处异地的时候也会这样。举例来说，先前故事中的士兵会落入鬼怪冒险，就是因为身处异地。他没有家人或族人在身边，身处在没有任何情感联结的人群中，也属于一种孤单。在特鲁德夫人的例子中，则是一种幼稚的好奇心，对邪恶欠缺一份尊敬，因而对邪恶敞开大门；那也似乎是个典型的特征。世界各地的许多故事中都有这种幼稚的大胆行径，但这并不是勇气。虽然看起来很勇敢，事实上并不是。这样的假勇气，其实出自欠缺觉察或欠缺尊重的幼稚胆量，是让人们突然涉入邪恶原型的常见特征。在山野传说中，这种幼稚的大胆作为通常会被称为亵渎（frevel）。

德文亵渎（frevel）与英文的轻佻（frivolou）隶属同一字源家族。两者有些细微的相同处，但是它的意涵不仅仅指涉轻佻的态度。在现代德文中，frevel 的意思是擅自进入，指逾越特定的行为通则，但不全然是与法律相关的，通常使用在捕猎相关的情境中。盗猎（jagdfrevel）是常用的字，意指违反捕猎的规则，像是射杀怀孕的母鹿，或在禁止捕猎的季节狩猎，又或者将动物射杀重伤却未击毙，甚至将受伤的动物放任不管。以上我们技术性地总结了"frevel"一词的意涵。

过去这个词的使用通常带有较多的宗教意涵，接近亵渎神明（逆天）的意义；例如，在教堂里吐痰之类的行为会被称作悖逆天理的行径（frevlerisch）。在更原始的情境中，"frevel"还意指越界，对于神圣的力量表现出逾越了尊敬的态度。瑞士乌里州（Canton of Uri）有个著名的故事说明了这一点。两个男人赶着牛群到高山上。瑞士有个常见的习俗，拥有牲口的个别农夫或各村落在山谷中都会有各自的山头（山区的放牧地）。夏季期间，农夫通常会两人一组赶着牲口在所属的山头停留整个夏天，而到了初雪降下时，他们又会再度赶着牲口下山过冬。有时候山头甚至还会分等级，例如高山、山腰区等。那是我们瑞士人赶集牲口的系统，通常是两三个男人上山，没有女人陪同。他们在山上过着孤寂且艰苦的生活。

在这个乌里的故事里，一起上山的是一个较年长的牲口赶集者，以及一个较年轻的男孩。为了保护牧牛人及牲口，他们必须在晚间出门对牲口及山头的四个方位祝祷，现在的瑞士农夫仍然维持这样的习俗；如此一来，上帝将会保护牲口、山头，以及上山的人。

有个晚上，牧牛人走出小屋四处查看，从山顶传来一个声音说道：“我该不该放掉那个？”牧牛人当时并没有展现本该有的畏惧，他回答说：“喔！你可以再撑一段时间！”接着什么都没发生。过了第二天，晚上时声音又再度出现：“我是不是该放掉那个了？”牧牛人回话说：“你可以再撑些时候！”但是男孩此刻觉得非常紧张，心想这不是个妥当的行径，而且异常危险，因此男孩便动身逃跑。接着，男孩突然听到山顶上的声音大喊着说：“我没办法再撑下去了！”在一阵可怕的吼叫声之后，整座山都崩塌了，牲口、小屋及年长的牧牛人都被埋在底下，而男孩只幸存于山谷边。

此处可见这个年长的牧牛人是个亵渎者。他的表现就是我所说的幼稚大胆，也就是他对山精的幼稚鲁莽。德国有一本很棒的书，名为《乌里之金环》（*Goldener Ring ü ber Uri*），这是由乌里当地的医师爱德华·伦纳（Eduard Renner）在这样的心境下所书写成的。[5]伦纳医师住在如此原始的国度，他必须待在瑞士山区里凄惨的环境中，协助当地人们的生死事宜；他在书中提到，如果你对瑞士山区的农民所知不多，你会误以为他们似乎是相当现代且开化的，但是一旦处在攸关生死的事件震荡之下，他们会突破心防将他们的真实感受及真实心态全盘告诉你，而这就是他书中试图要呈现的。我对于他所说的内容百分之百相信。从表面上看来，这些农民是天主教徒，但那只是薄薄的一层外衣；底下的态度则是全然史前的。对他们来说，自然是被那个无名的东西所赋予生命力的！瑞士山中的牧牛人甚至比南美洲印第安人来得更原始，因为他们没有骷髅皮拉这样一个明确而且具有清楚的形象及名讳的神灵；他们谈论的，是“那个”。

由此可见，人们称呼的是“那个”，“我是不是应该放掉那个？”——“那个”原先撑住山岩后来却松手的到底是谁？伦纳以许多故事来深化这一点，而更奇特的是，“那个”时好时坏、时而中性。它有时候表现得像个人类，但有时候则是完全非人类的，没有人知道它到底是什么样子，它只是展现作为——它可以让山在你面前崩落。

还有另一个故事提到，如果你在乌里州的塞利斯贝格市（Seelisberg），当你走到山峦转弯处，那里会是“那个”喜欢坐镇同时带走牲口的地方；如果它如此做，看在上帝的分上，请你不要惊慌，因为一旦你惊慌失措，牲口就会掉入深渊，或者你会走路拐到而断腿。当下唯一能做的，就是拿着你的牛鞭或是短枝叫唤你的牲口，仿佛牛群仍然在那儿，当你走到下一个转弯处，牲口就在那儿！“那个”需要相当特别的应对方式，你绝不能受到它的影响，你不能惊惶失措，但是你也不能够抱持轻佻大胆的态度去亵渎它。任何形式的亵渎都会让它变得恶劣且具有毁灭性。因此，它不太是邪恶概念的确切人格化显现，它甚至可说是更原始的；它是那个怪诞的东西，时而好时而坏。不过，无论是特鲁德夫人的故事，或这个牧牛人的态度，表现的都是相同的事物：绝不能存有幼稚的胆大妄为。我不认为我还需要提出心理的诠释，因为只要你对于生命有一些体验，你就知道这仍是现代人被附身且落入邪恶的方式。

这些行为准则及现象仍然存在于现代，而且还全然有效。我在分析过程中会感到糟糕的时刻，就是当我在被分析者身上看见他对邪恶表现出幼稚、大胆的好奇心。被分析者可能会说："喔，我喜欢去有杀人犯出没的地方。"或是说："我喜欢对这女人做试验。我知道她是个邪恶的女人，但是我必须要有些生命的体验，我要和她上床，我必须要探索！"如果你的探索是出于你自己，也就是说，如果真有个原因，或如果你的梦告诉你必须要做这件事，那么这就没问题，因为你可以说这是你自己的邪恶，这是你自己带在身上的邪恶深渊，你早晚要面对它。但是当你将某种轻佻的态度行动外化，或者是当你只是出于智性的好奇心，只是想要发现里头有些什么，同时对于这类现象的感染力及破坏力欠缺尊重，那么你就会让人感到浑身不自在。

我曾经有个极为智性的被分析者，他爱上一个漂亮但患上严重精神症的女孩。他与女孩的关系涉入甚深，还总说自己打算娶那女孩。我承受极大的痛苦，挣扎着是否应该警告他；毕竟，决定要与有精神症的女孩结婚，那或许就是他的命运，但肯定的是，这绝不会是件幸福美事。因此，我心里交战着如何、何时以及是否该给予警告。后来，他梦见女孩明白地告诉了他病情，但是这段谈话似乎没有效果。最后，我带着冷冰冰的双手及涨红的脸，下定决心要清楚表明我的良知。我告诉他："现在，听好，说句实话，我认为某某有严重的精神症。"我以为那会给他一记震撼弹，而且可能会破坏我们的关系，但是他听完后平静地回答："喔！对啊，我老早就知道了！"接着就告诉我他的梦境。他显然并不理解智性之外的其他事情。他读了一些精神科相关的书籍，也为那女人贴上精神症的标签，但是他并不清楚那到底意味着什么；他不知道那句话所承载的情绪重量，就仿佛那位去见特鲁德夫人的女孩。

现代社会中智性的人们常会展现这样的态度，同样，我们也会在原始人及年轻人身上看见。就成人来说，通常会出现在智性的人身上；一旦讨论道德及感觉相关的问题，他们就变得幼稚，而只要面对跟道德、感觉或关系有关的问题时，他们就像是婴孩一样。他们的行径与特鲁德夫人故事中的女孩如出一辙，在不知情的状况下步入最可怕的邪恶，却完全不知道自己正在做什么。

被卷入单一的情感模式，成了一颗滚动的脑袋

接下来我们要讨论的是，邪恶的各种人格化所展现的样貌。丹麦极地探险家克努兹·拉斯马森（Knud Rasmussen）写了一本书谈格陵兰当地的传说[6]，其中有因纽特人绘制的邪恶与半邪恶神灵，以及各种像是南美洲的骷髅皮拉以及撑住山岳的“那个”之类的鬼怪。那些图片是因纽特人针对各类神灵的绘图，而我认为那是最具启发性的。其中的一张图是巨大的冰熊，被称为海之熊，它有时候会把船翻覆以摧毁人类。它必然就是自然力量的人格化，因此证实了许多人所持的理论，认为人们只会将自然中的邪恶以这样的形式加以人格化。我并不否定这样的理论，但是我认为这并不是全貌。自然的邪恶力量对人类来说就是邪恶，它令人不悦，也破坏人们的生活，它属于邪恶的原型经验：饥饿、寒冷、祝融、山崩以及雪崩、暴风雪、溺毙、海上风暴、在森林中迷失、巨大的敌对动物、北国的冰熊、非洲的狮子或鳄鱼，等等。

这些都可以是邪恶的象征或人格化。但是让人惊讶的是，人类有强烈的倾向将这些生物以半人、半非人的方式呈现。例如，有个巨人是由石块构成的，它能压碎所有东西，可是外貌却是个人形。另一个魔鬼则是一只狗，长着一个让人看了就讨厌的人头。还有许多种不同的混合形象，如半人半兽，或畸形的人类外形。有个恶灵特别瘦，而人们说是它身上的邪恶让它长成那副模样。

进行关于恶灵的比较研究中，我们常会发现残疾的生物，它们只有上半身是人类，或者它们除了一个滚动的头颅以外就什么也没了，又或者是某种不需要双脚就能走路的东西，或是没有双手，或是以一只脚到处弹跳。各式各样的形貌，我们无可避免地必须使用“思觉失调”一词——这些魔鬼的样貌所展现的就是思觉失调的扭曲。这也带出民族学家广为流传的一个理论：恶灵是思觉失调个体的幻想产物，这些个体就是部落里能够看见且能够处理恶灵的人，像是巫医及萨满——部落里的精神症个体，以他们的精神病幻想恐吓族人。

曾经治疗过精神症病患的人都会知道，这是相当真确的。如果你让他们画出缠住他们的恶魔，他们会画出相当接近于那些因纽特人画给拉斯姆森看的图像。但是从我们的观点来看，这个解释其实应该是反过来的。许多消失进入精神症发作的人，或是生活在慢性精神症症状下的人，会同时消失在原型经验以及原型的邪恶表现之中。过去的人们可能会直白地说他们惹上了邪恶。如果这些人画出那样的恶灵，则恶灵的扭曲表现并不是来自思觉失调症，而是恶灵一直以来就是那个样子。在邪恶的原型经验中，邪恶被视为残疾的人类，或被视为扭曲的事物，我认为我们应该从象征性的角度来了解这一点，看见其中对于人类心理事实的投射，也就是说，邪恶带出了人们受到偏颇思维的扫荡，亦即被单一行为模式所扫荡。

所有动物的生命，即便是处在演化早期的生物，都是受到行为学家所谓的模式所塑型的，也就是特定的打斗、求爱、护幼、交配等模式。这些模式在每个物种都不同，而在动物的阶层中，这样的模式就已经有可能会相互抵触或产生混乱。我们可以在某种鱼类的常态行为中看见这一点，举例来说，雄性刺鱼的性行为与侵略性是紧密联结的。刺鱼极为短视，当一只雄性鱼看见另一只小鱼靠近，它就会落入侵略性的打斗模式，而如果它后来发现那是一条雌性鱼，那就会没事，还会和母鱼交配。可是，如果它看见一条较大的鱼，就会落入畏惧的状态，全身发白并表现逃跑的行为。即便接下来它辨认出那是只美丽的雌性刺鱼，也完全无法与之交配，因为它已经启动了逃跑的行为模式。因此，在刺鱼世界中，只能是体型较大的公鱼跟较小的母鱼交配，反过来的状况则不行。

在某种程度上，这种情况也仍然发生在人类的层次；假若男人对女人感到害怕，他就显得性无能——他早已“脸色发白”，因此也不能再有什么作为！对女人来说则相反，女人可以将发白且逃跑的模式与交配相结合。但是，一旦女人感到自己有侵略性，处在阿尼姆斯的状态中，那么就不可能有爱了。

因此，有时候行为模式会交互影响，不同的模式之间会非常接近，但又相互抵触，或是让动物一旦无法调适就会陷入困境。虽然这样的模式是自然注定的，为的是让动物适应生活情境的改变，但有时候会反过来出差错，并且相互抵触。如果人类试图干涉自然，我们可以让动物产生冲突，同时将它们的行为模式转变为可笑的形式。因此，即便是在动物的层级中，仍然存在冲突——这里指的是“冲突”一词的字面意义，也就是两种行为模式相互摩擦或相互冲撞。举例来说，如果你张开双臂靠近一只正在孵蛋的母鸡，你可以看见它是如何落入冲突的状态。一方面它会想要逃开不让人类碰触，但是它的母性却让它继续孵蛋，它会变得越来越紧张。突然间，它要不是让逃跑行为崩解，然后容忍人类的碰触，就是发出尖锐叫声突然飞走，显示逃跑模式胜出而放弃了母性的本能。但是，这两种状况中间有一个悬而未决的时刻，你不知道哪一方会胜出。

因此，即便在动物层级，行为模式也并非完美调节的，并没有一个中央办公室在调控不同行为之间的切换。甚至有可能是基于这样的原因，大自然创造了较高层级的意识作为中控室，以避免动物层次中这种欠缺适应性的现象。但是无论理由为何，人类也显示了与动物相同的特征，女人会落入自保及保护孩子之间的冲突，这完全跟母鸡的情况相同，而我们也不断落入其他行为模式相互抵触的生活情境。

因此，当某人全然陷入偏颇的行为模式时，可以说他的适应力就被打乱了。特定的动物，或许因为它们在成长过程中的早期铭印，会过度使用某一种模式，有些公鹿或狼会反常地具有侵略性，在所属的族群中造成巨大骚动。通常它们会因此而早夭。所以，完全陷在某种行为模式之中，总会带来一定的危险性。在我们当今所处的文明中，野生动物如鹿及狐狸，对人类有相当良好而且颇聪明的适应力，它们会用尽一切方法试图避开人类；但是，假使有只公鹿陷入性的热情，它会无法控制自己而跑到猎人的枪口前。我们可能会看到这类案例：一只公鹿冲过猎人，将他手中的枪撞飞。以拟人化的语言来说，这只公鹿无视于任何危险，因为此时它已经被性的激动席卷。或者是当母猫生下小猫后，它甚至会攻击最大型的德国狼犬，还可能因此送命；母猫此时已经被扫入它的母性本能之中，失去了任何其他“合理的”反应。

这或许是人类内在的自然基础，因为人类也倾向于被卷入某种行为模式，也就是原型模式，因而衍生出各式情感及幻想。如同动物的生命，只要有任何人被这些模式所战胜，我们就会说他被附身了。无论是对我们，或对原始社会的人而言，被附身都是一样糟糕的，因为附身代表被卷入了个人内在各种可能旋律中的其中一个音调，而这本身就有许多邪恶在其中。现在你应该可以清楚看见为什么我们会与自然中的纯粹邪恶连上，也看到了这个联结如何发生；因为一旦你被某种情感狂扫而过，结果就完全像是山崩一样，只是这个山崩发生于内在而不是外在。情感巨石从你身上滚过，你完全被打败了，其他的理智、关联性或是行为模式全都不见了。

在分析过程中，因为被卷入病态的怒意而处于困境的人，可能会梦到山崩或雪崩，无意识在此处倾向于使用象征性的意象来预示一场内在而非外在的山崩，人格内在原本建立的文化行为被山崩所全面遮盖，同时遭受到单一行为模式的扫荡；这个单一行为模式可能是侵略性或恐惧之类的，由一个强大的原始反应所驱动，你可以说它是纯天然的。因此，我们不会否认自然中的恶灵不仅仅与自然厄事有关，也与我们内在包含相同现象的纯粹本性有关。如果你从这个角度来看邪恶，则惯常以残疾生物的意象来表征邪恶，就显得相当贴切，因为其中暗示了扭曲偏颇的人类本性——就只剩下一只脚。举例来说，如果你对妻子的怒气强大到让你动手打她，那么你就是正在以一只脚行走；你只记得你的愤怒，而忘了你也爱她。你已忘了对立面，也就是说，忘记了你行为的另一面。你以“单脚”行事，以“残疾”行事，被卷入了偏颇的一时情感，因此只剩一只脚，或成了一颗滚动的脑袋。

许多现代科学家就像是到处滚动的脑袋，没有心，也没有正常的人类反应。这是针对这种心理偏颇的贴切图像表征，而将他们类比为精神症的说辞，也因此说得通了；因为在我们的定义中，所谓的思觉失调症意味着深度解离而进入无意识人格的情结中。因此，这些人所画出的图画会近似于因纽特人、南美洲印第安人或其他原始人类所画出的恶灵图像。这些不是异常的图画，反而是邪恶的正常原始描绘。假若思觉失调症者画出这样的恶魔，他是为了表达这个东西缠上了他，而他被这个东西虏获了。

孤单招致邪恶附身

接下来我们要进入另一个问题；我之所以谈论邪恶，焦点并不在于人们该如何因应邪恶。因此，我要把这个有点偏离的讨论，带回行为的问题上。首先，我想要评论的母题是孤单。

我们可能会问，到底是物理上的孤单，还是精神与心理上的孤单，才会迎来邪恶附身。从我个人的观点而言，两者都是。在我之前谈过的故事中，主要表现的是物理上的孤单，例如主角只身一人在林中或山间；然而，尽管我们的时代人口已过度扩张，住在城市里十层高楼中的人们，可能就跟亚马孙丛林中的人一样孤单。那是心理上的孤单，但某种程度上来说也是物理的孤单。撒哈拉沙漠里的阿拉伯人说，男人绝不能接近在沙漠边缘独居的女人，因为她必定有个秘密的爱人，那就是精灵，是沙漠里的神灵。这也同样是孤单的母题。另一方面，在基督教及佛教传统中，孤单却是那些致力于求道，或寻求更高精神及宗教意识发展的人们所追寻的。如果将这一点纳入考虑，你可以说孤单引来冥界力量，无论是善或恶的力量。从自然的角度所作的解释是：原先惯常用来与个人周遭建立联结的能量回流，并激起了无意识，填满了心灵的无意识部分；因此，假若孤单的状况维持很长的一段时间，个体的无意识就会被激起，接着个体会落入可能是好也可能是坏的状况——要不是被邪恶附身，就是达到更高层次的内在实现。根据那些过去致力于求圣道的人们所言，一旦进入这样的内倾状态，你首先会受到邪恶的攻击，因为这个能量一开始会先强化无意识内的自动化情结。这些情结变得更强烈，在你能够对它有所因应之前，孤单所带来的果实不会是正面的，而是让你落入与成千上万的邪恶征战。

我自己也曾经有过这样的尝试。读到荣格书中写着沙漠中的圣人发现隔离可以强化无意识，我心想必定要亲自试试！那是我的好奇心表现，也正是我先前警告你必须要避免的！在我年轻的时候，很自然就真的尝试了，把自己关在冰天雪地的山间小屋。那段期间我非常开心，因为我一整天都忙于烹饪，以及想着接下来该做些什么吃，这样的行为模式让我避免被其他邪恶缠上。我天性内倾，只要我在一天当中能进城一次，在买些面包牛奶的时候与其他人谈谈天气，对我来说就相当足够让我保持平衡，因此，这样的尝试全无效果！接着我为了强化治疗，决定装备好所有需要的东西，如此一来我就不需要再进城了。但是我仍然四处滑雪，因此我的治疗也停住了。最后我强迫自己，只带着一只笔和一些纸张，好让我能写下梦境及可能的幻想，我就坐在那儿一整天什么也不做，烹饪时也只煮些能够快速料理的无趣食物，像是西红柿酱汁面之类的，因此煮饭不会耗去我所有的能量；在这项尝试之后，我第一个经验到的就是时间变得漫长！漫长得像地狱一般！我盯着表，表上显示十点钟。我坐着听鸟叫声以及屋顶上滴落的雪水，心想我已经坐了永恒无尽的时辰，但是事实上表上的时间只来到十点三十分，根本还没到要煮西红柿酱汁面的时间，就这样无止境地持续下去。这相当有趣，因为我曾经有个病人在苏黎士大学的精神病院（Burghölzli）有一次急性的精神症发作，她在进入精神病院的第一天就有着完全相同的体验——时间拖得漫长，每分每秒感觉就像是永恒无尽般。情况变得越来越糟糕，但是我仍然坚持下去。接下来，无意识就变得活化起来，因为我的心思开始漫游，有时候会出现强盗侵入小屋的念头，特别是想象强盗进入小屋找寻武器或左轮手枪，抑或者想象仍然穿着犯人服的逃犯想要找件得体的服饰。这些幻想完全缠上我，我当时没能察觉这些正是我要寻找的体验，我完全落入惊恐不已的感觉。我把伐木的斧头放在床边，睁大眼躺在床上，假想逃犯闯进来的话我是否有勇气打下他的头，因此我完全无法入睡。接着，我需要去上厕所，但是厕所在外面树林的雪地里。在深夜中，我套上雪裤走过雪地，突然间身后有件东西掉落，我拔腿就跑，还跌得狗吃屎，最后喘着大气回来，结果发现那不过就是从树上掉落的雪块罢了，但是我的心狂跳不已。虽然床边有斧头，我还是无法入睡。

第二天早上，我心想已经受够了，我必须回家，但是我接着再细想："可是，这正是我在找寻的啊！"那些正是我想要亲眼见一见的恶魔，因此，现在我该做的就是和这个窃贼进行积极想象。我坐下来，然后就看见窃贼进入屋内；与他接触之后，我的恐慌就消失了。在那之后，我又再待了两个星期，期间我把斧头放回原处，甚至不再锁门。我有份全然的安全感，但是之后每当有内在意象再度浮现，我就会写下，并且以积极想象来处理，这让我得到全然的平静。我甚至可以在小屋里再多停留数周也不会有任何困难。然而，起初因为无法以积极想象的方式与之因应，我差点就落入被附身的状况。我当时真是够笨的，虽然我略懂荣格心理学，但是却不能看清这个窃贼其实是侵入个人领土的阿尼姆斯，我完全被吓坏了，还以为是真的罪犯在夜间闯入。

那次的经验教导了我，孤单会将无意识中所有的事物累积汇聚，如果你不知道要如何因应，它首先会以投射的形式出现。在我个人的例子中，它被投射成为罪犯的念头；假设我隶属于仍然相信恶魔的文明层级，我会以为骷髅皮拉要来了，或是山上的"那个"要把雪倾倒在我身上。我应该会以那一类名字称呼它，但是因为我比较现代，因此我称它为逃犯。然而，那东西的本质是完全相同的。大部分的人不能长时间忍受这样的情况，他们需要另一个人做伴，以保护自身对抗"那个"。

伦纳在他的书《乌里之金环》中清楚地解释，单独住在大自然的人，必须不断在四周画出仪式性的金环，那是一个曼陀罗的图形；他们可以通过向地平线的四方位祷告呼唤，或通过在圆圈内传送祷告过山头，又或者是借由做出圆圈的手势，以画出金环。（在瑞士，我们也有在空中摆动瑞士国旗画圆圈的动作。）如果你不懂这些仪式性的护佑手法，你就不能单独在大自然中生活。它必定会找上你，因此你需要“环界”，或至少需要有自身的对象围绕在四周。

我们这里山上的牧牛人相信，当冬季无人待在山中草屋时——我们这里所有的山间小屋都是这样的——“那个”就会再度占据小屋。无意识及大自然会侵入。假若你在春天回到小屋，在占据小屋为己有之前，必须以特定的宗教仪式为小屋驱邪。你不能直接就搬进小屋。如果你曾经在冬天过后住进度假别庄，就会知道那是什么感觉——锅盖可能会掉落你身上、你可能会撞上蜘蛛网、床铺冷冰冰的；而你第二天早上醒来时可能会关节疼痛。你觉得自己似乎与千万恶魔奋战，直到你在这个生存范围内再度安顿好自己。因此，你需要人类，以及你身边心爱的物品，作为保护环界。

在这里，我要针对现代医院的精神科治疗做出侧面抨击。打着预防入院病人自杀的这个糟糕理由，在瑞士及美国境内几乎所有的精神病院中，病人的所有私人物品在入院时都会被拿走。病床旁不允许摆放妈妈的照片、心爱的人写来的信件，或自己的袋子，甚至连脏手帕都不行，但人们通常喜欢自己身边有这些小东西。我一再从病患那儿听到，当那些东西被强迫拿走的当下，他们有多么挫败，就好像那是最后的结局，他们觉得完全失了方寸，赤身裸体地被奉送给邪恶的力量，而自己也放弃与邪恶奋战。这就仿佛是最后的一方堡垒也被夺走了。为什么精神科医师至今都没能觉察这一点？你当然需要拿走刀子、手枪或者那些他们真的能用来自杀的东西，但是应该给他们留下手帕这类他们根本不可能用来自杀的小东西，只要那么一点点的“黄金环界”，就能让他们在身旁留下些许带有情感关系的事物，也就是那些属于他们的事物。原始人不仅与人类链接，同时也与对象相链接。这样的对象在个体四周形成环界，保护个体免于全然暴露在超个人及无意识的恐怖力量之中。既然思觉失调病患抱怨自己被恶魔及邪恶所缠身，而且他们早已因为自己的不当行为而切断了所有的人类关系，那么，为什么不让他们至少还保有那个小小的对象在身边？

孤单还能通过另一个方式吸引邪恶：如果你独自一人居住，而且长时间远离人类社群，那么整个部落，也就是其他人，会将他们的阴影面投射在你的身上，而你无从矫正。举例来说，我常常在放完长假回来后，发现我的被分析者已缓慢地织出一张心网，里面尽是一些关于我的负面想法，这些想法真的让人傻眼。这就是法国人所说的“缺席的那个总是错的”（Les absents ont toujours tort）。他们以为我做了各种事，但是当他们再次看见我时，他们会说：“天知道我怎么会相信那些事？现在我们又在一起了，我几乎无法相信我竟然会对你生出那样的念头。”真实的人性温暖接触，会让那些投射的云朵烟消云散，但假若个体离开很长的一段时间，情感与感觉的牵系松散了，人们就会开始投射。

因此，独居的人不仅吸引了他们自身受到无意识激起的本性邪恶，他们也吸引了投射。这就是为什么孤单的人常被认为是怪异的；一旦发生任何不测，村民会倾向于认定他们是肇事者。当孤独个体再度加入社群，他可以提出争辩、反击，或解释个人的行为，因此能让那些乌云消退。抑或者，当你做了什么不寻常的举动，人们会对你做出最荒诞的负面解读；但是假若此时你进入旅店跟那些人一起几杯黄汤下肚，他们就会开始揶揄你，这时候你只要给出一个解释，一切就都没事了。可是，当人们无法了解时，他们就会投射自身的邪恶。

这些基本常见的人类经验，是你必须要牢记在心的，因为这些都与邪恶的问题密切相关。你可以清楚看见孤单如何将个体划分于社群之外，在过往的时代或是在原始社会中更是如此。陌生人是错的、是危险的，他身上带着疾厄、谋杀、死亡及干扰人类关系的氛围，因此必须做好各种预防措施，小心谨慎地与之接触。

注释

1. 原书注：*Chinesische Volksmärchen, Die Märchen der Weltliteratur*, series published by Diederichs Verlag (Jena, 1919), no. 66, “Die Geister der Erhängten” .
2. 原书注：*Indianer Märchen aus S ü damerika, Die Märchen der Weltliteratur,* series published by Diederichs Verlag (Jena, 1921), no. 20, “Der ü berlistete Waldgeist” .
3. 原书注：*The complete Grimms Fairy Tales* (New York: Pantheon Books, 1972), pp. 208ff.
4. 原书注：*Isländische Volksmärchen, Die Märchen der Weltliteratur,* series published by Diederichs Verlag (Jena, 1923), no. 37, “Trunt, Trunt und die Trolle in den Bergen” .
5. 原书注：Eduard Renner, *Goldener Ring über* Uri, Neuchatel–Zurich: Müller, 1954), P. 193.
6. 原书注：Knud Rasmussen, *Thulefahrt,* ed. Friedrich Sieburg (Frankfurt, 1926), pp. 239–53.

| 第八章 |

禁忌

孤单情境以外的其他原初情境也值得注意。在骷髅皮拉吃掉所有猎人的故事中，猎人们有着异常的好运气，他们的营帐里装满捕获的猿猴。第二天，他们又再度出外打猎，但是当天晚上，骷髅皮拉以及他的野蛮动物们就前来吃掉猎人。这似乎暗示着猎人们因为杀了太多动物而惹毛身为林中老大的骷髅皮拉。虽然故事并没有说得太清楚，然而，当人类眼中的好运气已经过了头，异于寻常且超越了自然的限制，猎人们也许就会招引邪恶。他们可能因为好运气而暗地里自我膨胀，或者说得简单一点，他们从林中老大那儿拿走太多，以致惹毛了它。这一点都不让人感到惊讶，因为多数原始社会中都有特定的狩猎规则，每一次狩猎都不能猎杀过多动物。社会中存在一些禁忌。假使你不想打乱自然界万事万物的平衡而招引邪恶上身，或不想激怒那些保护动物的神灵而引发报复，你就必须放走一些动物。

如今人类已经有所警觉：我们确实有能力打乱周遭环境的生物性平衡，因而招引邪恶反应。我们也开始意识到人类已经惹毛了骷髅皮拉，而且严重程度足以让我们所有人的骨头在不久后就会被击碎。我们污染水源，因而摧毁了动物及自然的生物平衡。这些似乎根源于相当早期的人类社会。

当人类开始使用武器，就相当于开始运用非法的手段。人类不再以对等及公平的方式与动物征战。人类当初必定起了内疚，感觉自己必须谨慎，并且要放了特定的动物。例如，古代中国有这样的狩猎规则：人类可以从地面的三方围捕动物，但是必须保留第四个方位让动物逃生；如果动物的时辰未到，上帝就会引领它们逃往正确的方向。我从报纸上得知瑞士政府也制定了相同的规则。当人们群体狩猎时，会有人负责把动物从树丛中赶出来，而地平面上四方位的其中一方必须是开放的，好让部分动物逃脱；你不能够圈住它们并且屠杀殆尽。瑞士以这项新定的打猎规则回归古老中国的习俗，或许当局并不知情，因为这不过就是自然的智慧。

由此可见，我所讨论的是民间传说领域中的邪恶问题，那并不是带有区辨性或属于独特宗教的邪恶问题。我们在这个层次上所称的邪恶，归于纯粹自然现象的领域，并不等同于神学思维的层次。这在心理学上是极为重要的，因为人们面对邪恶相关的问题时，有九成的案例是在处理心理层次的自然邪恶，只有极少见的情况必须处理绝对或更根深蒂固的邪恶现象；我觉得我这么说并不会过度乐观。八成或八成五的现象就只是骷髅皮拉、特鲁德夫人之类的原型意象，它们仍然存在于我们的心理本性中。

因此童话就显得异常重要。在童话中我们得以发现行为的准则，告诉我们该如何处理这些事物。通常这都不是尖锐的道德议题，关乎的是找寻自然智慧的解决方式。但这并不表示这些力量不会在某些时候带来极度的危险。

我想要更具体地说明人们遇上这些力量时所持守的态度。我们可以从之前的讨论中看见，不破坏禁忌、不逾越部落的规则，似乎是避免邪恶的常见方式之一。但是为了更精确说明，我要提供一则俄罗斯童话《美丽的瓦西里萨》（*Vasilisa the Beautiful*），这是比《特鲁德夫人》更详细阐述的平行文本；但不同的是，这个故事中的女孩最后并没有被吃掉，而是找到了脱困的方法。

《美丽的瓦西里萨》(*Vasilisa the Beautiful*)[1]

很久以前，在遥远的国度有位商人及他的妻子。两人只有一个女儿，名叫美丽的瓦西里萨（在俄国，瓦西里萨这个名字意指皇后，但是在这个故事里只是一般的名字）。女孩八岁那年，母亲对女孩说自己所剩时日不多，但是她会给瓦西里萨留下她身为母亲的祝福，以及一个布娃娃。母亲要瓦西里萨时时刻刻将布娃娃带在身边，不能让其他人看见；当瓦西里萨遇上麻烦时，母亲要瓦西里萨征询布娃娃的意见。说完这些话之后，商人的妻子就过世了。

后来，商人与一个寡妇结婚，寡妇还带着两个跟瓦西里萨差不多年纪的孩子。继母慢慢地变得对瓦西里萨充满敌意，但是布娃娃总能给予瓦西里萨安慰。

有一天，商人必须离家很长的一段时间。商人不在家时，继母与三个女儿搬进另一个房子里，房子坐落在原始森林附近，那儿的空地上还住着芭芭雅嘎（Baba Yage，俄罗斯童话里的大巫婆）。没有人得以接近芭芭雅嘎，无论是谁落入她的手中，都会如同小鸡一样被吃掉。这样的情况正中了继母的如意算盘，因为她希望瓦西里萨有一天会误闯芭芭雅嘎的小径。一天傍晚，继母拿了烛火给三个女儿，分别命令她们刺绣、编织及纺纱，交代完之后，继母就离开她们去睡了。蜡烛烧尽时，其中一个女孩拿起她的棒针去清灯芯，但是她故意将烛火弄熄。接着，她说这不打紧，因为她不需要烛光也能刺绣，另一个说她不需要烛光也能编织，但是两个女孩对瓦西里萨说：“可是，你必须去芭芭雅嘎（Baba Yaga）那里取火，我们才能有灯光可用。”说完就将瓦西里萨推出房外。瓦西里萨回到自己的房间问布娃娃该怎么办，布娃娃要她别害怕，勇敢前去姊妹们要她去的地方，同时提醒瓦西里萨把布娃娃带在身上，因为它能给瓦西里萨帮上忙。

瓦西里萨在黑夜中出发，路上遇见一个穿着白衣的骑士，坐在一匹罩着白布的骏马上，而就在骑士经过瓦西里萨身旁时，天就破晓了。过了一会儿，她遇见第二个骑士，全身穿着红衣，骑在一匹罩着红布的马上，就在那一刻，太阳升起了。走过黑夜之后，瓦西里萨接着又走了一整天。傍晚时分，她抵达芭芭雅嘎房舍所在的地方。房子的四周是人骨围起的篱笆，上头还架着骷髅，门闩是手臂的骨头做成的，门锁则是骷髅的嘴，露出长长的牙齿。瓦西里萨被这景象吓坏了，她站在那里几乎要昏倒，但仿若被钉在地面上。突然间，一个黑衣骑士骑着一匹黑马飞奔而过，此时天空转为黑夜；但是黑暗并未持续太久，围篱上所有骷髅头的眼睛都开始发出光亮，整个空地明亮得宛若白天一般。瓦西里萨站在那儿吓得直发抖。不久之后，她就听见一阵神秘的哼唱声响，树林也开始沙沙作响，芭芭雅嘎正从树林中走出来。她端坐在臼上并且以杵滚动前行，凡是她走过的地方都会有一把扫帚扫去她的行迹。抵达门前时，她闻闻四周的空气后说道：“恶！闻起来像是俄国人！是谁在那儿？”

瓦西里萨走上前，躬身说：“是我，老婆婆。我的继姊妹派我来跟您借火。”

“很好！”芭芭雅嘎说，“我知道她们，你在这里等一会，待会你就能拿到火。”

她说了一些魔法咒语，门就开了。芭芭雅嘎走进中庭，身后的门也旋即关上。她接着使唤女孩一番，要瓦西里萨去拿食物、热炉子，她吃了许多，只留所剩无几的菜汤及面包屑给瓦西里萨。然后，她就躺下去睡了，但是交代瓦西里萨第二天早上在她出门后，必须打扫院子及房子、煮好午餐、洗好衣服，并且要将发霉的玉米从良好的谷子中挑出。这所有的工作都要在芭芭雅嘎回来前完成，否则她就会吃了瓦西里萨。

女孩向她的布娃娃请教，布娃娃要她别害怕，要瓦西里萨吃完晚餐、做完祷告后就上床睡觉，因为“早晨比夜晚更能明察秋毫”。

第二天早上，瓦西里萨起床后看向窗外，骷髅头的双眼都闭上了。当白骑士骑过窗前，白昼开启。芭芭雅嘎早已出门，而瓦西里萨走遍整个房子，欣赏里面的所有宝物。接着，她心想自己该从哪件工作开始做起，但是所有的工作都让布娃娃给完成了，布娃娃现在正从白玉米谷中挑出最后的一颗黑玉米。

芭芭雅嘎在傍晚时分回来时，发现每件事都完成了，她因为完全挑不出丁点错误而气愤不已。接着，一件非常奇怪的事情发生，她大叫：“我忠心的仆人们，为我研磨玉米！”同时，有三双骷髅手出现，把玉米拿走了。

她又给瓦西里萨下了第二天的指令，要瓦西里萨做与前一天相同的工作，但是外加清理罂粟种子。隔天傍晚，当芭芭雅嘎回来时，她又再度叫唤那几对骷髅手，要他们去榨取罂粟种子的油膏。

芭芭雅嘎吃晚餐时，瓦西里萨就安静地站在一旁。芭芭雅嘎说：“你一声不响地在看什么？你是哑巴吗？”

女孩回答说："如果你不介意的话，我想问你几个问题。"

"那就问吧！"芭芭雅嘎说，"但是你要记得，不是所有问题都是好问题，知道太多会让人变老！"

瓦西里萨说："我只想要问你关于我所看见的事物。在我来见你的路上，有个白衣骑士经过，他坐在马上，那是谁？"

"那是我的白日，明亮的那一个。"芭芭雅嘎回答说。

"接着，又有另一个骑士超越我，身着红衣坐在马上，他是谁？"

"那是我的太阳，红色的那个。"

"另外，在大门口有黑骑士前来。"

"那是我的夜晚，黑暗的那个。"然后，瓦西里萨想到那三双手，但是她不敢再问了，只是保持安静。

而芭芭雅嘎说："你为什么不再问我更多的问题？"

女孩说她问那些问题就够了，还随口说："老婆婆，你自己就说过，知道太多会让人变老。"

于是芭芭雅嘎回答（这一点很重要）："你做得非常好，你只问在外面看见的事物，而没问你在屋内所看见的，我不喜欢脏东西被带出屋外。但是现在我要问你一些事情：你是如何完成我交代给你的所有工作？"

"我的母亲给我的祝福帮了我。"瓦西里萨这样回答。

（她并没有提到布娃娃。）

"喔，就这样，是吗？那就从这里滚开，你这个被祝福的女儿，我不需要任何的祝福待在我的屋子里。"

芭芭雅嘎将瓦西里萨推出屋外，还将她赶到大门口。接着，她拿起围篱上带着发光眼睛的骷髅头，放在竹竿上交给瓦西里萨：

“这是给你的继姊妹的火，拿去。”

瓦西里萨匆忙地从芭芭雅嘎那儿离开，跑过黑暗的森林，骷髅头的光将黑夜点亮；破晓时分，光亮就熄灭了。瓦西里萨在第二天傍晚抵达家门，当她走进大门时，原本想要丢掉骷髅头，但是一个空洞的声音说：“不要丢掉我，把我带去给你的继母。”

瓦西里萨遵照声音的指示，当她将火光带进房内，骷髅头发光的双眼持续瞪着继母及她的两个女儿，直直地烧进她们的灵魂中。无论她们躲到哪儿，双眼都跟着她们。接近早晨时分，她们都被烧成灰烬，只有瓦西里萨完好无伤。

早上，瓦西里萨将骷髅头埋进地下，关上门并回到城镇中。

人类不该窥看的诸神秘密

我简单地说明故事的第二部分。之后，瓦西里萨与一个善心的老女人住在一起，老女人给她麻线，而瓦西里萨编织麻布。她所编织的麻布是如此美丽，因而被选用为国王的衬衣，她也因此认识了国王，后来与国王结婚。她的商人父亲回来后，为瓦西里萨的好运气而高兴。商人和瓦西里萨一起住在王宫中，瓦西里萨也把那个收留她的好心老女人带进宫中（因此她又再度有一对双亲），当然还有她一直带在身上的那个布娃娃，陪伴她直到生命的终点。

我们要讨论的是事物的黑暗面及邪恶面，因此我就跳过了这个完美的结局。

你会在这个故事里看到大巫婆角色的共同特征。《特鲁德夫人》的故事中有四位一体的角色：除了巫婆，还有绿人、黑人及红人，他们分别是烧炭人、屠夫及猎人。在这个故事里则是白天、黑夜及太阳这三位骑士。

在这个俄罗斯版的故事中，我们可以清楚知道芭芭雅嘎是伟大的大地之母。如果她不是白天、黑夜及太阳的拥有者，她就不能说："我的白天，我的黑夜。"因此，她必定是个伟大的女神，而你可以称她为伟大的自然女神。她的小屋周围所围绕的是骷髅头，因此她显然也是死亡女神，这是自然的一个面向。[这可能会让人想起，德国的冥国女神海拉（Hel），也就是地狱（Hell）这个字的字源，就住在地底下由虫蠕及人骨所建成的大厅堂中。]因此，她是白天与黑夜的女神，是生与死的女神，也是自然的伟大原则。但她同时也是个巫婆，这就是为什么她有扫帚，就像我们的巫婆骑在扫把上。她驾着由杵所推动的臼到处走动，这也让她近似于伟大的异教谷物女神，像是希腊的地母神德墨忒耳（Demeter），她是谷物之神，同时也是死亡的奥秘之神。在古代希腊，亡者被称为是献给德墨忒耳（Demetreioi），意指被德墨忒耳所虏获，就如同玉米谷落入地面。稻麦的死亡及复苏，可以说是对人类死后所发生之事的直喻，因此，那些将玉米谷及罂粟子拿走的骷髅双手，与死亡的奥秘相关。稍后我会再进一步说明这一点。

我们发现这个故事与《特鲁德夫人》的故事有一项极大的差异。在那个故事中，女孩侵入特鲁德夫人的屋子，纯粹是出于好奇心，也就是我所谓的幼稚胆大妄为，而她最后被化成一块木头，并且被大巫婆给烧了。但是瓦西里萨断然不敢如此，她不敢凭着幼稚的胆大妄为而走进大巫婆的疆界，而是被邪恶的继母及继姊妹推去那儿的。特鲁德夫人故事里的女孩没有魔法保护，她甚至也没有找寻任何保护；她就那样带着她的幼稚大胆，压根儿没想过自己需要任何保护。瓦西里萨则不一样，她带着母亲的祝福及魔法布娃娃在身边。

因此可见，原是生与死、正与邪、女孩与大自然女巫之间的战斗，就变成了一场秘密的比试，小女孩或是大巫婆彼此竞争谁的法力较强大，然而双方都同样尊敬对方的力量。瓦西里萨并没有问出关于巫婆秘密的最后一道问题，而巫婆也未注意到，或者假装不知道女孩的大秘密，因此她们能够平局分开并回到最初的状态。记住这一点，因为我稍后会再专注讨论法力的竞争，这是其中一个最重要的问题。

起初，巫婆对于瓦西里萨感到不耐烦，因为瓦西里萨不问问题，也就是说，巫婆期待被问问题。她向女孩大声责问："你怎么什么都不问我？"瓦西里萨问了三个问题之后，吞下最后的问题。第四个问题要问的是关于她在巫婆屋中所见的事物。骑士与巫婆相关联，但是瓦西里萨是在外面看见他们的；因此，我们必须假设那些骷髅手必然与巫婆最内在的秘密有关。巫婆说了非常奇怪的话："你没问关于里面的事情，这是对的，因为不该将屋内的肮脏带到屋外。"这就像是俗话说的家丑不外扬，而巫婆所指的就是这个平常的意思。这一点很有趣，巫婆有家丑，而且显然为此感到有些羞耻；如果她完全不因为邪恶而羞耻，就不会在乎瓦西里萨将这些邪恶带出。但是，她就如同一般人，对于自己的黑暗面感到有些不自在，因此很感谢这个机智的女孩没有戳破她的家丑。

这一点也显示芭芭雅嘎是个有些分裂的角色，她并不是全然一致的。在她身上似乎有着秘密的好特质，足够让她对于自身的黑暗面感到一点羞耻，也让她觉得家丑不应该被带出屋外。她并不是全然的自然恶魔，在她的内在特质中带着淡淡的人性。她是有些像人的，因此能够有人类道德的反应。也正因为如此，女孩不该在这里戳破她；如果女孩碰触到芭芭雅嘎的盲点，芭芭雅嘎就会怒吼，并在盛怒下将女孩吞噬。类似事情可能发生在分析的情境——当分析师勇于指出被分析者的阴影面，分析师通常会被即刻爆发的情感所吞噬。面对人类时，你自然敢于这么做，但是对于一个女神，如果你胆敢用指头碰触她的黑暗面，你必定会从地球表面消失。

从这个故事，我们可以认定芭芭雅嘎并不全然邪恶；她是矛盾的，她同时是光明与黑暗，她是正与邪，虽然故事中强调的是她邪恶的那一面。

人们不应该戳破神圣的黑暗面，无论是男性神还是女性神皆然；这个母题在民间传说中广为流传。例如奥地利的民间故事《黑妇人》[2]，一个女孩成为林中黑巫婆的仆人[3]；黑巫婆屋里有一间禁室，就如同在蓝胡子故事里一样，女孩不该进入那个房间。女孩打扫房子多年，而就像这类故事里总会发生的，女孩最终还是打开了这个禁室之门，发现了里面的黑巫婆；但是经过女孩日日的清洁打扫，这个黑巫婆几乎已经变成白色的。女孩将房门再度关上，却因为违反禁忌而受到巫婆的迫害；但奇怪的是，在原始的版本中，这个女孩全然否认自己看见任何事情。这样的故事不胜枚举。在主要的故事中，女孩看见黑巫婆几乎就要变成白色的，而在另一个故事中，女孩看见骷髅在火焰上一直点头；在另一个故事里她看见的是一只鹅，另一个故事中则是化成石头的女性人物，还有化为石头的小精灵环绕在四周。禁室内的女神总会迫害女孩，抢走她的孩子，并且让她承受各式各样的悲惨遭遇，同时还不断追问她："你是否在房内看见我？"女孩铁了心，一再说谎，一直到女神转身说："因为你一直坚持说谎，因为你没有泄露我的黑暗面，我将要奖赏你。"于是，女孩就得到了大奖赏。

因此，与我们的基督教道德正好相反，这些故事告诉我们，以机智的谎言因应邪恶及伟大神灵的黑暗面，这种谎言并非不道德。相反，看清邪恶的深渊之后，还能做到假装没看见它，这是最高的成就。这个故事版本让后来的欧洲基督教说书人大感震惊，因此，许多现代的版本将故事转化——女孩被害是因为她说了谎；最后，女孩崩溃并说出实情，伟大的神于是奖赏她。但这是人为的版本，因为后来的作家不了解旧母题而将之改变；而且，故事中的孩子因为持续说谎而得到奖赏，这确实促使他们在震惊之余更改故事。

在奥地利的版本里，黑妇人慢慢变白；然而，问题出在女孩看见了邪恶，而不是在于她看见了转化。举例来说，在某个版本中，巫婆说："孩子，你是否看见我悲惨的状况？"孩子说："没有，我什么都没看见。"这是相同的母题，巫婆对于她的黑暗、她的悲惨，或是陷在邪恶与死亡的污秽秘密之中而感到羞耻，她不希望孩子指出这件事，或是将这件事摊开来。

在瓦西里萨的故事中，秘密就藏在移开种子的那几双骷髅手。因为罂粟子有催眠的效果，它们从古代就被归属于阴间的神祇。罂粟与冥王哈得斯，也与睡眠及死亡的神秘性有关；至于玉米，我之前在谈论希腊的地母神德墨忒耳时曾经说过，它与死亡及复活的神秘有关。所以就某方面来说是有些奇怪的，这应该是让人感到相当羞耻的秘密，但是感觉并不是那么邪恶，比较像是令人敬畏、不可亵玩且令人心生畏惧的诸神秘密，人类不该试图看透，除非逼不得已。

那些看似说谎的举动，实际上显然是敬重的态度，是出于对神圣他者的尊敬。我们可将此与两人间有时会发生的状况进行比较。在《人及其象征》（*Man and His Symbols*）一书中，荣格谈到一个案例，如果我没记错的话，有个男人因为严重的强迫行为前来找荣格。他每次到来只能进行短暂的分析，因为他是从外国来的，每一趟只能停留三或四周。这个男人维持着一段长时间的虚假分析。荣格在治疗的第一个小时里，就知道了这男人藏着一些秘密，以及随之而起的内疚症状。出于一些奇怪的缘由，荣格觉得必须抑制自己，不该跟男人提到这一点，因此与这个男人做了十年的虚假分析；荣格对此总是感到不自在，因为即便他们谈梦，或者谈各类事情，但是这一切都是虚假的。不过，荣格并没有戳破这一点，因为他注意到这男人的症状正缓慢地清除，而他每次前来的状况都比上一次更好，这通常不会发生在虚假分析中。最后，病患终于在多年之后说："荣格医师，我必须要告诉你我是多么地感激你，幸好你以前没有直接问我，因为那是我无法告诉你的事。如果你问了，就会毁了我们的分析。”接着，他对荣格告解自己所做过却无法面对的难堪罪行。他必须要先与荣格建立关系，并重建他的自尊及能量，才有能力面对自己的所作所为，也才能向分析师透露。因此，荣格只是遵从某种非理性的感觉，不去戳破这男人的秘密，事后证实他的感觉是对的，也因此得到奖赏。这一点对所有治疗师来说都很重要，因为治疗师很可能会不明智地受到诱惑，想要通过告解之药得知病患的秘密。

邪恶依据人的态度及行为而表现

冥界诸神通常都是伟大秘密之神。这是所有宗教系统的伟大秘密，等同于不该开启的禁室之门，也是不该窥看之物，但是也有不得不这么做的例外状况。然而，我也可以告诉你一些正好相反的故事；在这些故事里，秘密必须被揭发。这就是为什么我会说童话总是矛盾的，始终是非并存。

就我所知，这个矛盾并不受到历史的制约。在最原始的层次中，这两个规则就同时存在：开启禁室之门是对的，或者是作为被选上的英雄所应该要做的事，但同时也存在反面的规则。在特定的历史时期，两面中的其中一面可能会较常得到表现，但是就我所知，这是从初始以来的原型母题，与特定的演化并没有关系。这是一个原型模式（archetypal patern），指明个体必须揭穿，或不准揭穿那个秘密，而它意味着个体走在刀锋上，如果你做出错误的决定，可能就得丢了脑袋。一个忍受虚假分析长达十年之久的分析师，势必会对他自己及他的病患造成伤害。他应该说："拜托！不要再拐弯抹角了！你到底有什么问题？你说的这一切全都是废话！"等等之类的。从治疗的角度来说，收了病患的钱，却多年来假装什么都没注意到，显然就是不道德的行为。但是，从荣格所说的这个案例来看，似乎正好相反。荣格即使早一分钟提问，都会破坏了他与病患所建立的关系！因此，我们所面对的可怕冲突，在于厘清当下到底是处于哪个情况。到底我应该要闯入密室，或是即便我注意到了，仍然要假装什么都没看见？

这似乎是个有关平衡的问题。我们甚至可以再进一步，说这是攸关关系的可能性，或是攸关信心的问题。在伟大的女神及八岁的女孩之间，那是不可能有任何关系存在的。其中不可能会有相互的信心。伟大的自然女神及无杀伤力的小女孩，这两个位置太悬殊了，这可能就是秘密需要被守住的原因；然而，当人类开始变得更意识化时，神性也可能会展现出更多祂的秘密。这是一个巨大的难题。

在另一个俄罗斯的故事中，芭芭雅嘎则展现较多的正面性，而我想要谈谈这个故事作为扩大法的例子。选择这个故事，首先是因为这个故事说明了男人的因应方式跟这个八岁小女孩有什么分别；其次，则是因为故事显示了芭芭雅嘎相对较正面的部分。

有个俄罗斯的故事，名为《女沙皇》（*The Maiden Czar*）[4]，故事中的英雄策马前往世界的尽头，到太阳底下的王国，为的是找寻有黄金辫子的美丽玛利亚，并打算将她带回家。路途中，他三次来到芭芭雅嘎的小屋。那是一间会旋转的小屋，立在鸡脚上。

英雄用咒语让小屋停下来，然后进入里面。在屋内，英雄发现伟大的芭芭雅嘎用她的鼻子戳入火焰中，用她的手指梳理丝线，同时用她的双眼监看田野上的鹅群。当英雄依凡进入小屋内，芭芭雅嘎说：“你是自愿前来，或是非自愿前来的，我的孩子？”伊凡一拳重重打在桌上，说道：“你这个老巫婆，你不应该问英雄这个问题！给我些吃的喝的，如果你不好好招待我一顿，我会赏你一个耳光……”芭芭雅嘎变得非常善良，她给英雄奉上一份丰盛的晚宴，为他铺好床铺，第二天早上还为他指出下一步的方向。同样的情节发生了三次，因此芭芭雅嘎就变成全然具有保护性及有帮助的女神，甚至为英雄指引方向。

这就是男人及小女孩对待芭芭雅嘎的不同方式。伊凡是个成年男性，而女孩是完全无助的年幼角色。但是，这也显示了芭芭雅嘎一点也不邪恶，她就是单纯的自然。如果你知道如何因应她，她就会没事。你经验到的是她的哪一面，完全取决于你自己，此处点出了这些故事的第一个暗示，亦即邪恶的问题就某方面来说是与人相关的，邪恶并不是像我在开始时所提出的那样，以一种“本该如此”的故事存在于自然中。此处，我们开始从一个更高的层次来接触这个问题；在这个层次中，人们渐渐明白邪恶并不仅仅是自然现象，而是依据人本身的态度及行为而表现的。

芭芭雅嘎称呼伊凡为“孩子”，事实上伊凡已经是个成人，因此你就能明白大母神此处的所作所为。她试图将英雄贬低至婴儿期的无助感。她问道：“你是自愿还是非自愿前来的，我的孩子？”这听起来似乎带着善意，其实却是卑劣小人的攻击。她想要削弱英雄的力量，待他如小男孩一般，好让她可以好好地将他变成盘中晚餐，大吃一顿。但是，英雄的表现凌驾于她，也没有受到这个坏心眼的中伤。他响应芭芭雅嘎，而芭芭雅嘎接着就变得和蔼可亲了。

《美丽的瓦西里萨》以及《女沙皇》这两个俄罗斯的故事都有许多精妙之处，就在那些小小的对话中，仅凭故事中的几行字，就让整个正与邪的问题得到决定。这意味着走在刀锋上的同时，能够说出正确的话语，或是在关键的时刻有正确的反应，且因此而让整个问题翻转过来。

我想简短谈谈故事中的另一个小母题，也就是那个被瓦西里萨带回家，后来将继母及继姊妹烧死的火焰骷髅头。无论她们走到哪儿，这个火焰双眼都会紧紧迫害她们，这一点在神话学中被放大，也通常会让人联想到内疚感。犹太律法及伦理文献《密德拉西》（*Midrashim*）中提到犹太教的传统，埃布尔（Abel）被谋杀之后，上帝之眼跟随着该隐（Cain）到世界各地，让该隐无处可躲。维克多·雨果（Victor Hugo）有一首漂亮的诗写道，该隐谋杀了亚伯之后，逃入树林中，他在各地躲藏，不管躲到哪儿上帝的眼都跟着他；最后，他掘了一个墓地将自己活活埋葬，还将墓碑覆上，但是在黑暗中——典型的雨果式感伤——“上帝的眼仍在看着！”（l'oeil de Dieu le regardait toujours!）此处你看见相同的母题，也就是双眼全面地追捕邪恶行径，让邪恶无处可逃。在这个形式下，眼睛代表着内疚及其骇人效果的原初现象。

正如我之前所提到的，荣格在他的论文《良知》一文指出，良知的原初现象是个人内在对于上帝声音的立即经验，或是从心理学的语言来说，是心灵内的自性展现。此处代表的就是那立即的现象，继母及继姊妹被除掉了；不是女孩，而是内疚，或者可以说是她们自身的邪恶，以直接的形式除掉了她们。如果我们没有仔细检视文本，可能就会错过另一个细节：带着火焰双眼的骷髅除掉继母及继姊妹之后，瓦西里萨将骷髅头埋了，同时也离开了那个地方。她并没有继续跟骷髅头留在那里，或是把骷髅头留着，用来杀掉其他敌人。她大可说："喔！不错，这个挺有用的！我会收在抽屉里，以后要是有人惹我生气，我就拿出来杀掉他！"但是她舍弃了；她并没有留着骷髅的力量。巫婆给了她一个复仇的魔法力量，她因此得以复仇；虽然这并非她原本的意图，但就是自然地发生了。她并不知道它会烧了她的姊妹及继母，但最后她将骷髅埋了，并远离这一切。她完完全全地脱离了。

此处我们又回到另一个童话中存在的智慧法则。所有的邪恶都倾向于制造连锁反应，可能是自杀，也许是复仇，又或许是回敬邪恶；情感的连锁反应倾向于以某种形式继续下去，因此中断它才是比较明智的作为。当时机到了，个体必须要停止陷入这个连锁反应之中，将之埋藏、不加理会，让个人的整体人格从中分离出来，并且放弃这个力量。如果说出："啊哈，这是他们应得的报应！"这是相当符合人性的反应，但是如此一来，瓦西里萨自己就会落入她所使用的邪恶事物中；以非洲的语言来说，那就是邪恶的药。但是，我们没有在故事里听到任何胜利的声音，她将骷髅埋了之后就立刻离开了。这是相当不容易做到的。如果个体学会不让邪恶找上自己，就会经验到邪恶总是会回弹或反击那个制造邪恶的人。当中没有胜利的欢呼，也不会想着："没错，事情本该如此，就是要反击回去，好好回敬对方。"但却能在对的时刻与之分离，彻底离开，那是至为重要的。无论是在石器时代，或在今日，这都是我们必须依循的规则。

骷髅：心理的死亡氛围

接着我要以扩大技术法，检视将玉米及罂粟子拿走的那几双手。被隐藏起来的骇人秘密经常被联结到死亡的议题。骷髅以这个原初的形式代表着死亡。我之前提过另一个故事：女孩打开了禁室之门，里面有一个不断点头的骷髅。原始人将死亡连上邪恶，在北美及南美洲的一些印第安人部落中，族人绝不会碰触尸首。将死之人会被安置在与生者分开的圆锥帐篷或小屋中，一旦这个人死了，小屋就会被封住、堵住或被烧掉，人们会与之保持距离。死亡的现象及尸首会释放出巨大且真挚的原始惧怕，人们不清楚这到底是对邪恶的惧怕还是对死亡的惧怕；事实上，这两者其实是同一件事。

在埃及的神话以及非洲的传说故事中，死亡得到人格化的表现而成为人们在生命终点会遇见的杀戮敌人。我们在痛苦（agony，希腊文为 agon）这个字中仍然看得见这份意涵。这个字的意义是争斗，而在今日，这个意涵被合理化成将死之人为生命、为那一口气而奋战，不过这原本指的是与看不见的敌人，即死亡的战斗。法国剧作家埃德蒙·罗斯丹（Edmond Rostand）在他的戏剧《风流剑客》（*Cyrano de Bergerac*）中再制了相同的概念，剧作中的西哈诺（Cyrano）最终的敌人就是与死亡的战斗。直到自然创造出人类之前，实际上并没有任何温血生物是因为年老而死亡的。在自然界，当生理力量消退至一定程度，物种要不是被吃了，就是因为饥饿或寒冻而死，又或者在沙漠中渴死。因此，尽管处在文明的现代，我们的行为模式、我们的本能对死亡的适应，仍然是以远古时代的方式运作；死亡就是那割了你咽喉的最后一件事，与过往相同，死亡一口一口地将人致死。

南非作家劳伦斯·凡·德·普司特（Laurens van der Post）写了一本关于卡拉哈里沙漠丛林人（Kalahari Bushmen）生活的书，其中描写老人们如何在体力允许的情况下跟部族一起在沙漠中移动。当他们无法再跟上时，部族会给老人三到四天分量的食物及水，相互道别后离老人而去，而老人则会静心等待死亡到来。八成五以上的情况是，老人自然会被乡间野地的野生动物吃掉。那是自然情况下的死亡。现今死亡因为化学物而被延长，我们必须在医院里经历死亡的状况，这在大自然中并不存在，而我们至今仍然没有对死亡有所适应。

回想这样的自然初始情况，你就会明了：被邪恶或被敌人所征服、被吃掉，以及死亡，彼此是何等紧密联结的。这就好比将个人的生命比拟为辐射光线，这道光线牵制着狮子、老虎，甚至人类的侵犯；当这道光线变得微弱，生命力消退了，于是所有的黑暗便闯入而缠上我们。因此，最后的战争总是被黑暗面所击败，这是从生理层次所言。这或许说明了死亡与邪恶之间极为接近的象征意义，也说明了德国语言文化中将死亡与邪恶（Tod und Teufel）结合在一起的原因。举例来说，德国有个谚语：“他既不怕死也不怕邪恶。”这两件事被视为如同孪生兄弟一般。

但是，我认为这个生物学的视角似乎只是某种更深层的事物所显现的次级结构。我从个人的经验里发现，虽然没有人能够断定何谓真邪恶或真良善，我也不敢断然下评论；然而，如果我们以纯真看待这件事，人们所谓的人类本质中的真邪恶，也许就是心中的死亡意欲。

接着我要分享一个案例，这个案例说明了一项相当重要的因子。分析师芭芭拉·汉纳（Barbara Hannah）和我都曾有个我们无法处理的困难案例。我们各自有一位女性的被分析者，她们深受负面阿尼姆斯的烦扰，当时荣格仍然是我们的个案管控分析师，我们分别向荣格求助。机缘巧合之下，荣格见到这两位女士；在同一个下午，他见完一个后接着见另一个。荣格对两位女士都非常和善，而且一如他惯常的态度，荣格在那一个小时的会谈中全然接受两人。两个女人都习惯与男性分析师争论，荣格是从个案的医学督导那儿得知这一点。长话短说，汉纳女士的个案在见完荣格后，回家画了一幅美丽的图像，作为她对这次会谈的响应。我的被分析者则回家打了电话给她的医学督导分析师，向他说了所有荣格反对他的话，再自己添油加醋，使点小坏。

荣格说，接下来这一点非常重要：当我们将心灵的能量给了某个人，我们必须去看他们如何运用这个力量。如果对方因为我们的能量而有一些微小或瞬间的恢复，即便后来又崩塌了，我们也可以放心地继续给予慈悲或关心，提供个案能量；但是，假使出现了反效果，我们就应该知道自己正在喂养那个人的恶魔，而那个人并没有真的得到我们给予的东西。他并没有谴责我的个案，但这就仿佛是她的邪恶阿尼姆斯横亘在她的嘴前，每当我们喂她一口好东西，都被邪恶的阿尼姆斯吃掉；结果，恶魔越来越胖，她则越来越瘦。

在这样的案例中，如果我们持续以基督教的慈善、爱意及关心来对待这个人，我们就是在行破坏之举，那是大错特错的，而这也是许多纯真的年轻精神科医师会犯的错误。在他们的基督教传统中，以及在生理医药的传统中（希波克拉底誓词！），永远保持慈善的态度是至关重要的，这些人没有注意到他们正在喂养恶魔；他们让病患变得更糟，而不是变得更好。因此，如果我们看见恶魔抢走了我们给出的一切，我们唯一能做的就是关掉水龙头，不要再给予任何东西。

荣格要我将那个女人踢出分析，并且跟她说，她是个蒙骗说谎的恶魔；然而这是我的第一个个案，我不敢这么做，花了一个星期才真正打定主意。我们对于手边的第一个个案，总会有份充满爱意的情感依附，我犹豫了整整一个星期之久，但是后来还是依荣格所说的去做。明显的结果是，她变得比较好了。即便许多年没有接受治疗，事实上她都没有什么问题！踹她一脚的确起了作用，八年之后，我甚至还收到她寄给我的感谢信函。

在这个案例中，她的恶魔将所有他人给出的事物吞食一空，因此没有人能再给她任何东西，无论是人类情感或是心理粮食。但不仅仅如此，更糟糕的是，我们看见阿尼姆斯是如何在四处行使违反生命的运作。如果她从荣格那里得到生命能量，她会试图伤害另一个医师，将荣格的话语通过想象创造成中伤对方的工具。她是为了破坏性而工作，我将之称为心理的死亡氛围。

这样的情况可以单纯地从扫兴者这样的角色开始。当大家都玩得开心时，有人会摆出臭脸、泼冷水；如果有人得到很棒的礼物，另一个人会说出酸楚的话，破坏这一切美好。这些从细小事物中展现的态度，都在试图破坏生命的火焰。当心灵生命、愉悦感，或最高层次的说法，即活着的感觉，也就是当那股燃烧之火，或精神层面的喜悦升起时，总会有人试图以嫉妒或批评来切断这感受，那就是真正邪恶的其中一个面向。一旦我注意到恶魔意欲破坏所有的心理生命，我都会竖起我的耳朵仔细聆听。

因此，邪恶某种程度上就是骷髅。它是“无生命、无爱”的精神，这总会被联想为邪恶的本质。它本身就充满破坏性，每个人多多少少都有一些。但是有些人会完全受到邪恶的附身，就如同案例中的这个女人一般。因应这类“死亡—邪恶”的最好方法，就是让它饿死。我们将此人本然的样貌交回，将他或她的所作所为交回，并且不给予生命能量。我们伸出骷髅手去握住骷髅手，我们不给出热血、不给予温暖，也不供给生命，这一切让恶魔回到它本然起始之处。

仁慈的吊诡

继续讨论之前，我要再度提醒，当我们处理童话故事及民间传说素材中的邪恶时，应该以自然的智慧处理其中的道德冲突，而不是以宗教观点中对于善恶问题的觉知来处理。这非常不同于犹太基督教传统——这些传统已经运作两千年，它磨亮了我们的良知，让我们对邪恶产生尖锐觉知的同时，也试图建立行为的绝对规则。这一点，如果作为追求自身较高层意识的工具，以及作为处理善恶问题时较为隐微的良知，在我看来是没有问题的。但是，如果我们将之套在其他人身上，就会制造出我之前尝试描述的效果：邪恶因此进一步缠上其他人，带来复仇及惩罚的连锁反应，在这些人的头上堆起炭火，同时也在他们的脑袋里嵌入内疚感，直到他们因为内疚感被压抑而变得怪异。这一切令人讨厌的效果把我们变成地球上最烦躁且最难相处的一群人。我认为这源自我们对高层道德的错误使用，也就是说，我们将高层道德套在其他人身上，而不是纯粹用在自己身上。

自然智慧有个缺点：如果过度将自然智慧用于自身，会创造出一种相对的道德态度，我们会说白色中带些黑色，或说黑色中带些灰色，最终每件事都像是杂汤一样，事事物物都变得更淡一些，或变得灰蒙蒙的，因此也就不再有道德的问题！这自然是不对的，对于事物的黑白分明，我们再也无法回到那个无意识的不觉知状态。正如同荣格在《基督教时代》（*Aion*）一书中所写的，在基督教时代之前，邪恶并不真的是邪恶。基督教时代的崛起，将精神上的邪恶加诸邪恶原则上，这是之前所没有的。将道德反应变得更尖锐、更具区别性，成为一种过度黑白分明的状态，是不益于生命的。因此，根据多年来研究童话故事的经验所得，对于自身之外的邪恶，我认为童话里的自然智慧是较好的因应方式；至于锐利的良知，则套用在自己身上就好。

我接着要说的两个故事，会让我们看到仁慈的吊诡。我们是否该对邪恶仁慈？这是个现代的问题，以死刑议题的形式出现；有些国家仍然实行，有些国家则想废止。现代版本的问题有其政治及宗教的背景，这一点我们不会讨论，但是我们将会从民间传说这个单纯的层次来探讨。

在我们先前的故事中，瓦西里萨展现了这个自然智慧。对芭芭雅嘎而言，她与这个不平等的对手之间并没有力量的平衡，这一点是再清楚不过的。瓦西里萨如果从芭芭雅嘎的小屋带出事物，也就是试图戳破并看穿芭芭雅嘎的阴影面，而不是女孩自己的阴影面，那是不明智的举动。就传统而言，那个举动意味着跳过神灵及人类之间的巨大鸿沟，但更重要的是，该举动缺乏对神圣人物的宗教性尊重。相同的状况也发生在荣格的《答乔布书》（*Answer to Job*）中。乔布坚持做对的事，上帝或许心想乔布认为祂是错的，而上帝也确实对此有所反应而攻击乔布，但是乔布并没有说："是的，但是我认为你也跌入自身的阴影面！"这样的说辞仿佛视上帝同自己在学校的板凳上平起平坐。事实上，乔布回说："我会将我的手覆在我的嘴上。"他做出敬畏的姿态。可以这么说，将上帝的鼻子凑近祂的阴影面，不是人类该做的；此举意味着膨胀，也显示对心灵真实的当下状态完全无所觉察。接着，乔布说："我知道我在天堂中自有辩护者（Anwalt）。"[5]——我知道为我伸张的人就在天堂，意指上帝自身。这就等同于恭敬地说："这是上帝与祂自身之间的事。"上帝于是改变了祂的态度，因为乔布并没有将问题丢回，也没有戳破上帝。

那是相当复杂且独特的情况，但我们可以把这个情况设想成两个人类之间的互动。如果你没有指明对方的黑暗面，你就没有剥夺掉他自己发现黑暗面的机会。如果你说他或她做了这些阴影面的事情，你就是把自己放在他人之上。如果你什么都不说，对方反而可以回去自己发现。如果双方没有建立起情感的关系且存在不确定性，而对方害怕你的力量过于凌驾在他之上，这种时候最好还是别碰，因为这样才有机会让对方自行发现而保有尊严，以此稳固他的威信。因此，有时候不去指出阴影面，意味着尊重对方的人格完整性。你尊重此人作为道德的存有，他有能力自己发现。一旦你与对方有了良好的关系，你就不再需要这样的复杂考虑。你可以直接说："喔！你现在是落入阿尼姆斯之手。"你和对方之间也没有声誉的问题涉入其中。在朋友之间，你大可说："喔！拜托！别傻了！"对方不会因此失去声誉，因为这是彼此相互尊重的关系。

因此，我认为这是依关系而论的。只要其中一方处在不确定的状态，或处在失去自尊的危险中，最好的处理就是先放着不管。乔布就是这样因应上帝的，他只是表现出足够的尊重；他确实将自己看成是只渺小的虫子，不能谴责上帝。那是一种谦虚的转换，真心觉得自己没有资格谴责上帝。

在瓦西里萨拒绝提出第四个问题之后，芭芭雅嘎说："现在我要问你一个问题，你是如何完成我交代给你的所有工作？"我们知道那是魔法娃娃完成的，但是瓦西里萨就如同巫婆一般保守她的秘密，她说："是母亲的祝福帮助我的。"她没有说出全部的故事，只说了一半。她得到母亲的祝福，外加布娃娃，而她只提到祝福这一项。

芭芭雅嘎给了她一颗骷髅头，接着将瓦西里萨赶出小屋，推出大门口，最后在围篱上取了一颗带有火焰双眼的骷髅头，放在木杆上给了瓦西里萨，跟她说："这是给你继姊妹的火，拿着，带回家去。"瓦西里萨原本是来取火的，或者该说是姊妹们命令她来取火，因此巫婆给了女孩继姊妹想要的东西。我们可以说，她的功能就在于将邪恶传导到邪恶姊妹身上，但是这并不像是个报复——她们得到她们想要的！

如果我们以心理学的语言来说，她们拒绝得到意识觉知，而未经实践的意识就会变成熊熊火焰，成为她们头上的炭火！荣格说，当个体有能力意识化之时，却选择不变成意识化，就是最糟糕的罪过；而以上故事说明了其中原因。如果内在并不存在任何可能成为意识化的宝石，如果上帝让你留在无意识状态，而你就留在那儿，这一切就没问题；但是如果个体不活出他的内在可能性，那么内在的可能性就会变得具有破坏性。所以荣格也说过类似的话：就心理学的角度来说，最恶劣的破坏性力量之一，就是未经使用的创意力量。这是另一个面向。如果某人有创意天赋，但是却因为懒惰，或是出于其他原因，未能加以使用，那个心灵能量就会完全转为毒害。这也就说明了为什么我们会将精神官能症及精神症状，诊断为此人未活出高层的可能性。

因此，精神官能症是个加分项而不是减分项，是个未经活出的优势，一个变成更具意识、更具创意的可能性，但却因为一些糟糕的理由而发霉。从我们的经验来看，拒绝较高的发展或是较高的意识觉知，是最具破坏性的事物，它让人们自动想要把每个正在努力尝试的人都拉回。未活出创意的人，试图破坏其他人的创意；未活出意识可能性的人，总是想让其他努力朝向意识化的人变得模糊或不确定。这就是为什么荣格会说，当病患的发展超越分析师——这其实常会发生——他就必须离开分析师，因为分析师可能会试图将病患拉回旧有的层次。

因为不想要唤醒自己，而试图阻止他人变得更加意识化，这样的念头具有真实的破坏性。拥有让自己变得更加意识觉知的可能性，却不利用，这也是最糟糕的事。

注释

1. 原书注：*Russian Fairy Tales,* collected by Alexander Afanasiev (New York: Pantheon Books, 1973), p. 439.
2. 原书注：*Märchen aus dem Donaulande, Die Märchen der Weltliteratur,* series published by Diederichs Verlag (Jena, 1926), p. 92, "Bei der schwarzen Frau" .
3. 原文编注：在原初的德语用词中，像是"黑妇人"或是"黑巫婆"之类的词语并不是用来指称非裔人士或是其他深色肤色的族群，是不同于英文所指涉的意涵。
4. 原书注：*Russische Märchen, Die Märchen der Weltliteratur,* series published by Diederichs Verlag (Jena, 1921), no. 41, "Die Jungfrau Zar" .
5. 原书注：" 'Vindicator' is RSV alternative reading for 'Redeemer' and comes very close to the Z.B. 'Anwalt' = 'advocate.' " *The Collected Works of C. G. Jung,* trans. R. F. C. Hull (Princeton, N.J.: Princeton University Press, 1957 - 1979), p. 369 (translator's note).

| 第九章 |

炙热的邪恶

瓦西里萨的慎重不同于其他童话故事的主角；在其他故事中，进入禁室或提出禁忌问题，最终会带领主角前往高层意识的发展。瓦西里萨故事里真正的寓意，是让沉睡的狗说谎，不去戳破邪恶的神秘，除非有非做不可的迫切理由。

如果瓦西里萨问了第四个问题，巫婆将会气炸；这么做等于击败巫婆，必定让她怀恨。生气的人就输了；这似乎可联结到另一类以“生气”比试为母题的系列故事，这个母题在北欧或德国的童话中是相当常见的。我不曾在其他国家的故事里看见这个母题，但是我认为其中所描述的特质具有普遍的重要性，因此接着我要讲述的是这类型故事的某个实存版本，故事叫《生气了》（*Getting Angry*）。

《生气了》（*Getting Angry*）[1]

从前有个乡下人和他的妻子，他们非常有钱，但是也非常小气。他们没有孩子，他们小气到连生孩子都觉得奢侈。这个乡下人不舍得支付仆人薪水，于是他前去一个贫穷兄弟的家，要求三个侄儿中的一个到他家农地工作。讲好的条件就是，谁先生气谁就得付钱，不管是主人或仆人。如果主人先生气，另一方就可以得到农地，还可以切掉主人的耳朵，并且拥有主人所有的财产；但是如果仆人先生气了，他的耳朵会被切掉，而且不会得到丁点薪资。乡下人说：“就只有这样！我希望得到安宁及友谊，我不会想要跟你有任何争论。”但是他心知肚明这是个伎俩，只是为了让自己免于支付薪资。

长子汉斯第一个前去。他实际上没有任何可吃的东西，很难不恼怒。当一年期满，乡下人认为自己要找个方法不给汉斯薪水。他要汉斯将牛群赶到草地上，还说他的妻子会把晚餐送过去给他。汉斯照做，但是晚餐从来没出现过。乡下人以为这样就可以让汉斯生气地上门来找他。但是晚餐时间已过，男孩非常饥饿，他找来了屠夫，把牛群卖给他，还把牛尾巴切掉，插进附近的泥地里。然后，他叫唤农夫："快来！牛群都卡在烂泥巴里了！"乡下人赶来，拉起了一条牛尾巴，结果向后摔倒在地。其他每一根牛尾巴也一样，但是他一句话也没说；当他知道汉斯卖了牛群，他比先前更加友善地对待汉斯，因为他知道一旦生气就会失去所有农地。

他们两人一起回家，乡下人太太给了乡下人晚餐，但是什么也没给汉斯。汉斯那时候已经饿得受不了，他对乡下人发怒，而乡下人就把汉斯的一对耳朵切掉了。

因此，汉斯带着他卖了牛群所得到的钱财回到家里，但是没有带回任何薪水。隔天，第二个兄弟前去乡下人家。当他一年快期满时，乡下人也想不给他薪水。乡下人要男孩将马及马车驾入森林中捡拾木材，还说他会亲自将晚餐带去给男孩。但是同样的事情又再度发生：晚餐没有送来，而男孩将马及马车卖给经过的路人，并且告诉叔叔他的马被狮子吃掉了。乡下人假装相信男孩，但是当晚餐时间来到，乡下人的妻子什么都没有给男孩，男孩因为肚子饿而抢了乡下人的碗，农夫也把男孩的一对耳朵切了。

隔天，第三个兄弟来到乡下人家，他是个单纯没心眼的小子。他的兄弟们对于小弟要饿肚子感到很抱歉，因此不管小弟在哪里，哥哥们都会给他带来些吃的。有钱的乡下人很惊讶，尽管他每次都给男孩很糟糕的食物，但男孩始终都对他相当友善，乡下人因此开始起疑心。他要妻子打扮成一只布谷鸟进入森林，并发出“咕咕”声三次；听到这三声鸟叫，男孩就会以为一年期已满。他同时对男孩说：“当布谷鸟叫了三声，你就知道你的一年期满了，因为你是带着布谷鸟来的。”男孩很开心，因为他心里面完全没有如同哥哥们所盘算的伎俩，他就只是想要将薪水带回家。他请求乡下人把枪借给他使用，单纯因为开心而想要放枪一鸣。这个坏心眼的乡下人早就准备好要这么做了，因为他知道枪里有个旧的弹药匣，随时可能会引爆。

后来的某一天，小气乡下人的妻子在自己身上涂满糖浆，然后覆上羽毛。当男孩进入林中工作时，她爬上树，叫唤了一声“咕咕”声，但是第一声尚未叫满，男孩就抓起枪，射向那只伪装的鸟，因而误杀了乡下人的妻子。乡下人当时就躲在附近，他愤怒地走出来，将怒意狂扫过男孩。男孩说：“叔叔，你是不是生气了？”农夫回说，在这样的情况下，即便是魔鬼都会感到生气，因此男孩得到房子及农地，甚至得到了农夫的一对耳朵。

爆发性邪恶的回敬，以及黑魔法

这个故事还有其他的变异版本，故事中的角色近乎疯狂地互相招惹对方。最后，那个想出诡计的坏人通常会理所当然地输了比赛。这或许看起来是天真且原始的故事，但是我们不能忘记，那时候的人们尚未学会控制他们的情绪；控制情绪的能力意味着极大的文化成就。事实上，我们不需要吹嘘自己已经达到那个层次。凡是能够控制自身情绪的，都是两人之中较具意识人格的人，但是我们必须要看得更深入一些，因为在其他的故事中，我们可以说里面存在着一个“冷面”的邪恶，以及一个“炙热”的邪恶。炙热的邪恶，无论是在恶魔或人类身上，都是通过底层的炙热情绪感受所带出的，就像是被闷住的火苗继续蔓延、闷烧，而这种受压抑的情感是具有高度传染力的。你可以在家庭、国族或其他社交情境中出现的爆发性及破坏性事件中，看见这类邪恶。

情感或情绪的感染力，是极大的危险，会引出巨大的邪恶。举例来说，如果你试图在选举前与美国人讨论种族问题，你要在千万人中才有幸遇见一个能够持完全客观态度的人。大部分人都会变得情绪化，而一旦如此，那个人所持的立场就不再重要了；火已经被点燃，情况已变得危险。这只是一个例子，这类情况随处可见。情绪从底层揪住个体，一旦情感抓住了个体，客观性及人性态度就失去了。要知道一个人的内在是否已经被情绪抓住，最佳方式就是看他是否能够维持幽默感；如果幽默感消失了，我们就可以确定情绪之火已经在某处抓住此人，而他面临着落入邪恶原则的危险。

征服愤怒或情感的能力，并不仅仅是攸关原始人的事，这仍然是我们内在的决定性因子。在我们的社会中，许多人能够控制情绪不外爆，这些人能够保住他们的人格面具，并掩盖他们的情绪，但是这些事物仍然向内折磨着他们，影响他们内在的思维。

那不过只是在表面上征服了情感。大部分人只能做到第一步，但是极少数能够做到第二步，也就是完全从强烈的情绪中切割出来。情绪如此危险，因为情绪带来巨大的感染力。如果个体失去了幽默感，并且落入咆哮的心境，那其他人将很难逃脱。这个乡下人生气比赛的故事，看起来有些好笑，但事实上是个深入的故事，也说明了有关邪恶问题的本质。

我们应该要知道，在跟魔鬼的比试中这一点就更加重要了。我接着会告诉你一个英雄与魔鬼战斗的故事；问题在于英雄是否能够让魔鬼生气。如果他做到了，魔鬼就输了比赛。因此，即便对象是超自然的人物，相同的比赛也必须进行，而能够持守人性的那一方会赢，被无意识本质带走的另一方则会输。

在德语系国家中，沃登神代表失去情绪控制的愤怒之神，可能是坏情绪，也可能是神圣的愤怒，或任何其他类别的情绪；因此这是在德语种族中独特且严重的问题，带有侵略性在其中。但是其他语系的人也可能会思考同样的问题，因为非德语系的人有时候也会处在相同的困境中。

这个故事及上一个故事虽然看起来没有关联，但两者的共有特色在于个体必须要与黑暗面保持距离，从中分离出来，或撤退下来。故事中的仆人与叔叔的诡计保持距离，避免被污染。两个哥哥后来转而对叔叔施诡计。他们并没有与自身的情绪战斗，他们觉得必须把情绪及憎恨的武器收在口袋里，不过仍然试图以伎俩还击。其中一个卖掉牛群并切掉牛尾巴，另一个卖掉马及马车，他们在智性的层次上积极主动地做了一些恶事，因此而进入争战，只是使用的武器与原本指定的不一样。故事告诉我们：这样做一样是不管用的，因为最终他们还是落入情感中。

年轻的弟弟并没有进入任何恶行，即便射出的那一枪也是开心的放枪（freudenschuss），表达的是他的愉悦感受：“好耶！春天到了，我现在可以回家了！”他以天真的方式保持平衡，此处不仅仅指他的情绪人格，同时也包括他的心智——而他实际上似乎也不太有心智思考能力。他不被黑暗力量所污染，而事情也因此自动解决了。

来福步枪的象征意涵是相当有趣的，弟弟用这把枪射杀了婶婶。射击中，我们使用的是爆破力量。这里透露了爆破性愤怒的转化。他以象征性的形式利用了年迈叔叔的爆发性，并将之转向他的妻子。在故事最终那一幕，叔叔真的爆发了，而且不仅是象征性的爆发。在象征性的姿态中，有些神奇的是，男孩在不知情的状况下将叔叔的爆发回敬给叔叔。男孩并不是为了要射杀婶婶而借枪，但是事情就这么发生了。

当个体得以从象征的层次带着纯粹的意图来处理问题，事情似乎就会如其所是地发生。使用荣格的积极想象技术来克服排山倒海而来的情绪感受，就是个例子。这个技术在许多情境中都可运用，但其中一个适合使用积极想象的情境，就是当人们因为情绪高涨而无从招架的时候。这不一定要是气愤的情绪，也可能是被爱冲昏头而不知该如何保持理智，或个体正在被各种情绪淹没时，也可能是处在过度被抑制、无助等不自由的状态。在这些情况下，我们通常会建议人们将情感人格化，并与之对话；让情感以某种形式升起，并且尝试将情感视为真实的存有般因应。这是唯一的方法——如果你因为个人的原因，将向外淹没你的情绪压抑下来，但是却没有办法向内克服。人们说："没错，我谨守分寸，我没有发泄我的气愤，我吞下它，但是我没有办法真的摆脱它，它日日夜夜恼人，我不知道该怎么做，我也没有办法不去时时刻刻想到它。"此时唯一能做的事，就是将这个驱力加以人格化，并且试图以积极想象的方式将之释放。

如此一来，就如同故事所呈现的，转化了整个争斗，将问题从纯真的状态带入象征的层次。这也是年轻人在不知情的状况下拿取叔叔的来福步枪时所发生的转化。他将整个问题带进象征的层次，在那个层次里反应、作用，这反而带出了奇怪的神奇反弹，而这一枪就反射回叔叔身上。

我在这里做了一个危险的陈述，因为个体一旦经历过这个现象，下一次再做这件事时，就会有种偷偷摸摸施行黑魔法的感觉。第一次的时候，你就像这个单纯的年轻人：你以积极想象诚实地克服自己的情感，结果事情进展得相当顺利，而原本烦扰你的对手则因为共时性的事件而自食其果。因此，你认为这真的太神奇了。可是下一次你就落入了黑魔法："现在我要克服我的情感，而我希望对方会自食恶果。"那么你就再度掉进去了！要维持个人的纯粹意图，将会变得越来越困难。因此，我们会强调这个年轻人对于他的所作所为完全没有任何邪恶意图，他维持着自身初始的纯粹天真。如果你试图进行积极想象，首先你必须要抱持诚实行事的态度，单纯是为了自己而做，好让你能够远离邪恶，而不要去看外在共时发生了什么。否则，这就不过是黑魔法的坏勾当。

单纯的家伙与人格的整体性

这样的天真态度属于童话母题中常出现的傻小子或单纯的家伙，他们在许多童话故事中都会出现。比方说，国王有三个儿子，最小的那个就是被大家取笑的傻王子；但这个傻王子最终总是变成故事中的英雄。或者，某个乡下人有三个儿子，其中两个很正常，可是最小的儿子整天坐在火炉边傻愣愣地搔脑袋，最后他反而变成英雄，与公主结婚、成为沙皇。

因此，单纯的家伙是常见的角色，不仅仅出现在童话故事中，也出现在一般的神话母题。他象征着基本的真诚，以及人格的整合。如果人们的内心深处没有真诚的本质，或缺失整体感，那么面对邪恶的问题时就会丢失自我。他们会陷入邪恶中。这样的整体感远较智力或自我控制来得重要多了。拯救整个情况的，是仆人弟弟的真诚。单纯的家伙为了一个天真的理由而要了一把枪，纯粹就是为了乐趣。叔叔则在其中偷偷塞入了邪恶的阴谋，最后则是自食其果。

邪恶者会说诚实无欺的人是愚蠢的。如果你维持白身的整体性，从某种社会角度来看，你确实是愚蠢的，因此被人指责。在政治上，如果你是天真的人，那你就完蛋了！诚实无欺、天真无邪，都是傻瓜行径！

故事一开始就清晰表明叔叔及婶婶两人是愚蠢的，原因是他们一毛不拔的个性。他们是如此心胸狭窄、一毛不拔，已到了离谱的程度，所以他们才是真的愚蠢。但是他们自然会认为（我没有写出他们之间详细的对话内容）自己才是聪明的家伙。他们以为这些伎俩可以让他们在免费享有服务，不用付钱之余，还可以切掉仆人的一对耳朵。他们感觉这是了不起的正确行为，直到最小的儿子出现时，故事才急转弯。最小的儿子是如此天真，他的天真傻愣特质让他们不知所措，如此的率直反而让他们感到紧张。他们觉得这个年轻人身上带有某种他们所不了解的价值——他享受生命，人生没有太大的自我索求；即使是小小的乐趣，对他而言也意义重大。因此，叔叔及婶婶对这小子不知道该从何下手，他们无法同理他的天真，这反而让他们感到紧张。他们极力想要摆脱他；正因为处在紧张的心境，心里有些害怕，导致所有事情都出错，所以才输了这场战争。他们开始耍伎俩，所以输了比赛。

因此，在这个看起来可笑且单纯的故事底下，有极为微妙的事物。你可能会认为，这样的心思单纯及坦率的整体感有着极大的神秘性，这也是个体化人格的秘密所在。被赋予这份诚实无欺的整体感，可说是人类的神圣火花。在分析历程中，我认为这是分析进展顺利与否的决定性因子。

在我个人的经验里，荣格展现的正是这份坦率的态度，阅读他的回忆录也能深深感受到这一点。有些书评者会摇摇头说，此人根本就是个脑袋单纯的家伙！他到底有多天真，天真到要出版这本书？他们失去了对整体性的细微感受力。事实上，荣格一点也不天真！他内心深处有的是这份整体感。凡是带着诚实整体感来接近荣格的人，总会得到诚实整体感的答案；不过荣格是明智的，他在合宜的时机使用这份整体感，与黑暗交手时则将这一面的人格隐藏起来。

我认为这个人格核心整体感，就是我们所称的自性面向，而这是荣格心理学的本质。无论如何我们都不能丢失这一点。举例来说，一旦我们为了广布荣格的心理学而开始使用伎俩与其他学派争斗，我们就失去了我们的整体性，如此也就不再是依循荣格心理学的标准行事。这是相当困难的，人们总会说："没错，但是听我说，如果你不做些什么去对抗，他们就会掌控所有的权力，我们势必要做些什么！"接着总会是个争论，如果你落入那个圈套中，你就输了！"反击！对方都出手了，我们也必须要出手！"他们这么说："我们不想如此，但是我们必须如此！"

另外，在有些情况下我们确实必须做出反应。这是个似是而非的吊诡。我们的任务，就是每一次都要以良知做出决定，而这个决定只在这一次有效。也因此每个人都有自身的梦。虽说我们只能得出一个似是而非的悖论作为通则，但在个别化的真实情境中，是没有任何矛盾空间的，那里只有一条单线：此刻，我必须做出与所有分析准则相反的行为；下一刻，我必定不能被毒害。在真实的情境中，每件事都是独一无二的，因此分分秒秒都要做出决定。如果你保有这个态度，人生就变成持续不断的道德冒险；这就是为什么我们会对那些想要从我们身上学到东西的人感到厌烦。我们没有行为准则，我们没有治疗的准则，完全没有。我们必须时时刻刻张大耳朵聆听内在深处的自性指令，知悉它在这一刻要我们如此做，下一刻则不该如此做。但是，一旦转移到通论时，最真诚的说辞总会让我们自相矛盾。

稍后我们会进入"冷酷"邪恶的讨论。我们前面已经谈了"炙热"的邪恶，但首先我想引入另一个面向，因为"冷酷"邪恶会带领我们进入下一个关于魔法比试的母题，也就是魔法竞争。我想要先谈谈后者，因为这是更加复杂的议题。现在我想先停留在较单纯的规则中。我们接下来要探究的是关于慈善的问题。是否该对邪恶保有慈善心？是否该做到《圣经》上所说的，迎上另一边的脸让对方打？或者该用尽力量反击？哪一个才是对的？接下来我要说的两则故事，看似平行，实际上却完全相反；我的自相矛盾又被你抓到了！

这个故事是出自《格林以降的德国童话故事》（*German Fairy Tales Since Grimm*）。故事以南方方言写下，题为《一根拇指长的人》（*Vun'n Mannl Sponnelang*）。

《一根拇指长的人》（*About a Man a Span Long*）[2]

从前，有个贫穷的女孩，她失去了爸爸、妈妈，因此无家可归。她不知道自己该住在哪里，所以就出发寻找能让她当帮佣的人家。行走在树林中，她迷失了方向。夜幕落下时，她看见林中的一个小房子，感到很开心，心想可以到那里找到庇护。房子里面乱七八糟的，因此女孩开始整理房子，她将碗盘洗干净，还将毛巾都整理收纳好。突然，房门打开了，有个小男人进入房子，那是个留着大胡子的小精灵。他看了看四周，清了清喉咙；当他看见角落的女孩时，他说：

我是一根拇指长的人，

我有着三英尺[3]长的胡子，

女孩，你想要些什么？

女孩问，是否可以让她在那里过夜，小男人再度以诗歌回答女孩，同时要女孩帮他铺好床铺。女孩照做了，男人后来又要女孩帮他放好洗澡水。女孩也照做了，并且让小男人好好沐浴一番。沐浴梳洗之后，小男人的面容变得舒服美好。女孩替小男人修剪了胡子，小男人相当感谢女孩解救了自己，说要回报女孩。他将自己的胡子给了女孩之后，就消失不见了。

第二天早上，女孩拿起胡子并开始编织。她一边编织，胡子就一边变成纯金丝线。每个人自然都会想要拥有这样的黄金丝线，女孩因此变得非常富有，后来还结婚了。如果她没有死掉的话，她现在应该还活着。

我不打算直接讨论这个故事，而是想要将这个故事与它的平行版本一起讨论。这个平行版本的格林童话故事是《白雪与红玫》（*Snow White and Rose Red*）。

《白雪与红玫》（*Snow White and Rose Red*）[4]

从前，有个贫穷的寡妇独自住在小屋里，小屋的前院种有两株玫瑰，其中一株是纯白的玫瑰，另一株则是红玫瑰。寡妇有两个女儿，她们长得宛如这两株玫瑰，寡妇称其中一个女儿叫白雪，另一个则叫红玫。两个女儿都相当尽责、认真，就跟她们的妈妈一样。白雪比较文静温柔，红玫则比较活泼，但是两个女孩的感情非常好，总是手拉着手一起出门。她们常会到树林中采摘莓果，动物从来不会伤害她们；即便是小鹿也不会躲开她们，小鸟们会待在树上唱歌给她们听。有时候，她们会在树林中逗留过久，当夜幕低垂时，两个女孩就睡在树林中的青苔上直到天明；她们的母亲都清楚知道，但是并不会为两个女孩感到担心害怕。有一天早上，她们在林中醒来时，看见一个美丽的孩子穿着闪闪发亮的白衣，坐在她们身旁。孩子站起身来，十分友善地看着两个女孩，接着就消失不见了。女孩的母亲说，那必定是保护好孩子的天使。

一个冬日的傍晚，女孩做完工作后，母亲为两人说故事。突然间，一阵敲门声响起，红玫前去应门。她们以为那是过路借宿的旅人，但是探头入门的却是一颗黑熊脑袋。孩子们被吓坏了，她们的母亲却说要让黑熊进屋，到炉火前暖暖身子。孩子们将黑熊皮毛上的雪片扫掉；过不了多久，两个女孩就敢将双脚放在熊背上，她们前后推摇黑熊，和它打闹一番。虽然黑熊有好性情，但是当女孩闹得太过头时，它就会说："孩子们，饶了我吧！"接着说，"白雪和红玫，饶了你们的追求者吧！"

她们把黑熊留在小屋内，而这也成了整个冬天的惯例，黑熊会在白天离开小屋并在夜晚回来。春天来临时，黑熊与她们道别，它解释说自己再也不能回到小屋，因为现在正是恼人的时刻，它必须保护好它的宝物不让矮精灵偷走。它说，冬天时因为地面都冻结了，矮精灵不能使坏，可是一旦阳光融化地面上的冰雪，矮精灵就会爬出地面猎取偷盗，而黑熊必须保护它的宝藏。

春日的某一天，女孩们进入森林。突然间，她们看见一个小家伙以可笑的姿势四处跳动。女孩走上前去，发现了一个矮精灵，他的胡子就卡在树缝中。矮精灵试图砍掉树木，但是他的胡子就这么凑巧卡在密合的裂缝中。现在他就像一只小狗般蹦蹦跳跳，不知所措。他瞪着血红如火焰般的双眼，生气地瞪着女孩们，还问她们俩愣在那里做什么，难道不会做些什么来解救他？女孩们尽了一切努力，但是都没法子让他的胡子解脱。红玫说要去寻求帮手，却换来矮精灵骂她像羊一样没脑子，因此白雪就拿起一把剪刀，剪断了矮精灵的胡子。矮精灵对此一点都不感激，反而生气地责骂女孩剪断了他美丽的胡子。

过没多久，两个女孩又遇上了这个矮精灵。当他正要抓鱼时，他的胡子被钓鱼线给缠住了，就在此时一只大鱼上钩，矮精灵的力气不足以拉起大鱼，反而还随时可能被拖入水中。女孩们抓住矮精灵，试图松开缠住的胡子却不果，因为胡子与鱼线紧紧缠在一起，无计可施之下只能把胡子剪断。但是矮精灵气疯了，他说这次女孩们剪断了最好的部分。（在故事开始的时候，我忘了说明，女孩家中有一只小白羊以及一只白鸽，这与整个氛围吻合！）

第三次，当女孩再度走在树林中，她们听到呼救声，看见一只大老鹰抓住了矮精灵，正准备带着他飞上天。女孩们抓住了矮精灵，最后成功将他从老鹰爪下救出，但是矮精灵气愤地指责两个女孩不够小心，说她们把他的外衣扯成碎片，而现在衣服上尽是破洞，还大骂女孩是笨蛋。

接着，在女孩们回家的路上，她们让矮精灵着实吓了一跳。

矮精灵没想到这么晚树林里还会有人出没，因此他找好一个干净的地方，倒出袋子里满满的宝石，晚霞照在闪闪发亮的宝石上，映照出五彩光芒。女孩们站在一旁看着这些宝石，此时矮精灵对着她们惊声尖叫，原本灰白的脸因为愤怒而涨红。但是，正当矮精灵要离开时，黑熊从树林中走出来，它一声咆哮，矮精灵跳了起来，没能及时逃入藏身之处。矮精灵求黑熊饶了他一命，说他会把所有的宝物都给黑熊。“我还不够你塞牙缝！”他说，“但是你可以带走那两个不信神的女孩；她们可以让你饱食一顿。”黑熊完全不理会矮精灵所说的，反而一掌劈向他，矮精灵在那一击之后就动也没动过了。

女孩们趁势逃开，但是黑熊在后面对她们叫道：“白雪、红玫，别害怕！等等，我要和你们一起走。”女孩们认出了黑熊的声音，转身回头；当黑熊追上女孩后，他身上的熊皮就脱落了，眼前站着一个俊美的男人，全身穿着金黄，他说：“我是国王的儿子，我被这个矮精灵下了诅咒，他偷走了我所有的宝藏。我变成一头熊，在树林乱跑，一直要等到矮精灵死了之后，我才能得到救赎。如今，他得到了应得的报应。”后来，白雪与黑熊结婚，红玫则和黑熊的弟弟结婚（此君显然莫名其妙地就出场了）。两对伴侣平分了矮精灵洞穴中所搜集的宝藏。老妈妈与她的孩子们一起快乐地生活了许多年，而女孩们也将两株玫瑰带在身边。玫瑰就立在窗前，每年都会开出最美的红玫瑰及白玫瑰。

面对邪恶，别像傻子般全盘展现

这是个带点傻气却又富有情感的童话故事，也是前一个故事的绝佳对比。在前一个故事中，女孩带着单纯的整体感去整理小精灵的房子，也慈悲对待小精灵。黄金胡子是她帮小精灵沐浴及整理房子之后所得到的奖赏。另一个故事则正好相反：女孩们总是以善心对待矮精灵，因此延长了作恶者的生命；其实矮精灵在更早些时候就应该被除掉。女孩们也阻碍了她们的追求者，也就是黑熊及他的兄弟；两个女孩错以善良情感对待矮精灵，反而阻碍了自己可能拥有的婚配。

此处我们再度面对矛盾！但是，如果你检视整个故事氛围以及母题周边的描述，就会找到指示说明哪个是哪个。

在《白雪与红玫》的故事中，女人们住在一起，身边没有男人，只有一只小羊及一只白鸽。其中有着如同婴孩般的多愁善感，以及天堂乐园般的氛围，这样的天真并非之前谈到的那种单纯家伙的整合感，而是一种不真实的天堂氛围感，像幼儿园般充满幻想的世界，其中还有保护天使之类的意象。

这个故事旨在取笑某种像幼儿园氛围的基督教态度，这样的幼稚态度仍然广泛存在人们心中，他们将幼儿园般的母题跟某种坦率形象的人格整体性混为一谈。荣格总是强调，基督没有说过“如果你仍然是个孩童，你就会找到天堂乐园”。相反，基督所说的是：“唯有当你变得像孩童一般！”再度变成孩童，不是指留在幼儿园里，而是长大成人且觉察世界上的邪恶问题之后，重新得到个人的内在整体性，或是找到方法重新回到这个核心本质或内在深处的整体感，而不是要我们像个大孩子一样在树林中，还误以为这就是基督所说的。有时候其中的差异是相当隐微的，会在人们心中混杂在一起。有些人身上带着不可思议的天真，不禁让人疑惑这到底是较高的整体感或只是无望的幼儿园态度，像是个树林中的小宝贝，带着愚蠢的多愁善感四处游走。在童话故事中，这两者有着清楚的区分，但是在现实生活中，这两者有时候只是毫厘之差。我们相当不容易知道对方属于哪一类，有时候也很难搞懂自己。但是，这个故事里的羔羊及鸽子，清楚指出这是最糟糕的基督教幼稚症。

当然，仁慈是没问题的，但必须要针对对的人及对的物。只要你知道应该运用在何处，那么这种基督教的天真仁慈及慈善并没有问题。如果仁慈结合洞察及理解的能力，那么就没有任何不妥，但是务必要搭配一些智能在其中。

我尝试举一个例子。我曾指出，当面对邪恶的人，个体必须隐藏自己的内在整体性，或是隐藏人格内在的那个核心本质，而不要像个傻子一样地全盘展现出来。我可以回头再谈谈之前所提过的一个案例，荣格针对这个案例指出，只有当我们的病患不会以邪恶的方式运用我们所给予的关注、力比多能量及参与，我们才可以继续给予；否则，我们就是在喂养邪恶面，而不是在照料此人的善良面。荣格劝诱我将一个病患踢出分析；无论我如何对这个人施以慈善之心，事情总是变得更糟。荣格认为踢出分析将会对她带出治疗效果，但是他当时并没有这样告诉我。在那之后，当我告诉荣格这个病患因为被踢出分析而得到疗愈时，荣格露齿而笑说："那是我预期会发生的，我心中是这么希望的，但是我并没有这么说！"他把这些想法完全放在自己心中，甚至没有让我知道，更遑论让病患知道。

那个女人是被阿尼姆斯全然附身了。如果她事先就猜想到她被踢出分析是为了得到帮助，她会开始争论说："你是为了帮助我才把我踢开的，但是我知道这对我不会有帮助！"或者，她会戏剧性地让自己变糟，以证明被踢出分析是帮不了她的。因此，纵使想要帮她，也必须完全把这个意图隐藏起来；必须要给她的阿尼姆斯狠狠一击，就此永别！她必须要以那样的方式来经验，甚至必须像黑熊对待矮精灵的那种程度，套用到她身上。这里没有慈悲，也没有任何可讨论的！

关于隐藏自身整体性的这个母题，我认为值得再做深入讨论。有人曾经提过，当你在服兵役时，如果仍然想要维持平民老百姓的心态，有时候就会让自己落入这样的情况。当个体处在坚固的集体组织底下，此时若仍带有不同的个人意见，就意味着个体已经相当接近这个问题；因为以我们的观点而言，集体性总是在道德上比个体更低一个层次。这就是为什么荣格总会引述这一句罗马格言："单一的元老院议员是好人，但是元老院是个野兽。"（Senator bonus vir, senatus bestia!）我们可以这么说，一旦处在团体中，个体就必须隐藏起个人最佳的核心本质，或尽可能不让它展现出来。因为团体中自动降低的道德层次，个体必须要在部分的人格上盖上面纱。

我们会在这里再次遇到矛盾，因为在极少数时候，情况刚好相反。在九成五的情况下，凡是在团体中，我们就必须要藏起内在核心的整体性；但是我将提出例外的状况，如此一来，当你遇见时，才能搞清楚状况。

我记得有一次在荣格家中有个小聚会，会中发生了一些你有时候会遇见的事。那场聚会有着完美的集体和谐感，那并不是降低或落入神秘参与（participation mystique）的情况，而是某种让人感觉到魔力存在的东西。古老的罗马人或希腊人会说赫尔墨斯或狄俄尼索斯当时就与我们同在，而早期基督徒则会说圣灵与我们同在。有时候，那是一种超越个人的和谐感，让每件事都带有神圣性，人们在回家之后还会感觉那是个难以忘怀的夜晚。这是鲜少发生的状况，因此我对那个场合感到印象深刻，因而和荣格谈起这件事。他说："是的，正常来说，当个体独自一人时才会遇见自性，但也有例外的时候，自性可能会显现为一个集体的因子，通常只有在一小群好朋友相聚在一起的时候才会出现，而那将会是一个特殊的神圣经验，甚至比你独自一人经验时更具有神圣性。"

阿瑟王圆桌武士的象征，就是以此为基础，那可说是一小群人在精神上的结合。它指向自性的团体经验，是圣餐的古老原型模式在原始人类的较高表现形式，全体参与者在其中与神性结合。它也构成了圣餐的概念。成为团体的一分子，就必须藏起你内在深处的整体性或道德人格的核心本质；然而，在这类一生中可能只发生一两次的例外事件里，个体会感受到与其他人的"一体感"。这个状况很容易跟喝醉后的"神秘参与"经验搞混，那不过就是滑落较低阶层，虽然同样是愉快的经验，但却是两回事。那种聚会通常会让你在第二天早上有宿醉的感觉，而我们说的这一种状况则完全相反。

没有自我意图而身在“道”中

将个人内在整体性隐藏起来，可能是一种自我保护的举止。你找不到任何事物，比某个在聚会里扮演优越圣人或类似角色的人更能激怒邪恶情绪。因此，如果你感觉不同，就必须要完全地藏起来，不让其他人有动机说出：“搞什么，你想要表现得比我们高尚吗？”其中还有更深的理由。你或许会说这样的内在道德整体性不是从自我而来，而是从自性而来。这是出自人格深处的真诚反应，因此不可能被意识计划或套用，否则就表示它来自自我。就我所知，对这个问题最深刻的透视来自禅宗佛教，禅师们总是对学生展现完全非理性的真诚反应。个体会感到这不是事先套好的，其中并没有教学计划或意图。师父的人格真诚性就仅仅在那一刻作用在徒弟身上，并通过这样的表现唤醒了徒弟。事先的计划或思考都会减低甚至抑制这个作用。如果转译成我们的语言来表述，这意味着我们必须要调弱个人的意识之光，不要过于专注在自我，如此才能经验到较真诚的情境。

荣格上了年纪之后，就不太做分析了；当他的门生或其他人与他会谈时，都很自然地不会提及他们的问题或梦境。这种情况常发生在我身上：我遇到了一些问题，自己正在默默应战，完全没有提到这些问题，但在会面的头五分钟，荣格总会刚好谈到那个问题，然后给了我所有我需要的答案或暗示。事后我总会问他这是怎么发生的，他是怎么会开始谈及特定的事件。通常他会回答说他自己也不清楚，但是当他一坐下时，这些事就进入他的心思，那也正好就是我所需要的！

我记得有个这样的事件。当时我疯狂地想要在生活中得到某件东西，但是因为过于害羞而不敢伸手去拿。我前去拜访荣格，他当时正在喂鸭子，其中有一只害羞的小鸭子靠上来想要些面包，但总是对其他鸭子感到害怕而再度离开。荣格看见这个可怜的小东西，朝它丢了一块面包，但是它紧张地游开了，接着又游回来，但是为时已晚。同样的状况发生了两三次，然后荣格就转身说："噢！真是个傻家伙，如果你没有勇气去拿它，那就只能饿肚子了！"那就是我要的答案！我立刻就将它和我的情况联结上了。事后我问荣格他是否故意说这些话，他说他当时只是想着那只鸭子，完全不知道那刚好就对上我的内在问题。

那样的状况时常发生。东方人会称那样的状况为身在"道"中。如果你身在道中，也就是说，如果你与你的人格内在深入层次是和谐的，当你能与自性整体一致，那么自性就会以这样的方式在你身上起作用。但是你势必不能有自我意图在其中。如果你意图要做对的事情，如果你想要帮助其他人等等之类的，那么你就是带着你的自我在阻挡这个作用，你把自己挡在自然的可能性之中。这就是为什么荣格更进一步地指出，带着治愈病人的希望及意图的分析师是不好的。我们甚至完全都不该有那些意图，因为想要治愈病人是个权力的态度："我想要成为治愈那个案例的分析师！"

这一点连上另一个议题，但仍然是相同的事情。荣格总对于女人是否能成为一个好的分析师有所怀疑，因为她们身上带着如同母鸡一般的母性感情，倾向于抑制病患进入内在的地狱。唯有当病患在没有外在帮助的情况下进入内心深处的地狱，他才得以有神圣的体验；只有在那个时候，从内在而生的事物可以帮上他。但是如果你像母鸡一样，带着母性的慈爱，总是预防事情发生，你同样也抑制了对方进入内在深处的正向经验——比拟先前的童话故事，这就是白雪及红玫童话故事中的善心：总是心怀善心、防止邪恶、做对的事、做善良的事，但也同时防止了较深层的自然历程。更具本能反应的人会说："下一次当他又惹上麻烦的时候，我就不管他了。"他们会从身旁走过，对他说："再见，我不会剪断你的胡子，也不想再听到你的咆哮！"但是，这两个女孩并没有学到教训。她们很顽固，坚持听妈妈的话。

"没错，但是……"

接着，对于矮精灵我们可以谈的是什么呢？小精灵的母题本身不好也不坏。小精灵是自然的精灵，是纯粹自然的驱力；在比较神话学中，他们是半善良也是半邪恶的。我们的故事中有个邪恶的矮精灵，在《捣蛋小精灵》（*Rumpelstiltskin*）这个故事里面也有一个邪恶的小精灵，那是一个专做坏事的捣蛋鬼。普遍来说，八成的小精灵是善良的，他们在夜晚帮你做事，并且给你宝藏。因此，小精灵的角色本身其实并没有意味着什么，他们是中性的角色。女孩们无法因为他是个小精灵，就判断他是个好家伙，或是个坏家伙。

事情不是这么简单的。但是，她们应该要测试小精灵，并且从试验中作出结论。

母亲知道黑熊不会有坏举动，认为应该表现善心让黑熊进屋内，但是母亲并没有把熊与矮精灵搞混。对于矮精灵，我们不知道母亲会有什么说法。母亲的角色过于模糊，以至我们无法知道她是否会说："不，孩子们，别管那矮精灵！"或者，她也可能坚持僵化的原则。

在故事的开始有个有趣的场景。女孩长久以来都受到守护天使的保护。民间普遍相信孩子会特别受到守护天使的保护。如果孩子打翻一锅热水，或是做出孩子们常会做的傻事，但幸运地免于祸害，人们就会说："喔！必定有守护天使在那！"在巴伐利亚，蒙幸运眷顾的人们会被认为有个像拳击手一样的守护天使。这是真实发生在生活中的，我们只需要去看一看孩子们所做的事：他们拿起剪刀刺进眼睛、拿着刀子走下楼梯、一把抓起装满热水的锅子。鲜少有孩子因为这些事而丧命，这真是个奇迹，因此你可以说这些孩子们都有守护天使。但是，守护天使的母题通常与父母的无意识有关。如果父母的婚姻与家中的气氛是和谐的，而无意识的氛围是充满生命力的，那么孩童的本能活力就多少能让孩童避开伤害。如果父母的婚姻不和谐，家中的气氛是糟糕的，那么父亲和母亲可能会从早到晚叨念或发牢骚；他们可能会请个管家来照顾孩子，但是尽管有照顾者，孩子还是可能会跌出窗外而送掉小命。

这就是我们以不同的观点，透视故事的背后所得到的观察；与其每一次都有个人带着孩子过马路，或全天候有人看着孩子，让孩子有个和谐的家庭生活才是更重要的。孩童的内在有朝向生命的巨大自然驱力，以及跟生命本能的联结。如果基底是健康的，生命的本能会拯救这个孩子。相反，如果环境是不健康且病态的，这个孩子就会受到破坏。他们会经历孩子们通常会遇到的意外事件，甚至以糟糕的方式经历这一切。

然而，守护天使并没有保护故事中的两个女孩免于对邪恶矮精灵犯下错误。也许她们必须犯这个错误，否则就不会看见矮精灵摊开他的宝藏。也许个体必须要犯这个错误，才能更深入地进入问题、经历问题，并且走出问题。有些其他童话故事的主角也犯了这样的错误，显然如果没有这样的错误，就不会有好的结果。但是，你可以想象如果矮精灵被置之不理，不久之后她们也可能会看见他摊开的宝藏，但是此处并没有明说。在其他的故事中，有时候会是那样，因此我在这里并不是很确定。但是，我认为这两个女孩就只是傻傻的多愁善感。

我很确定，如果黑熊询问女孩们是否该杀了这个矮精灵，她们会说："喔！不！可怜的矮精灵，别杀了他！再给他一次机会吧！"感谢上帝，他没有询问女孩们，而是不说一声地就给了矮精灵狠狠一击。在那之后，也就没什么可再多说的了！那也可以说是自性的行动。纯粹自然以正确的方式运行，不带人为的介入；其中没有任何盘算，事情就这么发生了。但这也带领个体接近危险的边界，因为一旦自我经过反思之后得到这样的行事风格，那么就会出问题！这就是为什么当个人注意到这样的事情时，就要转身，不作反思。反思在此处成为一种破坏力，因为这不是个道德的问题；也就是说，这是个情感的经验，在其中智性没有说话的份。谈论这个问题本身就是另一个两难及矛盾，因为我们绝不可能真的讲述这一点。你必须要牢记，我们对此不能多所置评，或者，唯有在情感仍留在所属的疆界时，我们才可能有所评论。

女人对于自身内在的坏阿尼姆斯会有这样的慈善心，那是自我人格的弱点，没办法说出：“现在这些都是无稽之谈，我不会听信来自自身的无稽之谈。”相反，我们心里想的是：“这个嘛，也许是非常重要的，也许我应该写下来，下一次跟分析师见面时跟他谈一谈。”接着就越来越纠缠不清。这说明了为什么当你分析这样的人时，如果他们带着那样的心情前来，你会不知道该如何做。假使你靠近他们、靠近界线，同时也就靠近圈套，胡子也会缠上你的！

女人的内在会有这样的争论核心——“没错，但是……”不管你向她们说了什么，她们总是会说：“是的，但是你上次不是说过……？”如此一来，你就被那条线给缠住了。男人也会说：“是的，但是……”但是这比较像是忧郁的心情，这样的心情让他们以这样的方式表达心思。

我记得有个来找我的被分析者曾说：“唉！你知道的，现在对我来说，生命已经结束了，我老了，我也不想要再做什么了。我也觉得累了。我不喜欢我的工作，但是我太老了、太累了，我不想变动，而且……”你们懂的，那种深层的忧郁！

“你会做梦吗？”我问。

“没有，我没有梦，只有一些片段的画面，不过，我知道那些都是非常负面的。”

那小小的片段就是那个声音，命令他进入树林，在林中生火。但是他身上没带火柴。他回家去拿火柴，回到树林时发现火柴盒里只有一根火柴。接着他点起火，开始冒烟，他心里想着到底该不该吹熄。他吹了一口气，火就熄了！此时有个声音出现：“这就是鬼神所为！”

这是一个悲惨的梦。梦中的他并没有做出正常的反应，比如落入征战后说：“唉！这真糟糕！我真的落入险境，我的元神可能会死去，我必须回家，下一次一定要带一整盒火柴，还有很多的报纸，好生一场旺盛的火。”毕竟，在树林中生火，当时甚至没有下雨，即便是对一个疲惫不堪的老人来说都不是一件不可能的任务！他只是说：“看吧！无意识也是这么说的，这就是结束，这个梦告诉我，我的内在已经没有任何的灵性了，那么我为什么还要尝试呢？”

我无法告诉你我当时所说的所有内容。我咒骂了一番，真的是气疯了。但是他以一种悲伤且疏离的心情看着我，接着说：“你看，我必须要维持客观！我必须允许另一种解读！”然后他就离开了。

这是相同的事情，都是错误的争论，但这是基于心情而生的争论。他一进门时，我从他幼稚且阴沉的口气，就看到了这一点。这个争论就近似于与阿尼姆斯的争论，但是底下则是心情，忧郁的阿尼玛心情启发他说出自己必须要维持客观，也就是维持男性的客观理法原则！这只是为了替他那发牢骚的阿尼玛心情作辩护，但那是在男人身上会出现的形式。与阿尼玛／阿尼姆斯纠缠不清，这在男人及女人都很常见；人们会落入这固定的纠缠，无法振作起来。个体多少都要试图转变情况，如果可以的话就自己来，不然就要有其他人代为出手。

当被分析者跌落精神症发作的状态时，也是相同的，只是程度较小。正如同荣格在有关超越功能的论文中所提到的，有时候个体仍然可以通过外在情境的转换而打破这个灾难，像是突然转换工作、被踢出分析，或是更换治疗师之类的；一个强加的力量为整个情境带来转换，如此才能让他们重新振作起来。这就像是一块石头开始滚动下山，如果你没有中止这个运动，情况就会变得越来越糟糕，如同一小块雪球开始滚动而造成雪崩。如果你可以将之终止，你就能防止一场破坏性的情绪。这同样能套用在非精神症的人们身上，或套用在那些被阿尼姆斯或是阿尼玛过度附身的人身上。

我认识一个家庭，他们家中有好几个兄弟及一个妹妹，这个妹妹就像所有女人一样，耽溺于阿尼姆斯。兄弟们对心理学一无所知，但是他们从情感而辨识出这一点，因此每当妹妹落入阿尼姆斯时，他们会说："喔！来吧！振作起来！"叫妹妹振作起来，变成了家中的习惯。他们在没有任何荣格心理学的背景之下了解到，当女性开始以特定方式争论时，必须要将车轮转弯，朝另一个方向前进。与之争论或涉入其中，对这女人或其他人而言都是无望的，因为她势必要继续争论。唯一能做的就是打断或中止，这需要特定的自我力量及本能性。

注释

1. 原书注：*Deutsche Märchen seit Grimm, Die Märchen der Weltliteratur,* series published by Diederichs Verlag (Jena, 1922), p. 394, "Böse werden".
2. 原书注：Ibid., p. 404, "Vun'n Mannl Sponnelang."
3. 本书编注：1 英尺约为 0.3 米。
4. 原书注：*The Complete Grimms Fairy Tales* (New York: Pantheon Books, 1972), pp. 664ff.

| 第十章 |

冷面的邪恶

接着我将回到有关善心的问题，但是会更深入一层来看这个问题：我想要先讨论北欧的一个童话故事《巨人的心》（*The Giant Who Didn't Have His Heart with Him*）。这是“冷面”邪恶的第一个例子。

《巨人的心》
（*The Giant Who Didn't Have His Heart with Him*）[1]

很久很久以前，有个国王和他的七个儿子。国王非常疼爱他的孩子们，因此他不愿意与孩子们分开。孩子们长大之后，国王让六个孩子出门找寻他们的新娘，但是把最小的儿子留在身边。他要六个孩子帮最小的弟弟也带回一个新娘。国王赐给六个孩子最漂亮的衣裳，每个儿子也在出发前都得到一匹最有价值的马，以及许多钱财。六个儿子前往许多王宫中，拜见无数的公主，最后他们见到了有六个女儿的国王。他们从没见过如此貌美的六个公主，因此每个人都选了一个公主；他们是如此沉醉于爱意中，以至于压根儿忘记了要带回第七个新娘给他们的弟弟。

当他们朝着回家的路走了好一大段，抵达了巨人们居住的巨石区。其中一个巨人出现，巨人仅仅以视线扫过他们，就把所有王子和公主都化成了石头，无一幸免。国王在家中等着六个儿子回来，但是他们从没再出现过。国王极为伤心，更认定自己再也无法快乐起来。他对最小的儿子说：“如果我也失去了你，我会自杀的，因为失去了你的哥哥们早已让我悲伤不已！”

“喔！”小儿子说，“我想要得到您的允许，到外面去寻找哥哥们！”

“不，绝对不能！我不想连你也失去了！”国王说。

但是男孩不断请求，直到国王最后屈服，同意让小儿子离开。国王没有半点钱，只剩下一匹生病的老马，小儿子也就只能接受。但是男孩一点都不介意，他旋即跳上马，与父亲道别，并且对父亲说自己绝对会回来，还会将六个哥哥都一起带回家。

过不了多久，男孩遇见了一只动弹不得的乌鸦，它只能些微拍动翅膀，因为太饥饿了。它想要一些食物，国王的儿子说，虽然自己也没什么可吃的，但是仍然可以分一点给乌鸦，于是给出了手中的部分食物。

又过了一些时候，男孩抵达一条小溪，在干涸的岸上躺着一条大鲑鱼，搁浅在泥地上，男孩将这条鱼推回水中。乌鸦及鲑鱼都承诺会协助小王子作为回报，但小王子回说，对于它们的回报并不抱太高的期望。后来，骑了很长的一段路之后，男孩遇见一只狼横躺在路中间，狼要求吃掉小王子的马，因为它真的饿坏了，它说自己已经有两年没吃下任何食物。小王子回答说，真的很抱歉，对此无能为力；他还说了自己之前遇见一只乌鸦，把手中的食物分给它吃，接着又遇见一只鲑鱼，他还帮助鲑鱼回到水中，“而如今，你竟然连我的马都想要吃掉！”但是狼一再坚持，并保证将来一定会帮助小王子，还说小王子在那之后可以骑在他的背上。王子说，他不认为狼可以给他多少帮忙，但是他同意让狼将他的马吃掉。

狼吃下马之后，王子将马具披在狼身上，此时此刻的狼已经变得十分强壮，可以快速带领王子奔驰向前。狼说它会带王子前去巨人的宫殿，狼领着王子抵达巨石区，得知六个哥哥及他们的公主都被化成石头；最后，狼领着王子前往入口大门处。可是王子说他不敢进入，因为巨人会把他杀了。“不！”狼说，“当你进入之后，你会发现一个美丽的公主，她会告诉你该如何击败巨人。只要照她所说的去做就可以了。”王子虽然满心惧怕，但还是走进了宫殿。那时候巨人们都出门去了，其中一个房间里坐着一个公主，公主说：“上帝保佑你，你是怎么进来的？巨人会把你杀掉，可是没有人能杀掉巨人，因为巨人的心不在他的身上。”

“是的！”王子说，“但是既然我已经进来了，我就要试着拯救我的兄弟们。”

“好吧！”公主说，“那就看看我们能做些什么吧！现在你必须要藏在床底下，同时要仔细聆听巨人说的话，但是你务必要保持安静不动。”

于是，王子在巨人回来之前钻入床底下，像不存在似的。巨人回来后说：“我闻到房子里有人味。”

“是的，”公主说，“有一只乌鸦飞过，在烟囱里丢入一根人骨，这就是你闻到的味道。”当夜晚降临，他们上床就寝时，公主说有件事她放在心里很久了，但是一直都没有勇气问。

“你想问什么？”

“我想要知道你的心在哪儿？”

“喔！你现在还不需要担心这件事，事实上我的心就躺在门槛底下。”

“喔！”床底下的王子心想，“原来就在那儿！”第二天早上，巨人很早就出门了，两人飞快跑去找巨人的心。但是无论他们挖得多深，都没看见心脏。

“这一次他想必是骗你的，”王子说，“但是让我们再等等。”公主摘了许多漂亮的花朵散布在门槛上。巨人回来之后，相同的事情又再度发生，巨人说他闻到了人肉的味道，而公主也用了相同的借口。过一阵子，巨人问谁在门槛上洒满花朵。“喔！”公主说，“我是如此深爱你，因此必须要这么做，因为你的心就埋藏在那底下。”

“喔！是这样吗？”巨人说，“但事实上我的心并不在那儿！”

当他们上床就寝时，公主再一次询问巨人的心在哪儿。她说自己如此深爱巨人，因此一定要弄清楚。

“喔！”巨人说，“就在墙边那儿的橱柜里。”因此，两人又再度经历相同的事情，但是巨人的心并不在那儿，而他们也再一次在橱柜里放入花朵及花圈。巨人第三次说他闻到人味，而公主也再度用了相同的借口，并且说明她为什么要装饰橱柜。巨人问公主是否真的笨到相信他的心就在那儿；事实上，巨人的心是在公主永远到不了的地方。他的心在远方的岛屿，岛上有一间教堂，教堂里有一口井，井中有一只鸭子在游泳，井里有一个蛋，他的心就在蛋里。第二天早上，巨人一大早就出门了，王子和公主道别之后，就前去找狼。他告诉狼说自己必须要去找寻巨人的心。王子骑上狼背，当他们抵达海边时，狼载着王子游过大海。接着，他们抵达那座岛屿及那间教堂。但是钥匙被挂在高塔上，两人无法取得。他们呼叫乌鸦，乌鸦拿到了钥匙。他们走进教堂，里面有口井，井里有只鸭在游泳，和巨人所说的一模一样。他们引诱鸭子离开水井，并且捉住了鸭子，就在王子将鸭子抓出水面时，鸭子落下了一颗蛋在井里。王子不知道接下来该怎么做，可是狼要王子呼叫鲑鱼，鲑鱼就从井底找出那颗蛋。“现在，”狼说，“你必须稍微紧握这颗蛋。”当王子如此做时，巨人痛得大叫。狼说道：“再握一次！”王子再次照做，而巨人喊得更大声了，还请求饶了他一命。巨人说他会答应所有王子要他做的事，只求王子不要将他的心一分为二。“告诉他，”狼说，“如果他将化成石头的六个兄弟及他们的公主变回来，你就会饶了他一命。”于是，巨人魔（显然就是等同于巨人）将六个兄弟及他们的新娘都变回了人形。狼接着说，“现在，捏碎这颗蛋！”王子将这颗蛋捏成碎片，而巨人瞬时也爆裂了。

巨人被杀之后，七个兄弟带着他们的新娘骑马回家。国王高兴得不得了，还说最漂亮的新娘就是小儿子的新娘，要她与国王一起坐在主位。接下来连续好几天，王国内举办盛大宴会；如果宴会还没结束的话，他们现在应该还在继续庆祝中。

如巨人般无可驾驭的情绪

检视童话时，故事中的人物数量总会带来一些提示。在我们的故事里，一开始有国王及他的七个儿子：王宫中有八个男人，但是没有女人。整个故事都没有提到王后，因此我们必须假定王后已不在人世。

我不想要进入细节的讨论，但是一般而言，荣格派的观点认为八是指向内在完整性的数字，也就是成为心灵完整的四角的倍数。因此我们可以说，故事开始时王国内有完整性的象征存在，但是其中缺了阴性物质。以务实的语言来说，这意味着这八个人象征生命的外在形象，可能是主导的宗教态度，通过这个态度，完整性的象征得到实现，这可能指明童话故事所处的时代，但是完整的象征性只显现在阳性特质上，也就是它的理法面向上。而爱欲、阴性面及阿尼玛的面向则是缺少的。这虽是个完整性的象征，但是处在过高的位置，同时只显现在思维及阳性活动区域，自性的象征对应到男人内在的自性心灵模块，但是却不是女人内在的心灵模块，其中必定有极大的缺失。

因为巨人是敌人，也因为故事的结尾提到教堂，我们必须假设这个童话故事应该不会早于挪威受基督教化的时代，也就是指基督教时代的第二个千年期间。在那之前，北欧国家有着相当阳性的宗教，主要是父权的社会规约，但是基督教化之后，他们再次抱持纯粹父权、灵性的宗教观点，阴性的元素依然保留在原始未发展的状态下。

六个儿子出门寻找王宫所失落的阴性元素，同时要带回新娘。国王并没有让最年轻的那个离开，而是劝说小王子留在家中。但是六个儿子找到他们的新娘之后，来到险峻的巨石区遇见巨人们；其中一个巨人出现，将他们化成石头。

此处，我们必须要进入巨人的象征。巨人主要代表着那剩余且被压抑下来的异教元素，因而退回成为石块。在德国神话中，巨人的主要特征在于他们巨大的力量，而且更常见的是他们那令人瞩目的愚笨。在数不清的故事里，巨人都会被小个子或瘦弱的人愚弄，因为它们只顾着长身体，没长多少脑袋。但是，在更早期的前基督教北欧神话中，巨人也是非常聪明的，因此他们主要是在挪威基督教化后的压抑之下才被愚笨化。巨人的角色几乎与天气相关，他们制造云雾；在许多国家中，即使是现代国家，一旦有雷雨出现，据说就是巨人们在天堂国度玩耍、滚球或打保龄球。我们有雷巨人、闪电巨人，还有那些跟山崩及滑落山脉的大石头有关的巨人。巨人妇大扫除的时候，整个国家就会被云雾笼罩。从这些联想中，我们可以发现巨人代表着自然中强大且不受驾驭的力量，这是一种心理的动力，大多数是情绪的本质，而且远较人类来得更强大。因此，我们可以将之联想为排山倒海而来的情绪冲动，这冲动就如同巨人一般，征服了人性。

当一个人情绪化时，就会夸大：正如我们所说的，我们从虱子中造出大象。从这一点来看，巨人与情绪或情感的联结是很明显的。对方的小小评论或任何小细节，都会因为无法招架的情绪袭来而变成巨大的悲剧。情绪本身是强而有力的，并且放大了环境周围的每一件事。

荣格在其中一篇评论中，将这一点解读为太快地让无意识内涵物侵入集体意识范畴。在德国的神话中，巨人是介于神与人之间的中介人物。在世界各地许多创世神话中，巨人是在人类之前被创造出来的，而且是上帝意图创造人类时所做成的残缺且不完全成功的成品；接着出现的就是人类，至少看起来是个比较成功的创造。

不过，在北欧神话的特定版本中，巨人是在诸神出现前就存在的。他们是自然中最古老的生命存有。北欧神话中有冰火巨人，此处我们也再次看见巨人与情绪象征之间的联想；其中一面是火，是情绪面的象征，另一面则是冰，正好相反，但同样也是情绪象征。人们唯有处在极度情绪化的时候，才会冷若冰霜。冰表现出情绪状态的顶点，在摆脱火热之后进入的是冷酷及僵硬。你可能经历过这样的状态：你气得要发火，这时候如果情绪强度再增加一点，个体会突然间什么感觉都没有了，情绪落下，从愤怒全然转为冰冷，进入冰冻与僵化的状态。在热烈的情绪反应情境中，个体在盛怒之下，或者在震惊之余，或者在任何的情绪之下，都可能变得僵硬。个体显然会手心凉了一截，开始颤抖，因为所有的血管都收缩了，个体也因此变得僵冷，此时所感受的不是满脸通红的热火，也不是如同烈焰般的情绪感觉。冰是更进一步的状态，当情绪落入另一个极端时就会出现。这与神话中的巨人作为冰与火领域的主宰者相符合，因为两种状态都是不人性且完全失去平衡的。

在希腊神话中，相同的角色由泰坦神族（Titans）所完成，他们是大地之子，同样是介于神与人之间的位置。在地中海区域的神话中，他们掌管地震。其中有个被束缚在西西里岛的埃特纳火山（Etna）底下，三不五时就会稍稍滚动，每次滚动就是埃特纳火山的一次爆发。同样，这也跟不受驾驭的情绪本质有关，而众所周知，火山爆发是破坏性情绪爆发的象征。

至于巨人介于神与人之间的位置，我们将神的角色解读成一个象征或是原型的意象；也就是说，他们是原型的表现，原型作为无意识的同时，可能也是宇宙的基本结构。我们的心灵中带有这个核心，其中载满极大的动力，但是只要他们是以原型意象的方式呈现，他们就在其中保有秩序。举例来说，神话中的每个神都有其功能：祂掌控生命的特定向度，并且要求人类遵循特定的行为准则、牺牲等。因此，我们可以说原型意象传达了特定的秩序，或将秩序加诸人类身上。多神论宗教中的神祇可以彼此争战，不同的秩序相互碰撞，但每个原型至少都会有特定面向的秩序在其中。

当原型的内涵物接近人类的意识，经验到的可能只是充满情绪张力的那一部分，秩序的面向则不会被了解。这就会是巨人；个体承受从原型内涵物汇聚而来且令人难以招架的情绪感受，却没有觉察其中的秩序及意义面向。这就是为什么介于神与人之间的巨人通常都是具有破坏性的。如果我们从这个角度来看巨人，那么他们的愚笨就变得容易理解了，因为每个落入情感状态的人都会自动变成愚蠢的。你可能也有这样的经历，一旦被感受狂扫而过，就会做出愚蠢至极的事情；只要冷静反思，你绝对不会做那些事情。但是巨人也可能是有益的，因为作为全然心灵的情感力比多能量，只要他们受到人类智慧所掌控，就可以做出最伟大的行为。欧洲全境有无数的中世纪传说，相传有些圣徒会愚弄大巨人，让巨人成为他们的奴隶。接着，巨人会为圣徒建筑伟大的教堂及祭坛，造福于圣徒。

因此，只要巨人屈服于人类智慧，或者当巨人再次被整合进入精神秩序中，巨人就能给我们带来为数广大、充满力量且极有帮助的心灵能量。

这让我想到荣格在书写《心理类型》(*Psychological Types*)

一书时常发生的事。正如同他在前言中所提到的，他与一位朋友针对书中的问题交互通信，因而汇聚了庞大的历史素材，这些资源后来都收录在书中；当时他得到启发，想要着手书写，他感受到自己可以从收集数据的工作中更前进一步了。他一心想要以清晰与精准逻辑的方式来书写，他心中想到的是法国哲学家笛卡尔（Descartes）的《方法论》（*Le Discourse de la méthode*），可是他却无法做到，因为那样过度细致的思维工具无法把握住这个庞大丰富的素材。当他步入这个难题时，他梦到在港湾外停泊着一艘庞大的船只，里面装着要给人们的大量货物，船只必须被拖进港湾内，并将货物卸下来。依附在这个庞大船只旁边的，是一匹优雅的白色阿拉伯马，那是一只俊美雅致、高度敏感的动物。白马应该要将这艘船拖入港湾内，但它断然是无法做到的。就在此刻，一个顶着红头发、蓄着红胡子的巨人走过人群，他推开众人，拿起一把斧头杀了那匹白马，接着拉起绳索将整艘船一鼓作气拖入港湾中。荣格因此明了，他必须要以整体所激起的情绪感受之火书写，而不是持续与这匹雅致的白马前行。接着，他在一股巨大的工作驱力或情绪能量的驱使之下，每天早上三点就起床写作，几乎一气呵成地写完整本书。

此处你得以看见当巨人是合作的时候，如果他不是自主的，他就如同我们在这里所提到的力比多，这股能量能够让人们做出超自然的事情，完成在正常心智下所没有勇气完成的事。我们可能会说，如果要完成某些事情，就要有一定程度的狂喜或膨胀，亦即一份英雄式的热忱；而这就是当巨人处在合作的状态，或与人类意识相互配合时所展现的特征。但是，如果脱离我们的掌控，他就会做出先前所描述的所有坏事。

在这个故事中，巨人从岩石群中出现，将六个王子及他们的新娘都化为石头，害他们不能回家；巨人如此干脆利落，让我们感觉这是出自全然的邪恶。化为石头比冰冻期又更进一步。如果情绪过度，个体就会变冷酷，一旦程度更进一步加剧，个体就会化为石头。这也就对应到了精神心理中所说的僵直状态。我们可以说，当病患处在僵直状态时，他就是被无意识的情绪化为石头。由此而生，第一阶段是冷酷，接着而来的是可怕的情绪崩溃。要纾解这样的悲剧事件，个体必须要经历导致石化的过程中所有的不同阶段。在希腊神话中，有一位脸上及头上都布满蛇的戈尔工·美杜莎（Gorgon Medusa），她能够将任何一个直视她的英雄都化为石头，让人心生恐怖。珀修斯（Perseus）必须将她除去，但是不能直视她，只能通过一面镜子看她。他必须要在自身及直视她所生的情绪惊愕之间，放入一个客观反射的物质。故事的王子们并不知道这样的智慧，他们直视巨人，因此被化为石头。

他们也忘记给最年幼的弟弟带回新娘。然而，即使他们记得，这个新娘也会被化为石头；如果真是这样，那么最年轻的王子就不会遇见任何公主了，所以这样的安排反而不是太糟。不过，他们确实展现出无比天真的自我主义，就只记得带走各自的新娘，将其他的事忘得一干二净；他们会走入巨人的陷阱也就不意外了，因为他们欠缺的是反思及考虑。

乌鸦、鲑鱼及狼

当最年幼的儿子打算前去找寻他的兄弟们，剩下的只有一匹不体面且可怜兮兮的瘦小马匹，但是王子就这么骑着它上路了，这当中藏着相当有意义的联结；当他后来让狼吃了这匹马，用马换来一头狼，我们也就比较不感到悲伤。从心理学的角度来看，国王代表着集体意识的主导内涵物，此时已经没有太多的本能能量留下。他失去了妻子，也许这是很久以前的事了；他也失去了六个儿子，六匹马也都死了。王宫中的生命力日渐贫瘠，这很自然地让无意识内的力量满载。

最年幼的儿子在低迷的心理状态下上路，完全没有丁点感觉他会有一番大作为，或是如同伟大的英雄般翻转情势。从故事起始出现的病灶就是过度强调阳性面，因此我们得以知道为何当个英雄是错误的：这是对旧有的统治态度阵线表示同意，以阳性面施加压力在本能、爱及阴性原则上。最年幼的那个比较好运，得到这只不体面的马，因而剥夺了他保持阳性英雄态度的可能性。接着，他遇见了一只快饿死的乌鸦，他和乌鸦分享了他仅有的食物。

欧洲神话中的乌鸦，一般来说是主宰的神及人类之间的差使。在北欧神话中，乌鸦就像是沃登神的两个差使福金及雾尼，它们坐在沃登神的左肩及右肩上，对沃登神报告世上发生的一切。我们可以说它们是沃登神的超感官知觉（ESP），或是沃登神的绝对知识，世上一切发生的信息来源。乌鸦似乎知道什么时候有尸体可吃。在远古时代，它们总会伴随军队，等待食物。它们是沃登神的差使，从它们飞翔的方向就得以预告胜利或败退。它们不仅对神传达世间所发生的一切，如果你读得懂征兆（auguria），就能通过乌鸦的行为而读取上帝的意图。

基督教神话中的乌鸦是充满野心的角色。当挪亚（Noah）在大洪水之后漂浮在方舟上，他首先派出乌鸦去找寻是否有陆地再度浮现，但是乌鸦太忙于吃尸体而忘了飞回来。接着挪亚又派出鸽子，鸽子为他带回树枝，因而得知陆地已经再度浮现。中世纪时期的教父因为这一点而将乌鸦视为恶魔及邪恶原则的代表，鸽子则被视为代表圣灵及神的美善原则。相反，拔摩岛（Patmos）的圣徒约翰（Saint John）及以利亚（Elijah）是被天堂来的乌鸦所喂养的。对于教会神父们而言，要联合这两个面向很不容易，但是他们最后说乌鸦代表深度、黑暗及不可见的，也就是指圣徒约翰对于上帝未说出的想法，或是当他孤单一人隐居在拔摩岛上所处的内在状态。因此，在中世纪，正如同在许多其他的神话领域中，乌鸦的原型象征被一分为二，有光明，也有黑暗的面向。它是恶魔的象征，同时也在精神上与上帝的黑暗神秘联结。让人感到惊讶的是，希腊神话中的乌鸦则属于太阳神阿波罗，代表的是冬天那一面的阿波罗，也就是祂黑暗、北方的（Boreal）那一面。

因此，乌鸦这个差使传达的是伟大神祇比较不可知、比较黑暗、比较没有光芒的那一面。抑郁、深度的心思，与邪恶的念头，都是相当接近的；孤寂是被邪恶附身的先备条件，对于少数知道如何在内在行事的人来说，孤寂也是进入内在中心的先备条件。乌鸦可能将我们带领至邪恶附身，或是带领进入核心内在的实践，这是太阳神的黑暗面，亦即那些此时此刻不为集体意识主导的想法，这些想法被集体视为邪恶的。一旦有人远离集体，并单独进入个人的深度，他或她将带出新的内涵，会对主导意识的光明且懒惰的态度造成扰乱。接下来的问题就是，他们到底是真的邪恶，还是此时此刻需要的黑暗实践。此处，乌鸦代表人类心灵中有帮助的那一面，但是现今处在完全饥饿的状态。换句话说，它是被忽略的那一面，可是年幼的儿子喂饱了它。

接着，小王子遇见一条鲑鱼绝望地搁浅在干涸的地面上，他将鱼推回水中。在凯尔特及北欧神话中，鲑鱼的象征意涵近似于乌鸦，亦即代表智慧以及跟未来相关的知识。在凯尔特神话里，英雄会向井里的一条鲑鱼寻求咨询，英雄由此得到关于其他世界及冥界的消息。但是鲑鱼有另一个特质：在这些国家，过去鲑鱼是主食，因此代表着滋养的元素。它提供生命活力，不仅仅带来心灵背景内黑暗未知的信息，同时也汇集了带来滋养的洞见，它是健康活力的象征。鲑鱼有项惊人的行为，它在春季时分逆流上游，前往特殊的交配地点，许多鲑鱼会在途中死亡，但鲑鱼还是每年都如此做；这代表一种极端英雄式的表现。我们从这个动物习性中得出这样的想法：鲑鱼逆流上游，做出与功利主义观点不符的行动，因而象征着人类违反自然之流的努力。它代表着英雄努力对抗懒散以及便宜行事的态度，鲑鱼若屈服于这种态度，就肯定不会逆流而上。鲑鱼试图跳过河流中的瀑布，不下十次或二十次，他们因此而精疲力竭；它们会绕行，接着再试一次，直到跳过为止。人们自然会认为这是鲑鱼带给人类的启示：为了得到智慧以及高层次的意识，人们也需要做出相同的努力。

鲑鱼有这样的高度象征意义，它代表神圣的智慧，带领人们以自身的努力朝向更高层意识，但是它也代表爱欲的特质。鲑鱼用尽一切努力抵达交配的地点，因此鲑鱼以相同的形式代表生命活力以及爱的原则，包括爱的智慧。

故事中的鲑鱼需要一臂之力回到水中。搁浅是典型的状态，因为在王子投入参与之前，这个王国中的一切都不对劲；甚至代表智慧的鲑鱼都失去了与水的接触。

相对于鲑鱼，下一个动物更接近人类。狼是温血动物，也是我们的亲近兄弟。这匹狼是如此饥饿，以至于几乎无法动弹。它整整两年什么都没得吃，因此请求王子让它吃掉马。在北欧神话中，狼就像是乌鸦，也是属于沃登神的动物。它同时也是战场的伴侣，每当军队所到之处，乌鸦会在空中跟随，而狼群会在后方的树林中紧随。它们代表过往时代的军队承受着死亡的黑暗威胁。或许因为它们是狗的近亲，而狗就依附在人类身旁，所以狼不仅带着暗黑威胁动物的投射，同时也是神奇自然智慧的投射。希腊神话中的狼同样属于阿波罗，即太阳神，也是意识的原则。希腊文里的狼是“lykos”，与拉丁字 lux，即光明同源，或许是因为狼的眼睛在黑暗中闪亮。它除了是夜行性动物，也是光明的动物。真实的狼有让人讶异的智力，或许因为这一点，再加上其他的特质，让它带着自然光明的投射。

从负面的角度而言，狼有着危险的破坏性，代表着邪恶原则的最高形式。在古老的德国神话中，当末日之狼芬莉斯（Fenris wolf）在一日将尽之时挣脱出来，就意味着世界及宇宙中诸神末日的到来。它会吞食太阳及月亮，那将是大洪水的开端，也是宇宙的末日。因此，狼是全然毁灭的魔鬼。有句话“说狼狼到”，就好比当你提到恶魔时，恶魔就来到了。为了避免提到狼的名字，狼被称为“Isengrimm”，意指如钢铁般冷酷；它的冷酷，是因为愤怒、狂暴或生气的状态转成铁了心的冷峻。当人们冷酷地说一件事，表示他因为根深隐藏的愤怒或情感，转而以铁了心的冰冷态度说出。当然，当个体需要这种“圣洁的”怒气，做出不带怜悯的决定时，那么这时候的冷酷可能就会是正面的。

狼也是恶魔的动物，以及诸位战神的圣兽。举例来说，狼在罗马属于战神玛尔斯，祂是罗马帝国的主要神祇之一，这也说明了母狼孕育罗马城的创建者罗慕路斯（Romulus）与雷穆斯（Remus）。狼不仅与战争的黑暗之神和光明之神的黑暗面有秘密关联，同时也与阴性的原则有关。例如，《小红帽》（*Little Red Riding Hood*）故事中的祖母，也就是大母神，变成一只狼并且威胁要以狼的形体吃掉小红帽；狼后来被猎人除掉，而猎人也代表沃登神的某个面向。在那个故事中，狼最后变成了黑暗阴性神祇以及黑暗自然的属性之一。在现代女性的梦境中，狼总代表着阿尼姆斯，或是代表着女性被阿尼姆斯附身时可能会出现的怪异吞食性态度。在许多的神话内涵中，狼仅仅代表饥饿与贪婪。英文的 wolfing（狼吞），指的是以一种充满贪欲的方式进食。这说明了为什么在许多传说及故事中，狐狸抓住了狼的贪婪而战胜狼；在那个当下，狼失去了灵活反思的能力而被抓住，贪婪及饥饿导致它的落败。从我们的观点来看，那是我们可以抓住它的地方。《格林童话》中有一则故事叫作《七只小羊》（*The Seven Little Goats*），故事中的狼很贪心，小羊在狼的肚子里放入石头，并把狼丢入水中。

这个故事中的狼，再一次因为贪婪而被打败。

在人类身上，狼代表着我们身上那个奇特且不具区辨性的欲望，想要吃光所有人、所有东西，想要拥有所有，这在许多精神官能症患者身上明显可见，主要问题在于因为不愉快的童年而处在幼稚状态。这样的人在身上发展出饥饿的狼，不管他们看见什么，都会说："我也要！"如果我们对他们仁慈，他们的要求就会越来越多。荣格说这是不同于权力及性的驱力，它甚至更原始，是一种想要拥有及得到所有事物的欲望。如果你给这样的人一周一小时，他们会想要两小时；如果你给他们两小时，他们会想要三小时。他们想要在你休息时见你，如果你答应了，他们会想要跟你结婚；如果你和他结了婚，他接着会想要吃掉你，就这样没完没了。他们是完全被驱力推着走的，并不是他们想要，而是它想要。他们的"它"从来不会被满足，因此狼也在这样的人身上创造了持续的憎恨与不满足。它是苦、冷，以及无止尽憎恨的象征，因为它从来没能得到。它真的想要将整个世界吞掉。

狼更常进入北欧的童话故事，在这些故事里，它是巫婆及伟大女神的同伴。在希腊，要将狼与阴性联结并非轻易可行的，因为狼是阿波罗的动物，但是有些希腊晚期的魔法莎草纸中提到，狼出现在冥月女神赫卡忒（Hecate）的狗群中，因此我们也不能忘记狼与光明之间的关系。此处所指就是，当贪婪被善用或是用在正确的目标上时。

床底下的隐秘危险力量

在这个童话故事中，狼的负面特质并没有被展现出来，可能贪婪及欠缺自我控制的面向已经驻扎在巨人身上。此处的野狼，与它的正常本性相反，只吃了马。接着它的贪婪就被止住，还可以被套上马鞍及缰绳，成为小儿子的马。如今这个坐骑就是猛烈的欲望，但是并未超过适宜的疆界。那只不得体的马并没有带来英雄之举，如今王子是骑着热切的欲望去达成他的目标，找到他的兄弟及他们的新娘。狼带着神秘的自然知识，引他前行到巨人的城堡，同时告诉王子，他就只需要听从公主的话。公主后来确实处理了整个问题。王子只要躲在床底下就好了。

狼所给予的帮助，提醒了我们其他不同的神话版本，以及英国作家吉卜林（Joseph Rudyard Kipling）那个如假似真的森林王子毛克利（Mowgli）[2]的不朽故事，故事中遭遗弃的孩子被狼群领养，后来回到人类社会。如果我记得没错，这样的事情真的发生在印度，或许应该是这样发生的：一个男孩在狼群中生活了很长的一段时间。这类真实事件并不常见，但是我认为这个神话或事件扮演了至为重要的角色，虽然只有少数几个真实的孩子被狼群抚养，但这种事却通过象征的方式发生在数以百万人身上。孩童因为不愉快的家庭生活而丢失人性，或者该说是他们不被允许具有人性，因为他们的父母带着不具人性的无意识。因此，他们就落入了“孤狼”的态度。数以千计的孩童变成孤狼，承受孤离贪婪，而且没有能力与人类建立接触。这说明了为什么现实生活中发生的少数几个故事，却能在世界各地带来如此深刻的印象。世界各地都有狼人的故事，人们在夜晚借着法术变成狼，做出破坏性的活动，这些都意味着相同的事物。

如果我们检视王子的行为，会发现他处在一个奇怪的双重位置中。狼同意被套上马鞍及缰绳，同时也不像其他故事的狼那般呈现无尽贪婪的本质；它要王子保持全然的被动。而在故事的结尾——不要忘记我们的主题是有关于邪恶问题的因应——毁灭巨人的决定性步骤不是由王子所完成，而是由狼所为的，它促使王子将蛋捏碎。因此其中有奇怪的双重态度。王子是全然被动的，他躲在公主的床底下，除了倾听他们的对话之外什么都不做。全部的行动由狼一手执行，因此巨人最后被击败，也是狼所为的。王子扮演的功能就只是作为一个工具，他进入这个故事，好让狼可以打败巨人。

有关躲在公主的床底下聆听爱人间的对话，这个主题在另一个故事中会再度出现，因此我在这里只做简短的讨论。床底下通常带有个人无意识的投射。如果人们不太整洁，你会在他们的床底看到毛屑、雾蒙蒙的灰尘，同时混杂便壶、旧鞋子之类的东西；那是人们将事物扫除之处，因而也成为钩住个人无意识最理想的地方。

我童年时期认为床底下住着猎人和黄色小精灵，它们高举着双手想抓我，我总是要僵硬地躺在床中央才能避开。我告诉其他小孩这个经验，他们都认同动物恶魔之类的东西就在床底下。

中国的智慧之书《易经》[3]的第23卦“剥卦”，意指从死亡的衰退中复苏，卦辞中提到毁坏的床的意象，床脚掉了，而最后整张床都崩塌了。它描述邪恶的力量没有勇气公开与好的力量竞争，而是偷偷且慢慢地破坏，直到整张床崩塌。其中再一次显示，“在床底下”的是被压抑的情结及问题的埋藏之处，它缓慢地破坏意识情况，最后甚至成为个人的安息所在。这说明了为什么坏的意识、担忧的意念或被压抑的事物实际上带来叨扰，让人不得好眠；这些都是住在床底下的邪恶。

此处，王子是躲在床底下的隐秘危险力量，但为了破坏主控的巨人，王子接下了另一个角色。他进入成为深藏的角色，并且变得全然被动，他借由这样的方式缓慢地学到如何消除巨人的力量。他只能通过变弱及非正面竞争的方式打败巨人，但是通过进入他的存在核心本质，他得以带出所有的秘密能量。

这完全就像你面对某个处在猛烈情绪状态的人。正面公开与对方的情绪搏斗是不会有任何作用的；试图以谈话的方式让对方走出愤怒，也只会将他的情绪激得更高涨。但是，如果个体能够理解情绪背后的秘密核心，了解其基本的母题，那是对方通常不会知道的，那么我们就可能因某个行动而让整件事崩塌。对于自己也是一样的。如果个体因为某件事而呈现极为夸大的情绪，通常是因为他的无意识生命活力及力比多能量没有流向正确的方向，或是没有走向它们所属的方向。

带有创意性本质却没有活出其创意本质的人，是最不讨喜的个案。他们总是大惊小怪、庸人自扰，而且会过度热衷于不值得关注的人物。他们的内在漂浮着满载的能量，但是这些能量没能对上正确的对象，因此就倾向于以夸张的动力套入错误的情境中。我们可以问问他们何以如此夸张，何以如此大惊小怪，但是这份过于大惊小怪或过度强调并没有得到意识化。因为部分的动力核心并未驻扎，或是未连上正确的动机，所以满载的能量就成了个人的愚蠢表现。一旦这些人将自身投注在真正重要的事物，超载能量就会全盘流入正确的方向，不再为那些不值得投注情绪的事物加热。被压抑的创意是导致这种态度的常见原因之一，但是心灵中被压抑的宗教功能通常也会导致这种偏颇的夸大倾向。

宗教功能或许是人类心灵中最强大的驱力，但如果它不是指向自然目标，则会增加生命其他部分的负载，同时带来不当的情绪。劳伦斯·凡·德·普司特在《进入俄罗斯之旅》(*Journey into Russia*)[4]一书中提到这一点。他在书中指出，因为心灵的宗教功能受到无神论的统治系统影响而支离破碎，这样的夸大有时候会以可笑的方式表现：在某些国家及区域的乡下人会将电力视为神，而且会将他们的男孩命名为“伏特”(Voltage)，女孩命名为“琥珀光”(Electra)[5]。谈及新建的水库、涡电流或发电机时，他们对这些新事物心存敬畏，就宛若远古时代的人谈及宗教事物一般。书中也描述当他拜访列宁陵墓时所观察到的病态场景，他对于这个生在十九世纪，如今被防腐永存的恶劣小资产阶级留下深刻的印象——列宁带着他那修剪整齐的胡子躺在陵墓中，三不五时还需要重新施与防腐工程，以防虫子吃了他的躯体。他当时看见一些单纯的人们走进来，其中有个俄罗斯乡下人及他的女儿，这个男人一脸惊愕地看着玻璃棺木里的尸体，并脱下帽子致意，不久之后，他以虔敬的眼神看了看女儿，示意两人该离开了。画了十字之后，他们又再次安静地走出陵墓。如果这世上没有神，我们就会从死人身上造神！当个体的心灵发展主流被阻挡了，你或许会以明喻表示水流入旁支，灌满边流；如果全面被挡住了，就会在人类心灵沼泽中长满蛇及蚊子，因为水流并未被导向真实的目标。因此，为了克服这个破坏性的情绪，公主必须找出巨人如何与他的心脏相连。在两次错误的尝试后，她发现心脏就在“远方”水域，其中有个岛，岛上有教堂，教堂内有口井，井中有只鸭子，鸭子底下有颗蛋，而蛋里有着巨人的心脏。

在这个故事的其他平行版本中，心字被死字所取代。俄罗斯的平行版本有个黑魔法师说：“岛上有间教堂，教堂内有只鸟，鸟底下有颗蛋，蛋里就是我的死亡。”就某方面而言，这是相同的事物，因为只要你手上有蛋，你就握有巨人死亡的可能性，那或许就是这两者之间的联结。此处，心带着情感功能的象征，是个脆弱点，是致命的弱点，也是这个无懈可击的恶魔可能受到打击的地方。

海岛、教堂、水井及鸭子

接着我们进入水、岛、教堂、井、鸭以及心等让人感到兴奋的象征。娴熟荣格心理学的人会知道，这些事物都是自性的象征，一个套一个。在神话学中，远方的岛屿通常带着失落乐园的投射，苹果园（Hesperides）[6]就坐落在远方的岛屿上，而在凯尔特神话中有各式各样的精灵岛。在中世纪晚期，世界尽头的极北之岛（Island of Thule）被认为是遥远的乌托邦岛屿，这是诸神、精灵或是海神退隐之地。在希腊神话中，克洛诺斯（Kronos），那位被宙斯所罢黜的旧神，就是退隐到北欧岛屿，并且住在那儿的一个北方国家。通常过往的理想状态仍然存在于这个岛上；例如，黄金时期仍然持续存在于这个克洛诺斯退隐的岛上。

中世纪晚期有数不尽的航海故事，像是圣徒布兰登（Saint Brandon）等人的航行；在这些航行中，会有水手在暴风雨中滑出航道，抵达一个奇怪的岛屿，在那里有令人惊讶的魔法历险。岛屿单纯就是远方无意识界的象征，与意识没有任何联结。孤立隔绝（isolation）一词源自拉丁字的 insula（岛）。从心理学的角度来说，岛屿代表着自有生命的自主情结，它与其余的意识人格完全或几乎没有联结。这真的就如同字面上所表现的意义，亦即一个独立的岛屿区域，有时候个体对它有些许的知识，但是并没有将之与意识联结。

我想起一个案例，是个带着难搞的慢性思觉失调症状的男性。他与他的母亲捆绑在一起，直到他四十好几了，他的母亲都不允许他结婚，也不能与女性接触。他可以外出工作，但是下班之后就必须马上回家。他无从逃脱年迈且具有全然破坏性的母亲所施展的高压统治。他的分析师带着他的可怕梦境来找我，其中显示这个男性个案可能会自杀，或者随时都会有另一次的思觉失调症发作。梦境的场景零零星星的，但是其中一再出现的母题，是有着华丽热带植物的岛屿。岛上有女性，但是总会出现毒蛇以各种形式威胁做梦者。我猜想他可能有带着肉体幻想的自慰行为，在这些自慰幻想中，有着属于他个人私密的情色生活，显然是相当孤立隔绝的。从某方面来看，那是正面的表现，至少在那里他可以有一些正常的生活，他在四十五岁之前都没有任何的性生活。但是从另一方面来看，这也是负面的，因为这降低了他离开母亲的期望；如果没有这个自慰天堂，他会有更强烈的希望。因此，这个自慰天堂同时也带有毒蛇在其中。我将这个母题的意义与他的分析师分享，但是花了整整一年的时间，其中的意义才从被分析者身上出现。有一天，他梦到自己再次被岛上的毒蛇咬伤，因而病得很严重，同时他也在地板上看见少许的蛇头及部分的蛇身，他说："没错，我必须要将那个带给医师，才能得到抗毒性的血清。"在这个梦境之后，他终于同意讨论那个热带岛屿的夜生活。

因此，这个岛屿象征着被分隔的区域，可说是个自主的情结。在这个案例中，正常的性欲被负面的母亲情结所孤立且分裂。做梦者深知这一点，但是打定主意绝不对分析师提到这件事。他将这个部分与其他的生活问题谨慎分开。因此，有时候这个岛屿是个体所知悉的，但是在岛屿与意识区域间，有着一大片的无意识水域；有时候这部分是完全不为个体所知的，这意味着没来由地在幻想的角落有个自主的情结，但是意识对它所知不多，因此无法将它报告出来。

在这个被分离的远方孤立心灵区域中，有间教堂。请注意：岛 = 阴性面，海 = 阴性面，教堂 = 阴性面，井 = 阴性面！简而言之，这是所有的阴性及母亲的原则，也是这个没有王后的王国里所缺少的东西；但是这一切被完全孤绝，从生活的其他层面被切断。

有趣的是，有间教堂坐落在这个被分隔的区域。即便是基督宗教态度的那个面向，亦即教堂作为涵容阴性面之处，人们在其中敬拜，这个部分也被分隔在这个岛上；再加上一口井，就成为个体能够与无意识建立链接的系统。井是个有围墙的地方，通过井，深层地底的水源被带上来。在这里，井意味着人为的建构，让人类可以持续不带危险地与无意识的深度建立联结。如果我们将这两者放在一起，带有井的教堂，显示教堂中被压抑的就是原初教堂的鲜活功能。

在北欧国家接受基督教化之后的最初几个世纪，教堂传达了神秘宗教经验的可能性。但是在后来的几个世纪里，它开始倾向于社会形式化。当北欧的人们被归化为基督徒，至少在一开始的时候，至少在他们尚未受到军队强迫之前，对他们来说，那是宗教经验及意识的真实进展，我们可以在远古的年代纪事中看到这一点。但是，后来基督教的心理真实面再一次消退，留下的只有传统的硬皮，成为社会事务，而不再具有深层的宗教意义。心灵的真实宗教功能退回成为异教主义，但是异教主义已变得遥不可及，于是就演变成若即若离的状况。

井里有一只鸭子，鸭子底下是一颗蛋。奇怪的是，通常在童话故事中跟邪恶有关的鸭子，在这里却成了拯救因子。至少在欧洲国家，鸭子似乎从某方面来说跟邪恶原则有关联，但在另一方面则因为带有邪恶原则而能够将个体从邪恶中拯救出来。在印度神话中，鸭子与太阳相联结，当太阳在傍晚时分落下时，它就像是一只金黄鸭子在西方的水池中游过，早上时分又从东方游回来。

在欧洲国家，鸭和鹅明显带有魔鬼及巫婆的联结，他们通常会有着像鸭脚或鹅脚一样的一双脚。许多民间故事中会有各式貌美女子及人物出现，但是如果你注意他们的双脚，就会看见他们都有鸭脚或是鹅脚，然后你就会知道自己面对的是某种邪恶的童话生物。鸭子是不寻常的鸟类。它可以在路上、在水中以及在空中行动，它在陆地上行动不若在水中行动来得好，但还是远比那些笨重的天鹅或完全无助的水鸟们要好一些。因此，它代表着对自然界感到安适的原则，也常被用作自性的象征。鸭子得以克服人类所不能克服的自然困境，人类不能飞，也需要技术性的帮忙才能游泳，但是鸭子对这些事都相当拿手。因此，它代表着荣格心理学派所谓的超越功能，那是个奇特的无意识心灵能力，得以将受困于情境中的人类转化，指引人类进入新的情境。举凡人类生活受困，或是抵达无法再向前进的海岸，超越功能都会带入疗愈性的梦境及幻想；这些梦境及幻想在象征幻想层次得以建构一个新的生活方式，它是突然形成的，且导引人们到达新的情境。

在鸭子底下是颗蛋；巨人说，那正是我的心所在。蛋意指新的胚芽，一个新生活的可能性。所以在复活节以及所有的春天祭典，蛋象征着更新及新生活的可能性。如果你回想各种宇宙演化的神话，蛋是世界的开启，它获得高贵的宇宙原则。它是最初始的事物，整个宇宙由此而生。根据许多创世神话，如印度创世神话、希腊奥菲斯创世等，世界是从一颗蛋分裂孵化出来的。

在炼金术中，蛋扮演着重大的角色，等同于哲人石，如炼金术士说的，它自身俱足、不外求，除了需要些微提供生命力的温度，无须任何添加就能从自身诞生。它象征着个体最内在的核心本质，也就是自性，我们对它不能有所添加，也不能取走任何事物。只要我们给它每日的关注，它就有能力靠自己从自身之内而发展。这一连串带着阴性本质且让人惊讶的宗教内涵象征物，就是巨人的秘密之心，或巨人的灵魂。

英雄找到了岛上教堂里的井，在里面发现了鸭子和蛋。他将蛋握在手中，勒令巨人让哥哥们及未来的嫂嫂们重新活过来。巨人照着他所说的去做了，于是就进入了决定性的时刻：既然巨人已将他所做的错事一笔勾销，英雄是否应该信守承诺而放过巨人？此时，狼介入了，它要王子捏碎这颗蛋。英雄将蛋捏碎，而巨人也死了。

在一场研讨会中（该研讨会的内容后来成为这本书的基础），有个与会者试图解读故事的结局。他将这部分的解读区分成两种可能性：首先，对女性来说，这样的情节意指什么？假若巨人代表的是铁石心肠及残酷的阿尼姆斯角色，那么公主代表的就是人类的人格；她会在夜晚搜出巨人的脆弱点，并且将信息交给王子，王子成了她的正面阿尼姆斯（我只叙述这篇论文的精华部分）。假若她对过去的主人感到感伤怜悯，就会让她所得的一切都落入危险，因此旧的残酷主人必须死去，才能为她的真实人生开出一条路。从男人的角度来看，这位与会者将蛋解读为伟大的目标，是整个人生的辩解。在鸭子内的蛋可以说是他的无意识层，这个层次从未得到意识化（意指巨人），是内在发展的真实目标。他找到最美的公主，并且与她建立彼此的束缚，证明了铁石面容底下存在着更大的可能性，这全是从巨人的观点来看的。公主作为他的阿尼玛，是无意识世界的调停者，带领他朝向目标，也就是他那鲜活的心。此处，找寻心的历程意味着巨人对自己的发现，此刻他的生活是充实满足的，因此也是死去的正确时机——作为一个带着一颗石头心脏的石巨人，他无法继续活下去。

这部分的解读我有些怀疑，因为这是从巨人的观点来看这一切，而不是从王子的观点出发。从石巨人的观点而言，这是生命的结束。如今他更接近这个教堂——鸭子——蛋的象征而得以自我实现，因此是时候让他死去。但是，如果我们将巨人视为异教的部分灵魂，一个不完整的实体，那么我认为这一切就更复杂了。而且，我不是太喜欢这个解读的原因在于我看不到这一切与王子心理的联结，或者这一切对王子的意义为何；而王子代表着故事中的男性人格。

进入故事细节的讨论之前，我先说一个反向的故事。这个来自立陶宛的童话故事，会让接下来的讨论变得更加复杂。

《樵夫智取恶魔并赢得公主》
（*How the Woodcutter Outwits the Devil and Gets the Princess*）[7]

有个樵夫在森林中伐木时看见一只貂。他立刻丢下斧头追上，但追了又追，最后就在森林中迷路了。当天色变黑，他就只能爬上树过夜。到了早上，他听见激烈的争执，从树上往下看，他看见了狮子、赛犬、猫、老鹰、蚂蚁、公鸡、麻雀及苍蝇（八只动物），它们为了一具麋鹿的尸体在争吵，因为每只动物都想要为麋鹿献上挽歌。它们吵了一整天，后来其中一只动物瞧见樵夫，说应该由樵夫来做决定。樵夫从树上爬下，思考了一会儿之后，说应该由樵夫自己来唱，否则麋鹿就不能安葬。其他动物都为此感到高兴不已，还说它们会奖赏樵夫的聪明决定；樵夫因此获得了能够将自己转变成八只动物中任何一只的能力，只要他心中想着那个动物就可以变身了。

因此，樵夫唱出挽歌，整个树林都随之唱和。接着，他把自己变成狮子，迅速奔驰到森林的另一边。在那里，他遇见了一个悲苦哭泣的养猪人家，恶魔将在不久之后吃掉养猪人的所有猪。养猪人说这一切都是国王的错，因为国王几天前在森林里迷路了，当时有个从上帝而来的怪人出现，承诺要带国王走出树林，但前提是国王每天都要给这怪人一只猪。当王国里再也没有猪可给时，国王就必须给出公主，也就是国王自己的女儿。

如今国王承诺要将他的女儿许配给任何能除掉这个怪兽的人。樵夫说，如果事情真是这样的话，就必须要把那个吃猪的人抓起来，而我注定就是国王的女婿。他接手照顾这些猪，接近傍晚时分，恶魔来到，它抓了一只猪，并且消失在树林中。樵夫迅速将剩余的猪带回家，同时变身成赛犬，追在恶魔的后方。他告诉恶魔，再往前些的第八块树林区，有个人想上吊自杀但没有勇气下手；他建议恶魔赶紧去抓那个人，别管那只笨猪了。恶魔匆匆赶去，而赛犬将自己变回人形，把毫发未伤的猪带回。

隔天晚上，相同的事情再次发生。这一次，樵夫变成老鹰的样貌，还嘲笑恶魔吃猪。他说在另一个树林里有个被母亲溺毙的孩子，建议恶魔应该去吃那个孩子，而不是吃猪。恶魔前去吃小孩之前，试图确保它的猪平安；恶魔将橡树撕裂，把猪关在里面，不过樵夫把这只猪救了回家。

隔天晚上，樵夫将猪都带回家赶入猪舍。他认为自己必须整晚像只公鸡一样坐在高处，果然，恶魔在子夜时分出现了，它看起来饥肠辘辘。但是一旦公鸡开始啼叫，恶魔就静悄悄地走开。当它发现自己被樵夫欺骗后，相当生气，立即前去国王的城堡，还将公主从床上一把拉起带走。

国王很绝望，但是樵夫要国王放心。他进入恶魔困着女孩的山区，在那里发现一个小洞。樵夫把自己变成一只蚂蚁，坐在一粒沙上，滑入深埋的地底。进入地底之后是一片平坦，樵夫再将自己变成一只苍蝇，直直飞向另一头。接着，他看见一幢水晶城堡，国王的女儿正坐在窗边哭泣。樵夫将自己变回原本的样貌，在公主面前现身。这个举动把公主吓坏了，她问樵夫是如何抵达这儿的，还说恶魔可能会在任何时刻进来把樵夫撕成碎片。

不久之后，恶魔真的出现了，但是樵夫将自己变成一只狮子，对恶魔展开攻击。一番激战后，血肉四散，最后狮子将恶魔吃了，丁点皮毛都不剩。

公主高兴不已，樵夫当然也很开心。但是，接下来的问题是他们要如何离开地底走上地面。他们想了各种可能的方法，最后公主想到个主意，她记起读过恶魔的书，书中提到某种树中有颗钻石蛋，如果有人能将这颗蛋带到上面的世界，水晶城堡也会一起被带到上面的世界。

樵夫立即将自己变成一只麻雀飞入树林中，他从鸟巢中拿起钻石蛋，将之带走。这问题解决了，但是他该如何将蛋带到上面的世界？

“等等！”公主说，“恶魔有个受不了猫的守门人，如果他发现了猫，就会把猫抛到上面的世界，试试这个方法！”

因此，樵夫将自己变成猫，他把蛋含在口中，并在守门人的脚边爬行，发出咕噜咕噜声。就在守门人看见猫的那一瞬间，他一把从尾巴抓起猫，将它带上长长的阶梯。过了很长的一段时间之后，他们抵达一扇巨大的铁门，守门人将门打开，一脚把猫踢出门外。猫正好就降落在先前蚂蚁偷偷溜入地底的洞口。就在猫变身回樵夫，并且把蛋放在地面上的那一刻，水晶城堡就出现了，国王的女儿也随着城堡一起出现。之后，两人结婚，并在水晶城堡里过着幸福快乐的生活。

合而为一那一刻的惊吓

我并不打算深入讨论这个美好捣蛋鬼故事的细节，但我主要想指出的是，主角并不总是需要将恶魔或邪恶所拥有的宝藏捏碎。这个故事里发生的事件，至少就荣格派的观点来说是更合乎自然的：自性的象征得到保存，同时得以被带出，并且被整合成为真实。它被带到表面、进入意识，只有原先附着在它身上的邪恶被摧毁了。这相当符合我们的自然想法：一旦被恶魔占据了中心，即占据了自性的伟大宝藏，那么问题就在于如何让宝藏从恶魔身上解脱出来。这也反映在常见的故事情节模式，例如从龙的手中拿走珍珠，或是费尽困难才从邪恶之手中得到宝藏。

这是个相当接近的平行故事，因为其中有相同的母题，只是呈现出对立的道德行为原则。在北欧国家，基督宗教生活中有一部分被吸回无意识。在岛屿、鸭子的故事中，巨人代表着破坏性的情绪；如果巨人与这个教堂以及带有蛋的鸭子住得更接近彼此，他们必定是彼此不相容的。带着自性象征在其中的基督教会，与巨人和巨人的行径是不相容的；因此，巨人唯有将相连的事物放在远方，才有可能保持联结。巨人的表现就像某一些人，他们是通过自身行动的不一致之处，而得以接近真实的秘密生活、自身的力量，以及生命的可能性。有些人通过成为教会或社群的领袖，而得以建立他们的地位，但是他们日常所过的，却是完全不同的生活。他们从事某种跟日常生活全然不兼容的行动，因而获得整个人生的可能性。在人类的情境中，我们将之称为“分而治之心理学”（compartment psychology）。

许多群众运动也明显呈现相同的状况。人们被某些高尚的宗教理念，理想自性的象征，以及这一切的伟大吸引力所搅动，然而倡议者的真实目的或行动则完全是另一回事。不久之前，许多德国人在纳粹运动的初期，因为一个承诺将天堂带回人间的原型梦而受到诱惑。“第三帝国”是个乌托邦的理想状态——和平得以实现，由适当的人统治，所有腐败或衰退的症状都会被克服。纳粹主义的理想是个天真幼稚的乌托邦或天堂样式，它引诱人们投入这场运动；但实际发生的状况，则落入了无心巨人的范畴。

如果你阅读劳伦斯·凡·德·普司特关于俄罗斯的著作，你也会看见相同的乌托邦或天堂耶路撒冷圣城式的操作。只是，天堂不是等到末日时才到来，而是现在就要出现。承诺建立和平及人间天堂，仍然是最强大的宣传伎俩，诱惑着纯真的人们。他们对共产思维祭出如同宗教般的奉献，因为其中带着原型意象的吸引力，但是那些推动运动的人实际上眼光短浅，心中带有的是世俗的目的。在现实中，这是最不幸的结合：犯罪行为及破坏性的活动，总是与不真实且未实现的宗教理想秘密结合。虽然我以集体运动作为例证，但我们同样也能在精神症的爆发之中看到这些情况。带有精神症的人，灵魂深处总会栖居着一个幼稚的天堂梦，让他们远离生活；然而，他们的所有热情冲动也都从这个天堂梦而来。事实上，这是藏在他们那全然自我破坏的情绪行为背后的秘密，甚至让他们可以带着完全清晰的意识做出可怕的犯罪行为。

我对于一个曾经在报纸上读到的案例记忆深刻，有个患有思觉失调症的男性在精神病院有了很大的进展，因此被允许得到相对的自由度，并且被聘为园丁。他与诊所主任的小女儿成为朋友。有一天，他一把抓住女孩的头发，慢慢地切掉女孩的头。当他在法庭上被问到这件事时，他说圣灵命令他用人类献祭。他自始至终都没有丝毫的情绪反应，他深信他自己做了一件宗教献祭，他以这样的英雄行径信念抑制了面对这个小女孩的遭遇可能会升起的感伤之情。法院除了继续拘留他之外无计可施，因为他显然是极度疯狂的。此处再次显示的，也是高尚宗教理想的同一种结合形式；我们可以说，当他深信自己正在遵从圣灵的声音时，他带着的是幼稚的宗教感，但是他并没有察觉这样的命令与圣灵是不兼容的。

巨人与教会的结合代表这样的疯狂；我们在精神症的解离行为中得以看见这一点，除了摧毁这个破坏性的秘密根源，以及其中的幼稚理想核心本质之外，我们无计可施。挪威故事中的王子并没有被要求做决定，他显然也没有能力评断自己该做什么，事实上是狼在当下介入并下令王子把蛋捏碎。我们先前谈到狼代表冷酷的铁石心肠，一种冷冷的愤怒，这跟巨人所代表的非人性无情是相反的。狼象征着黑暗、危险的坚定，如果被用在正确的时刻，有时候正是个体化历程所必需的，目的在于推动与邪恶相对的正确价值。然而，如果你所面临的对立面并非过于遥远，也并非完全不兼容，那么就有可能出现如同樵夫故事中摧毁恶魔后将钻石带出表面的可能性。

对我来说，无情巨人的故事表现出精神医学中心理病态底层的原型模块。心理病态的病患常见的行为表现似乎是完全的无情，没有感受也没有道德。背后则是被隐藏起来的秘密膨胀感，因为他们的行为表现就仿佛他们有权说谎、欺诈，也有权不带自我怀疑及自我批判地行使谋杀。在底层，他们也是个自我中心的婴儿，满是理想化的妄想，他们以感人的天真将人们拖入，让人们生出想帮助或拯救这个可怜孩子的想法；但是那个内在的婴儿是个寄生虫，他永远不会得到发展，因此感伤的怜悯是不适宜的。狼揭示了我们该做什么：带着冷酷的铁石心，捏碎蛋、杀了巨人。

有时候，分析师也需要有相同的决心。从极地附近的萨满仪式中可知，有些部落认为，只有潜在的杀手才能成为好的萨满，有时候在因应个体的转折点或集体病态时，那种形式的铁石坚定是必需的；但这也是站在刀锋上，稍微往前偏一些，就成了谋杀或摧毁。一个尚未整合这项能力的萨满，就表示他尚未具备触及邪恶问题所需的能力。

在分析的工作中，我们在严重解离的神经官能症后期治疗里也会遇见这种状况，就如同在童话故事中；当人们有了极大的进展，接着会发生的就像是生理病痛一般，整个问题会被唤醒至高峰。病患原本受苦于对立问题所带来的解离，一时无法统整；当病患缓慢地意识到精神官能症状的真实原因，进一步得到意识化及治愈的可能性就会逐渐成形。

有少数带有坦白及天真本性的人（就如同是乡下人故事里的单纯家伙），此刻就单纯地脱下精神官能症状的老皮，并得到治愈。在这种情况下，分析是相当短暂的，因为一旦病患觉悟这是怎么一回事，当下就脱离疾病之苦。分析师通常会开心地发表这样的案例，大声张扬一切是如何美好。但是在现实中，事情鲜少是这样的！只有在上帝的恩典下，事情才能够如此顺利进展。通常在进展中，对于精神官能行为的依附也会提高，甚至可能导致个体相信自己有精神症、冲动性精神官能症或思觉失调性人格，但同时会说自己实际上已经没事了——此时是我们该留意自杀行为的时刻；因为就在此刻，在越来越强烈的恐惧之下，被分析者觉悟到自己未来必须要过正常的生活，而通常那会是令他作恶的想法，所以在最后一刻他宁愿跌落窗外，或掉入湖中。因此，这是个高峰的时刻：事情好转了，但同时也变得更危险了。看一下咖啡中的气泡，它们彼此相互吸引、相互舞动，越来越靠近，但是并没有真的相遇；接着，它们突然就结合成一个大泡泡。这就是心灵对立面的表现方式，它们相互吸引，绕圈圈并靠近彼此，但是当它们合而为一的那一刻，总会带来惊吓；尤其当精神官能症状已经持续相当长的一段时间，这股惊吓更是巨大。

荣格曾经谈过一个案例，病患在这个时刻表现出对于治疗的惊人抗拒，因为他无法承认自己已经浪费了 25 年的生命！如果你拖着生命、逃避自己及其他事物长达 25 年之久，要承认这一切只不过是一场精神官能症的舞会，是非常困难的。这就是为什么人们有时候不能再继续向前进，而且不计一切地想要跳回先前的疾病中。

在这样的时刻，我们就需要像狼一样，以如此不带悲怜的决心，犹如外科医师那把坚硬残忍的手术刀。既然已经失去了25年的人生，你还想要继续这样浪费你接下来的日子？对于个体耽溺于疾病的病态倾向，不带怜悯的态度是绝对必要的。但是，有时候这样的决心是不可能的，这也意味着此时要做出恐怖抉择。

在某些案例中，当个体有潜伏的精神症时，残酷的铁石心是必需的。如果个体心灵中的精神症只是相对小部分，而意识人格在道德的层面也是强烈的，你就可以当作精神官能症般对待，并试着整合心灵中这个生病但自主的部分。这可能会导致巨大的危机，但是也会带出完全的疗愈、完整性或整合。然而，在一些案例中，生病的区域是大范围的，意识人格则微小且虚弱，如果我们此时尝试将两者放在一起，就会导致生病的部分同化剩余的健康部分，而潜在性的精神症也会变得显著。

在这样的案例中，从我们的观点，所谓人格面具退行的归位治疗就有必要了；我们要让此人远离无意识、远离心理学，同时帮助他以纯粹朝外，且利用人格面具的方式来适应集体社会标准。就让沉睡的狗睡去吧。人们会得到解救，因为这样的人通常也有同样的感觉，他们会说："你不认为分析让人变得病态吗？你不认为让自己被内在的废话占据是不健康的吗？"在这样的例子中，我们必须要有勇气说："是的，你说得很对。我们在这里所做的一切有关心理学的事，都是垃圾，只能针对有精神官能症状的人。

像你这样健康的人必须要回到世界中、找份工作，或是做些其他的事。”同时，要语带振奋地鼓励他们从无意识取向中走出。

在一场研讨会中，荣格报告一个案例，有一位医师向荣格寻求咨询，他表示自己想要停止一般的医学执业，打算成为精神科医师。他想要接受荣格的分析训练，荣格在一个关键性的梦境出现后做出决定。做梦者进入一个空房子，从一个房间走过另一个房间，里面有诡异的黑暗氛围，不见人也不见动物，没有图画也没有家具。他走过在空荡荡的空间里的完美迷宫，直到他最后抵达尽头的房间。他打开门，在建筑物的中心，有个小孩坐在便壶上，拿着大便涂抹在自己身上。荣格从中理解到这个 45 岁医师的核心本质仍停留在婴儿期的状态中，而他的假面成人意识与人格内在的幼稚核心之间距离太大，对立两面无法被放在一起。而更糟糕的是，在这个孩子及他的意识之间，什么都没有，没有人物、没有图画，什么都没有，只有这一端，以及那一端！荣格说服这个人回到他原本的专业，继续当个一般科医师，同时将无意识放在一边。他遵从荣格所言，回到他的专业，也因此避开了一场灾难。

在这样的时刻，我们需要的就是冷酷决心，就像是外科医师决定截肢以保全人体的其他部分。这就是狼在此处所代表的，一旦不存在任何进展的可能性，就要坚决执行外科切除手术。蛋及巨人的结合必须要整个被破坏，接着，新的生命会在远离这里的其他地方开展。

在行动与不行动之间

我们看到这个故事里出现的是一颗被捏碎的蛋，可是在相对应的立陶宛故事中，则是一颗钻石蛋。钻石蛋是出类拔萃、不可毁灭之物，无论在东方或西方的炼金术及哲学中，它都是自性象征中那至高的不可毁灭性。因此它不能被破坏，但是也必须要被带到上层的世界。

如果你更仔细检视这两个童话故事，你会看见两者并不全然相反。相同的部分是自性的象征，即那颗蛋，被掌握在破坏性冥界之手。在其中的一个故事，因为它处于钻石的成熟状态，所以必须被带出；但是在另一个故事中，它则是个湿湿黏黏的，必须要被摧毁的事物。在其他方面，立陶宛的故事也有一些差异。故事的开始，樵夫带着八种动物，因此在本能的形式上就有着完整的象征，接下来的问题则在于将钻石所代表的其他灵性部分带出意识表面。

两个故事都是由公主帮忙找到解决方法。在挪威的故事中，公主在闺房亲密中发现巨人的心所在地。而在樵夫的故事中，公主则因为读过恶魔的魔法书，知道钻石蛋在哪里，也知道如何将蛋带出地球表面。同样，让樵夫变成猫而被带出地球表面，也是公主的点子。两个故事中的阿尼玛，即阴性原则，都是与邪恶原则战斗时的决定性因子。英雄必须拥有动物，阿尼玛也必须站在他那一边，他才有存活的机会；而且，故事中的英雄在决定性时刻并没有太多表现，而是由动物及阿尼玛接手行动。

这些童话故事都属于基督教场域，属于欧洲国家，因此我们必须要以相对的观点来看。这些童话是对于意识里过于活化的外倾男性表现所做的补偿，它们补偿了欧洲基督传统的意识态度——在英雄骑士的理想中，人必须要与邪恶战斗，要主动介入战斗，必须对它有所行动！无论在我们的社会还是自然领域里，只要出现任何负面或破坏性的事物，你总会在报章中读到："政府打算如何应对某某事件？势必要对这些事有些作为！"

我们应该先观察，并且研究这些破坏因子，行动前要先进入它的心脏或中心——这样的处事态度对我们来说是陌生的，通常也只能是后见之明。第一个念头，往往是想要对它做些什么，而这样的念头反而会提高黑暗面的力量，给予它更多的力比多能量。让可怕的事情发生，不受诱惑而去采取外倾行动，这是我们尚未学得的艺术。白人最大的问题，就是希望借由行动介入来治愈邪恶，我甚至会说这是白人的通病。这同样又是个吊诡，因为在内在及外在生活中，有些时候什么都不做才是正确的，只要等待及观看，但也有一些时刻是我们必须介入干预的；知道何时该行动，何时该让事情发生，何时该等待直到时机成熟并朝可能的转折点前进，这是智慧，而童话故事可以在这一点给我们许多教导。

让我们回到亵渎（frevel）的母题，根据矛盾的原则，亵渎势必在某些时刻也是对的。樵夫是个极佳的例子，他粗心鲁莽、到处干预、胆大妄为地踏入每个情境，结果得到奖赏。这是个奇妙的例子，说明在没有内在需要的情况下，只是出于单纯的胆大妄为而侵入邪恶领域，最后是如何得到奖赏的。

这一点带我们进入下一步，同样也在樵夫的故事中得到暗示。

如果公主没有读过恶魔的魔法书，而如果樵夫也没有事先得到变成动物的能力，他们绝对不可能克服恶魔。因此，我们的下一个主题就是魔法竞争。我们是否该在魔法的层次处理恶魔？如果不是，那该如何处理？这在各国的童话故事中都是受欢迎的主题，问题在于最后到底是谁赢了，是善良魔法师，或是邪恶魔法师？这不是粗暴力量及情感的争斗，如樵夫以狮子的样貌吃掉恶魔（顺带一提，狮子是恶魔的象征）。下一个故事是在精神层面上与恶魔的问题战斗，那是作为魔法师的恶魔，以及作为反向魔法师的英雄之间的魔法竞争。我们可以假想是黑魔法及白魔法，不过那只是武断的颜色划分。我宁愿说这是一个法术对上另一个法术，其中没有事先定义的黑与白。

注释

1. 原书注：*Nordische Volksmärchen II* (Norwegen), p. 119.
2. 译注：为吉卜林作品《丛林之书》（*The Jungle Book*）中的角色。
3. 原文注：Richard Wilhelm, trans., *I Ching,* rendered into English by Cary F. Baynes (Princeton, N.J.: Princeton University Press, 1967).
4. 原书注：Laurens van der Post, *Journey into Russia* (London: Hogarth Press, 1964).
5. 译注：Electra 在希腊神话中为厄勒克特拉弑母为父报仇的悲剧故事，其后在心理学中被引用为恋父情结，而在古希腊语中，此词原意为“发亮的”，同时也指涉琥珀透亮的本质，也因此沿用现今英文中有关“电”的各式用词。
6. 编注：此处指希腊神话中，大地之母盖亚送给赫拉和宙斯一棵会结金苹果的树作为结婚礼物，这棵树被种在极西方的金苹果圣园中。
7. 原书注：*Lettisch-litauische Volksmärchen, Die Märchen der Weltliteratur,* series published by Diederichs Verlag (Jena, 1921), no. 3, “Wie der Holzhauer den Teufel ü berlistet und die Königstochter gewinnt” .

| 第十一章 |

魔法竞争

让我们先看一个俄罗斯的故事，接着是爱尔兰的故事；我会针对爱尔兰的故事进行详细的讨论，俄罗斯的故事则只是作为比较的素材，以增加变异性。首先是俄罗斯的故事：

《黑魔法师沙皇》(*The Black Magician Czar*)[1]

从前有个沙皇，他是个黑魔法师，也是个强而有力的统治者。他住在一个如桌布般平坦的国家，他有个妻子、有一些孩子，以及许多仆人。有一天，他给全国办了一场晚宴，邀请所有的贵族、农民、市民，让所有人参与。在一轮丰盛的晚餐飨宴之后，他说："凡是有谁能顺利藏身并逃开我的追捕，就可以得到一半的王国，也可以娶我的女儿为妻，在我过世后还可以统治我的整个帝国。"

晚餐席间的每个人都噤若寒蝉且脸色发白。不过有个大胆的年轻人起身说："沙皇，我可以藏身不让你找到。"

沙皇回说："很好，勇敢的年轻人，那就去躲起来。明天我会去追捕你，如果你没有藏身成功，你的脑袋就要落地。"这个大胆的年轻人离开皇宫进入城市。他决定躲在村中牧师的浴室里。

第二天一大早，黑魔法师沙皇起床后开始生火，他坐在火炉旁的一张椅子上开始阅读他的魔法书，好找出这个年轻人。"这个大胆的年轻人，"他发现，"离开了我的白色皇宫前去皇城，还去了村中牧师的浴室，决定藏在那里。"因此，他差遣仆人去牧师的浴室抓这个年轻人。他们发现这个年轻人躺在浴室角落，就把他带回给沙皇。沙皇对年轻人说："既然你没有成功藏身，让我找着了，你的脑袋就要落地。”沙皇亲自拿起一把利剑，砍了这个年轻人的脑袋。（其中关键的句子是，沙皇在他的邪恶游戏中得到极大的乐趣。）

第二天，沙皇又再次举办大型晚宴并邀请所有人出席。他再次说了相同的话，凡是有谁能躲起来让他找不着，就能得到他的王国及女儿。再一次，有个大胆的年轻人说自己可以做到，而沙皇也再一次警告，如果年轻人失败了，他的脑袋就要落地。

年轻人离开了这个白石砌成的皇宫，出发前行越过皇城，直到他抵达一个巨大的谷仓。他认为只要爬进草堆及谷壳中，沙皇绝对没办法在那里发现他，因此他爬进去后就躺着不动。

沙皇也再一次以相同的程序咨询他的魔法书，发现了这个年轻人，也砍了他的脑袋。

第三天，又有另一场晚宴，而沙皇也再次给出相同的条件。第三个勇敢的年轻人说自己能逃过沙皇的追捕，但是附加要求给他三次的机会。他出了城，把自己变成一只带着黑色尾巴的鼬鼠，跑过整个大地、爬入每个树根，也进入每一堆木材中，越跑越远，最后来到皇宫的窗边，此时他把自己变成一个小钻头在窗边舞动。接着，他把自己变成一只猎鹰，飞到沙皇女儿窗前。她看见了猎鹰，把窗子打开让猎鹰飞进屋内。在她的房间里，猎鹰变回年轻人的样貌，并与沙皇的女儿共度孤立密室（chamber séparée）[2]的美好晚宴。之后，他又把自己变成一只戒指让她戴在手指上。

第二天早上，沙皇早早起床，以泉水梳洗之后，拿起手巾擦干自己，然后点火并咨询他的魔法书。接着，沙皇要仆人若不把他的女儿带过来，就把他女儿的戒指带过来。沙皇的女儿脱下戒指给了仆人，仆人将戒指带回给沙皇。沙皇拿起戒指丢过左肩，一个年轻人瞬时就站在眼前。“所以，”他说，“现在你的脑袋要从肩上落下！”但是年轻人回答说，之前说好他应该有三次尝试的机会，于是沙皇放了年轻人。

这个勇敢的年轻人离开皇宫前往辽阔的野地，他将自己变成一只灰色狐狸，跑了又跑，经过整个地球。接着，他把自己变成一只熊，跑过黑暗的树林。接下来，他变成一只带着黑色尾巴的鼬鼠，跑了又跑，躲在每个树根底下、躲在每一堆木材中，最后回到沙皇的皇宫。此时，他把自己变成一个小钻头，然后又变成一只猎鹰飞入沙皇女儿的房间。当她看见猎鹰，她为猎鹰打开窗子。在她的房间中，他又变回原先自己的模样。同样，两人共进晚宴并度过美好的夜晚，同时也计划逃过沙皇的追捕。早上，他把自己变成猎鹰飞出窗外的空旷野地，然后再变成一根草，隐身在其他七百七十根草丛中。

但是黑魔法师沙皇再一次向他的魔法书咨询，并且要仆人带回满满一大把的草。仆人出门到野地带回一大把的草，沙皇就坐在凳子上找寻那根正确的草。他最后找到了，并把那根草丢过左肩，一个年轻人瞬时就站在眼前。沙皇说如今自己找到年轻人，年轻人的脑袋就要从肩头落下，但是年轻人说不，他说自己还有一次藏身的机会，沙皇也同意给他最后一次机会。

年轻人离开皇宫走到大街上，在开阔的野地把自己变成一只灰狼，跑了又跑直到抵达蓝海，在那里他变成一支矛跃入水中，游过水域，爬上海岸，再变成一只猎鹰，飞过山岳及悬崖。在一棵绿色的橡树上，他看见马刻维鸟（Magovei bird）的鸟巢（这是俄罗斯童话故事里的魔法鸟），于是飞入鸟巢中。马刻维鸟当时并不在鸟巢里，但是她回来时看见这个勇敢的年轻人坐在巢里，她说：“真是无礼啊！”她抓住他的颈圈，带着他一起飞出鸟巢、越过蓝海，并将他放在黑魔法师沙皇的窗边。年轻人将自己变成一只苍蝇飞进皇宫内，之后再变成一个打火石，躺在火炉边。

黑魔法师沙皇睡了一整晚，一大早起床就开始阅读魔法书以找寻年轻人。他差遣仆人去空旷野地、越过蓝海，找寻那棵绿色的橡树，他要仆人砍下树，找到装有年轻人的鸟巢，并且把年轻人带回给沙皇。仆人去了那里找到橡树及鸟巢，但是里面并没有年轻人。他们回报沙皇发现了橡树及鸟巢，但是没有看见年轻人。沙皇再次阅读他的魔法书，再次认定年轻人必定在那儿。

（此处有趣的是，只要英雄是主动的，他就会被找到，但这一次英雄的回程是由马刻维鸟主导的。）

沙皇亲自加入搜寻，他们找了又找，砍了绿色的橡树，将橡树烧光，丁点儿都不留。沙皇认为，即便没有找到年轻人，年轻人也不可能再存活在世上。

因此，沙皇及仆人们都回到皇宫。第二天及第三天过去了，一天早上，女仆起床开始准备生火，她拿起打火石擦向铁器，石头瞬间飞出她的手，飞过她的左肩，年轻人就出现在眼前。

“早安，伟大的沙皇！”年轻人说。

“早安，勇敢的年轻人！现在你的脑袋必须要从肩头砍下。”

“不，伟大的沙皇！”年轻人说，“你找我找了三天，而且你也放弃找我了，我现在是自愿出现的。如今我应该得到一半的王国，同时拥有你的女儿作为我的妻子！”

沙皇什么也不能做，两人于是结婚，并且办了一场美好的婚宴。年轻人变成沙皇的女婿，得到半个帝国；当沙皇过世后，他就被晋升为沙皇。

接下来是爱尔兰的故事，是相同类型的故事，但是比较复杂些。

《王子与有着美丽歌声的鸟》

（*The Prince and the Bird with the Beautiful Song*）[3]

在很久很久以前，在受诅咒的外国人来到我们的国家之前（爱尔兰人总会这么说，现在仍然会这么说），有个国王，他在二十一岁那一年，和一个非常漂亮的女孩结婚；他们生了一个儿子名叫加特，但是加特出生没多久之后，王后就得了怪病死了。大约一年之后，国王娶了另一个王后，在她生下双胞胎儿子之前，对继子加特都相当慈爱。但是打从生了一对双胞胎之后，她就痛恨加特，因为加特自然会继承王国，并将王国从她的儿子手中拿走。双胞胎兄弟非常坏，但是他们所做的每件坏事，最后都是落得由加特接受惩罚。有一天，他们杀了国王的小狗，事后却嫁祸给加特。加特说不是他做的。

“不要说这种谎言！”国王大骂，“亚特、聂特及你的继母都亲眼看见是你做的。”

但是加特说自己碰都没碰过那只狗，国王完全不相信加特，不带悲怜地对加特痛打一顿。

但是王宫中有个老女人，名叫拏拉，她答应过过世的王后要照顾加特。她前去国王那儿谏言国王处世不公，因为加特并没有杀那只狗，还说她亲眼看见亚特及聂特如何杀了小狗，而王后从她的窗子也清楚看见一切经过。

国王对此深感抱歉，他看了看两个双胞胎兄弟的衣服，发现衣服上有飞溅的狗血痕迹。国王向加特道歉，同时要加特给老女人一些钱作为奖赏。

但是这样的情况持续不断，王子也不断受苦。这三个儿子成年后，有一次三人与国王一起到森林打猎。

没走多远，他们听到堪称间绝美的乐音。他们循着歌声来到森林中央的一棵大树，站在这棵树上的是一只巨大的鸟，声音就是从这只鸟传来的。

国王像是被这只鸟施了魔法般，他说举凡谁能将鸟带来给他，那人就能得到他的王国，而且还说自己没有这只鸟就活不下去。

三个儿子出发寻找并跟踪这只鸟。鸟从一棵树梢飞到另一棵树，最后消失在一棵巨大橡树底下的洞里。三人将所见回报给国王，但是国王再一次表示，如果没有鸟他就不想活了，还说他会将王国给任何能帮他找到鸟的人。

“如果我有适切的工具，我就会去追它。”亚特说。

“那么就去抓它啊，我会待在这里帮你看守洞穴。”国王说。

三个儿子离开不久后，就带着桶子及长长的绳索回来。他们将绳索绑在桶子上，亚特进入桶里：“如果发生任何危险，我会大声叫唤，你们听到叫唤声就把我拉上来。”

要不了多久，他们就听到亚特的叫声，要他们将他拉上来。当他能够说上话时，他说洞里有一个大巨人试图用一支血红的长矛刺向他，还说就算是整个爱尔兰指名要他下去，他也不会再下去了。

聂特接着拔起剑说他要下去，但是相同的情况又再度发生。

“我自己下去！”国王说，“如果没有这只鸟，我也不想活了。”

“在我还没尝试之前，您不应该下去。”加特说，“我一定会带着这只鸟回来。”

说话的同时，他拔起剑，并说：“如果我还活着，我会在九天之内回来，届时你会听到我的声音，只要准备好拉我上来就可以了。”

因此，加特进入桶中，也被放入洞里。进入没多久之后，他看见一个带着矛的小个子，加特从桶中跳出，并且一把抓住小个子的咽喉。

“放我一马，王子。”小个子说，“我不是敌人，在你之前进来的两个人都没有胆量。”

加特说，如果小个子真是朋友，就应该告诉王子那只不久前飞下来的美丽小鸟在哪里。他说：“如果没有那只鸟，我的父亲就没法活了。”

“那只鸟此时在很遥远的地方，”小个子说，“她是这个国家的公主，而且她的名字是有着美丽歌声的鸟。她和她的父亲都有魔法，许多国王的儿子们都因为追捕她而丧命。但是，如果你听从我的建议，你就不会丢掉小命，同时也能抓到她。”

“我会听从你的建言，并且心存感恩。”加特回答说。

“很好，”小个子说，“这是给你的剑及斗篷，往前走，一直到你抵达左边的大房子。进入房子后，里面的女人会接待你，并且给你一匹小白马，这匹白马会带你去国王的城堡。只要你遵照马要你做的每件事，你就不会落入险境。当你抓到公主，也就是有着美丽歌声的鸟之后，就回到那个有女人的大房子里。”

一切进展顺利，女人给了加特一匹小马，告诉他要遵照小白马所说的去做。马飞快地带着加特前进，日落时他们就抵达了一个大城堡。

“现在，”小马说，“这是国王的城堡，他等一下就会前来和你说话，你必须要假装自己知道很多法术，还有，不要吃喝城堡里的任何东西。”

不久之后国王出现了，加特介绍自己，并说明他是前来找寻国王的女儿，有着美丽歌声的鸟。国王回答说，王子应该聪明一些，选择待在家里；但是，如果加特值得拥有他女儿的话，就能够得到她。

“现在听着，”国王说，“连续三天的上午，我会跑远并躲起来让你找，而接下来的三天，你必须要藏起来让我找。如果你找到我，但是我没有找到你，你就能得到我的女儿；但是如果你没有找到我，可我却找到你，那么你就要掉脑袋。”

加特同意这个条件，而国王要加特进入宫中好好招待他，但是加特说自己每九天才进食一次。他将马带进马厩，并给了它一些麦子、干草及水。

接着，马要加特把手放进它的右耳，要加特拉出里面的桌布并摊开放在地上。加特照着做，把桌布放在地上的当下，眼前就是满满的食物及饮品。

“现在，”小马说，“将桌布放回我的耳朵，并在我的头侧躺下，直到早上我都会看守着你。”加特照做，他就像是躺在羽毛床垫上，舒适地睡了一觉到天亮。

早上起床后，他给了小马麦子、干草及水。接着，他拉出桌布开始吃吃喝喝直到心满意足为止。当他把桌布放回时，马说国王已经躲藏好了，但是马要加特别急着找国王，因为它知道国王在哪里。加特必须要等一会儿之后再进入城堡后面的花园。在那儿，他会看见一棵树，树上有两颗苹果，国王就在那最高的苹果中心。加特必须拿下苹果，用他的刀子将苹果切成两半，如此一来，国王就会现身。

事情与小马所说的如出一辙，国王说这次是王子赢了比试，但是强调隔天就不会是这样的结果。加特说，那就等着瞧吧。

同样在傍晚时分，加特喂了马，也被马喂饱了，入睡时也得到马的看顾。早上，加特很早就醒来，再次喂了马，自己也吃喝了些东西。

小马说：“国王已经藏好了，但是我知道他在哪里。如果他到中午都还藏着，你别太担心。他就在城堡后方湖中的一条小鳟鱼肚子里。当你前去河岸边时，将我的一根尾巴毛丢入湖中，鳟鱼就会游到岸边。抓住那条鱼并拿出你的刀子把鱼切开，国王就会出现了。”

大约在日正中午时，加特前去湖边，他发现了那只鳟鱼，并拿出他的刀子，当他正要切开鱼时，国王跳出来说：“你赢了两次，但是你明天绝对找不到我。”

第三次，国王藏在他女儿的戒指中。同样，大约到中午时，加特进入城堡中。公主请他进去，而他也与公主交谈，同时对公主有些毛手毛脚的，他将戒指从公主身上拿开。公主显得有些生气，还说如果她的父亲在那儿，加特绝对不敢如此胆大妄为。加特回说："那么，既然你这么生气，我就把你的戒指丢入火中。"接着，国王就跳出来，现身在眼前。

国王只好再次认输。但是他说自己在明天及接下来的几天必定会找到王子，虽然他必须承认王子的确是个聪明的家伙。当天晚上，加特再一次照料他的小马，自己吃喝之后就躺下睡了。早上醒来后，加特先喂了马再自己吃些东西。

"现在，"小马说，"是时候去躲起来了。你从我的尾巴上拔出一根毛，进入那个毛孔里，之后再将那根毛塞回。"

加特照着做，并持续躲着直到日落。接着，他自己走出毛孔前去见国王，说太阳已经下山而国王没有找到他。

"不过，明天就不会是如此了！"国王说。第二天早上，小马要王子将手放进它的口里，拔出它的白齿，接着，它要加特进入那齿洞里，之后再把牙齿塞回。加特再一次持续躲着直到太阳下山，一直到马要他出来为止。因此，王子前去见国王，说第二天已经过去，但是国王仍然没有找到他。

"不过要等到明天才会见真章，即便你进入地狱，我都会把你找出来的。我清楚你会躲在哪里。"国王说。

第二天早上，小马要加特从它的左后蹄中拔出一片指甲，要加特进入指甲洞之后再塞回指甲。马说国王马上就会前来杀了它，因为国王的军师，那个瞎了眼的预言师告诉国王，王子就躲在马的身体里。但是马说它会再度复活，而加特必须要完全遵照它所说的去做：傍晚太阳下沉后，加特要从躲藏的地方走出。他要加特伸手进入马的右耳拿出里面的小瓶子。只要加特在小马的舌头上抹一些瓶子里的液体，马就会复活起身，跟原先没有两样。

加特依照马所说的去做。在他藏起来之后没多久，国王及瞎眼的预言师就出现了。他们杀了小马，将它剖开，同时仔细找寻小马身上的每一寸肌肤，但是他们没能找到加特。国王很生气地对瞎眼的预言师说，他支付了预言师二十二年薪水，可如今预言师甚至无法说出这男人藏身在哪里。“因为你的建议，”国王说，“我杀了这人的马，我以为我可以砍掉他的脑袋，但是他反而会得到我的女儿。”

（有个细节我忘了提到，预言师总是需要查阅他的魔法书。如今预言师告诉国王这年轻人值得得到国王的女儿，因为年轻人拥有最高的法术。）

加特依照先前所听到的嘱咐，让小马再度复活；马则要加特前去见国王，并告诉国王自己赢得了他的女儿，国王应该将女儿嫁给他，否则他会将国王的城堡变成尘土。

加特责备国王杀了他的马，但是他这个王子最后还是让马复活了。国王极为害怕。他将自己的女儿给了这个年轻人，并要他离开。马将两人带回之前的大房子，而房子里的女人将两人送到她的兄弟小个子那里。小个子就在洞底下，他迎接年轻人及有着美丽歌声的鸟。

加特朝着亚特及聂特所在的洞口大叫，要他们放下桶子，因为他已经得到这只鸟；她是个公主，也是世界上最漂亮的女人。公主首先被拉上，两兄弟看见她时，都想要得到公主。他们没有将桶子再次放下让加特上来，而是在公主面前厮杀，直到最后杀了彼此。如今身在爱尔兰的公主，不再有法力，她对洞底的加特大喊，并说明事情的经过。

老女人前去找国王，要国王到森林里，老女人说国王可以在那里找到他的儿子加特。国王去了那里，他在洞口发现两个死掉的儿子以及一个漂亮的女人。国王问女人她是谁，也问她是谁杀了他的两个儿子。她告诉国王自己就是有着美丽歌声的鸟，两个儿子为了争夺她，相互厮杀而死；她还说明加特是如何从她父亲手中赢得她，而加特现在就在洞底下。

国王放下桶子将加特拉上来，加特告诉国王事情的经过。国王带着加特及公主回到他的城堡，并派人去埋了另外两个儿子。王后在听到两个儿子的死讯之后就疯了，最终溺毙而亡。

加特与公主结婚，还办了一场盛大的婚礼。国王过世后，加特得到加冕，而他与有着美丽歌声的鸟从此就过着幸福快乐的日子。

退隐于内在看不见的自性城堡

这个故事比俄罗斯的故事更加具有区辨性，其中有更多的细微差别。同时，故事中的双方都藏起来，英雄不让国王找到，国王也不让英雄找到，每个人都有三次机会。共有的因子则是在地底下的父亲及女儿有些乱伦的情况。沙皇不想交出他的女儿，而这个爱尔兰的地下神仙国王也不想交出他的女儿，除非有人能以黑魔法赢过他，才能成为他的女婿。沙皇看起来比爱尔兰的神仙国王更加邪恶；后者不想跟女儿分开，想要将女儿留在地底下，而黑魔法沙皇则是在砍掉人们脑袋中得到乐趣。

女儿的戒指是受欢迎的躲藏地点。有趣的是，在俄罗斯的故事里，英雄藏身在戒指中；而在爱尔兰的故事里，则是公主的父亲藏在那儿。两个故事里都有一只动物帮助决定问题。如果没有小白马，爱尔兰的英雄绝对不可能成功；而在俄罗斯的故事中，如果马刻维鸟没有介入干预，将英雄从他认为自己该躲藏的地方带到另一个地方，英雄就会被找到。其中的不同点在于马刻维鸟带着愤怒，一心只想要将那个不得体的侵入者赶出巢穴；而爱尔兰故事中的白马，则和其他故事一样，确实是那种合作且帮得上忙的动物。俄罗斯故事中的英雄将自己变成各式动物的样貌，但最后是因为打火石的形貌而得到保全；在爱尔兰故事中，则是由国王变成自性的象征，像是苹果、鳟鱼以及戒指上的宝石等，英雄就只是藏在空洞的空间，也就是马身体里的狭小空间内。

如果我们比较分析这两个故事，俄罗斯故事中的决定性因子，在于英雄最终在打火石形貌中得到保全。沙皇无法发现他躲在那里，而他也在故事结尾自动现身。

打火石对原始思维而言有着魔法的特质，因为火可以从中产生，它是一个广泛的自性象征。西方的炼金术士说打火石是含有神灵在其中的石头。如你所知，炼金术中的哲人石是一颗带有灵性力量的石头；而打火石制造出与自身全然不同的事物，亦即火之精神，因此总是带有对立面的至高结合这样的投射在其中。这个死的物质带着神圣火苗的象征。例如，在北美印第安神话故事中，打火石是各式救星的象征，同时也代表出现在地球上的神灵。

北美易洛魁（Iroquois）印第安部落的神话中指出，当两个有神性的救星同时出现在地球上，其中一位救星的名字就是打火石。[4]如果你深入想象并体验打火石对树林中的孤单猎人以及对没有电力可用的人们有多重要，你就能明了打火石何以是生命的供应者。

它很容易就会带着人类神圣助手的投射。因此我们可以说，凡是可以居于自性，或可以失去自我人格，并退隐于人格中最深入核心的人，他就可以退隐于内在看不见的自性城堡，不受邪恶的攻击。自性，带有可能退隐于其中的可能性，是邪恶试图施加力量时唯一可躲藏的地方。两个故事看起来都像是魔法比试，比赛的重点在于谁能在对方面前隐形。当支配统治及集体理想在某一个国家或文明里成为英雄行动时，这个故事带来了极大的补偿作用。

这强烈暗示佛教意念，佛陀也同样不与邪恶争斗；祂从中退隐下来，让自己不可见而不受伤害。有个著名的印度传说，其中魔罗（Mara）是恶魔的统治者，它对于佛陀及佛陀的教导深感受不了，因为这些教导削弱了它对人类施展的力量。它计划了一场邪恶力量的全面出击，并且动员了冥界数以百万的恶魔；所有恶魔都带上武器，组织编队，它们要前去摧毁佛陀。但是佛陀并没有让自己像基督一样被钉上十字架，也不像太阳英雄般地迎击。祂就只是不在那里！你可以在佛寺中看见这个著名的雕塑：空无一物的莲花座，以及两万恶魔挥舞着武器，他们看起来失望无比，因为佛陀不在家，他们也找不到佛陀！这种内倾的应对方式，即不与邪恶战斗，且不涉入情绪或其他效应，而只是纯粹地退回自性的内在空无；在东方意识里这已成了一种集体教导。在西方的故事中，我们主要是在童话故事中找到这种模式，为我们较主动的英雄理想提供补偿趋势。在我看来，俄罗斯的故事比另一个较原始的爱尔兰故事更有趣，因为故事中的国王及英雄都躲藏起来，而比较他们两人的差别是相当有趣的。童话故事里的国王通过技术方法得到他的知识。黑魔法师沙皇有一本魔法书，而爱尔兰故事中的国王就像是俄罗斯故事中的沙皇一样，有一个瞎眼的预言师，我们会说他就像是凯尔特人的德鲁伊（Druid），具有祭司人格。这样的预言师、诗人及神媒，通常都是瞎眼的，你可以想想古希腊盲眼诗人荷马（Homer）。一个瞎眼的预言师带着灵媒的觉知，再加上魔法书，给予国王协助。俄罗斯故事中的英雄有他自己的魔法力量，但是这并没有带他前进多远；除此之外他没有得到其他的建言。他可以将自己变成各式不同的形貌；但是在爱尔兰的故事中，所有的反制法术都是由小白马带出的，加特在地底下从女性人物手中得到这匹小白马。加特有阴性原则的帮忙以对抗阳性原则，同时他有动物的帮忙以对抗魔法知识。此处，童话故事将本能的自发性，即动物或马的知识，放在比童话国王的灵媒魔法书知识还要高的层次上。

书本的知识意指某种传统，是某种程度上已经被编成法典并且代代传递下来的心灵法则，以及有关事件的知识。远在书写出现之前，欧洲不同的文明里就有好些传统知识，而我们必须要假设这个瞎眼的预言师拥有过去的德鲁伊凯尔特及巫医的教导。虽然我们是在爱尔兰的地底世界，在集体无意识处在完全前基督教的层级，其中仍显示已经有了文化知识。即便是在最原始的部落中，在波利尼西亚（Polynesia）或是在非洲的丛林人，都有通过口述传达故事与事实的传统，这是世代相传的知识。

这样的智能让我对最高价值、最高智能及接近于所有心理功能的精髓留下深刻的印象。这样的智慧越是原始，就越具有启迪作用，也更值得我们去研究，因为这是如此接近于现代人的无意识心灵功能。但是，这依然是已经成形，且已经在特定的传统中被传承下来的东西；因此，就某种程度来说已经适应于这个民族的意识生活。相较之下，马以及它的魔法知识，则是更立即性，而且更个人性的；它是一种自发的反应，来自个体人格最深入的本能层次。它每一次的反应都是独特的，因为它总是即兴的，同时也从心灵的自主鲜活本质中流入新的形式。这说明了为什么马的建言最终被证实优于瞎眼预言师、书和传统所传承而来的伟大智慧。它的优越在于它无法由任何其他人想出来。一旦有了某些编入法典的传统知识，它就可能被误用。邪恶会占据它，用来满足自身的目的。但是创意本能的自发性是绝不会被预先料想到的，其他人也绝对无法预知接下来会发生什么。它是全然的创发，完全无法被料见，因此优于其他的知识。

只要荣格还活着，我们这些在他周围的人，都会说他就是那个你从来料不准他的行动的人。当他进入一个情境，或意图对某个情境发言或干预时，你永远不知道他会说什么或做什么。总是会出现绝对的惊讶，有时候，他会露齿一笑说甚至连他自己都感到惊讶！因为他不知道自己会说什么或做什么，他鲜少以意识化的方式计划行动，他总是心血来潮地响应情境及问题。他让“马”给出智慧，因此没有人可以事先想出能说什么或该说什么。我常试图去设想，他在这样或那样的状况中可能会说什么，但是每当面对现实时，我都会从云端坠落。荣格的反应总是不同于人们的预想，即便是那些认识他很长一段时间的人们，都无法预料。

马代表的是来自本质深度或人格中心的创意自发性，因为它是半无意识的反应，所以当它成形，或当它与特定的知识及过去的传统结合时，就成了能够对抗邪恶攻击的事物。在我看来，我们现在就处在这样的情况。人类不仅仅被残忍谋害的冲动所威胁，它们的确到处都在爆发，正如同总会发生在暴民失控或动物本性松脱之时；但是我们真正的危险，则是当这些力量与高度科学知识相结合的时刻。在原子物理学中，它们与科学知识的最高成就相结合，这样的结合不能被实际比较，但是这些故事告诉我们，无论如何，有一件事是远远胜于这一切的：带着那所向无敌的透视力及自然知识，回归自身心灵深处的内在真实性。如此，我们也就可能克服这些凶恶的力量。

注释

1. 原书注：*Russische Volksmärchen, Die Märchen der Weltliteratur,* series published by Diederichs Verlag (Jena, 1921), no. 43, “Der Schwarz k ü nstler Zar” .
2. 译注：出自德文三幕歌剧《歌剧院舞会》（*Der Opernball*）的曲目，由奥地利作曲家理查德·霍伊贝格尔（Richard Heuberger）所作。
3. 原书注：*Irische Volksmärchen, Die Märchen der Weltliteratur,* series published by Diederichs Verlag (Jena, 1923), no. 28, “Der Vogel mit dem lieblichen Gesang” .
4. 原书注：*Nordamerikanische Indianermärchen, Die Märchen der Weltliteratur,* series published by Diederichs Verlag (Jena, 1924), no, 19C, “Die Zwillinge” .

| 第十二章 |

心灵核心

上一章提到的故事说明了魔法竞争或是魔法比试的问题，以之作为向邪恶原则争战的形式。其中一则来自俄罗斯，故事中的黑魔法师沙皇承诺将女儿许配给任何可以躲过他追捕的人。三个年轻人接受挑战，其中两个被断头，而第三个因为拥有较强大的法力而成功了；但即便是这第三个，假若马刻维鸟没有将他带回沙皇的皇宫中，让他在那儿变身为打火石的形貌，他也不可能躲过沙皇的追捕。在爱尔兰的故事《王子与有着美丽歌声的鸟》中，爱尔兰英雄必须进入地底，为他的父亲找到这只鸟。这个故事里有双重的竞争。地底下的国王，也就是鸟的父亲——那只鸟实际上是个美丽女子——躲藏了三次：他躲在苹果里、在鳟鱼里，以及在女儿的戒指里。接着英雄分别三次藏身在白马的身体里，这匹白马是他先前从一个善心的地底女子那里得到的。国王有个瞎眼的预言师作为他的军师，而英雄则有他的白马。

魔法竞争的原型几乎可以在所有的社会及各阶层文明中发现。在原始文明中，它以不同的巫医形式出现；这些巫医或弱小、或强大，彼此竞争以建立各自的力量场域，并且影响部落里甚至邻近部落的特定团体，同时试图消灭他们的对手。相同的状况也存在于极圈地区部落中萨满之间的竞争；弱小或强大的萨满相互挑战，较量谁的法力比较厉害，并且试图以这样的方式阻挡对方。

即使在基督教的传说中也有迹可寻。灵知派的西蒙·马古（Simon Magus）宣称他代表地球上的神，他不仅仅是基督的竞争者，同时也是圣徒彼得（Saint Peter）的竞争者；这两人在罗马相遇，并在此一决胜负。西蒙·马古展现他的飞行能力，圣徒彼得则使用法力与之对抗，当西蒙·马古走上悬崖张开翅膀时，他因此跌落丧命。

后期也有一些圣徒，与巫师或巫婆以相同的方式争斗，因此我们在各地都能找到这个主题。我们可以说，这是试图以个人机智及知识智能，而不是借由残暴的力量与邪恶战斗的原型。今日我们则称之为心灵战斗。知识一旦与较高的意识状态联结上，可能是对抗邪恶的最佳方法；如果与意识解离，就只会是魔法伎俩之间的对抗。

如果对抗者其中一方的知识属于较广、较深的意识，另一方则只是使用传统知识，却不知其真实意义，且没有在本质上与之联结；那么，前者很可能会胜出。在此意涵之下，任何事物都可以被用作黑魔法或白魔法。这就是为什么我避免使用黑白魔法这两个词，因为每一方都会主张自己是白的，并指控对方是黑魔法师。

这让我想起一个被分析者的儿时梦境，这个被分析者是有着破坏性母亲的受害者。她的母亲是个护士，就跟有些护士一样，带着绝对的自杀情结。她是个悲苦、尽责且受权力驱使的女性，带着潜藏的自杀倾向。她为了结婚而结婚，完全没有爱意，而她从早到晚告诉孩子，如果自己当年没有结婚的话，她的生活会好多了，还说她的孩子们都不该存在。你可以想象这些孩子在成长过程中的氛围！其中一个女孩的童年梦境是这样的：大约四岁，她梦到自己从床上起身，感觉她的母亲在隔壁房间做着神秘的事情。那是半黑暗的状况，而她朝母亲的房间里望去，母亲就坐在《圣经》旁边。此时，有个巨大的“黑”人走来[1]，母亲拿起《圣经》,《圣经》封面上有金色的十字架，母亲将之举起对抗这个黑色人，后来黑色人逃开了。女孩因为惊吓过度大哭而醒过来，她不是被黑色人惊吓，而是因为她看见或抓到母亲使用《圣经》来施魔法。

这就是纯粹的黑魔法。母亲压抑了邪恶的问题，这在她的案例中是以全然破坏性的强大阿尼姆斯形式呈现。母亲利用《圣经》作为伎俩，将自己与她的破坏性阿尼姆斯分裂开来，《圣经》不再作为阅读或静心冥思的对象，而是被当作外在的魔法及伎俩来使用，好让自己避开正面冲突。因此，整体的邪恶问题以及与阿尼姆斯的一决胜负，就被放在孩子身上。

那就是为什么我不使用黑魔法或白魔法这样的名词，因为即便是《圣经》，也能被用作黑魔法与黑暗力量对抗。魔法是黑的还是白的，取决于你如何使用武器，以及使用武器时抱持的是什么态度。有个事实常让我感到困扰：即使是在禅宗佛教中，觉悟的禅师间的对话，或禅师测试小和尚是否悟得禅法时，有时候也会出现令人不悦的权力语调或魔法竞争。我跟荣格提到这一点。他露齿一笑说，许多古早的萨满权力竞争已经偷偷溜入禅的竞争中。这自然不是通论，但他指出部分特定形式的事物，那些潜藏在背景的危险。最后还有一点也很重要，在心理学领域，对于相同的事物我们也会持有不同的意见，许多分析师与同僚间的关系，从主观的层次来说，就是自我及无意识之间的关系。通常人们会带着内在的功利主义或权力观点接近无意识，他们想要利用无意识，为的是让自己变得更强而有力，变得更健康，让自己能够去主导周遭环境，或者为的是去学习以自己的方式得到想要的事物。又或者，他们是带着秘密的企图心，想要得到超自然人格而接近无意识。这是徒弟们常常会有的病；如果某人在孤独的自我修行中累积了特定的优势，徒弟们就会想要以相同的方式获取。如果他够聪明，他心里会这么想："这个嘛！我会跟从相同的方法，去做跟师父完全相同的事，如此一来，我就可以得到相同的结果。"这样的人并没有注意到他事实上是在自我欺骗。他并非真诚地接近无意识，而是被伎俩污染了，或是带着利用无意识的态度。无意识就像是一片壮丽的森林，他想要抓取森林里的动物，或想要占据森林里的土地。

当意识采取这样的态度，无意识也会变成像捣蛋鬼一般。梦境变得矛盾对立，一会儿说是，一会儿又说不，一下左一下右，个体感觉到捣蛋鬼之神墨丘利原型在控制无意识现象，以成千上万的方式领着自我上行至花园道。这类人们，有时候在经过多年真心拼命处理无意识之后，最终会放弃，并且会说："原来是这样的，无意识是个无望的炼狱，也是个错误的导引，我们是绝对不可能找到终点的，因为梦总是反复无常，没个准的！"

这类人们并没有理解到，他们是因为自我的捣蛋鬼，才带动且激起了无意识中的捣蛋鬼特质，也就是说，是他们自己对无意识的态度激起了捣蛋鬼特质。他们想要骗取及利用无意识，他们带着轻蔑狭小的权力态度将无意识放入自己的口袋里，而无意识就回敬以相同的反应。甚至有些人在阅读荣格的著作之后，尝试以这样的方式强求个体化。他们心想："如果我照着荣格所做的，记录每个梦境、做积极想象等，那么我就能得到它。"他们在这件事上放入一个强制压迫的自我态度，但是事实上此事从一开始就蒙骗他们，让他们陷入无止境的麻烦中。这就是古老的魔法竞争或比试原型母题的现代变异版。

权力态度与阴性原则的斗争

在俄罗斯及爱尔兰的两个故事中，赢家都是那个能够与黑魔法师女儿建立接触的英雄。决定问题或决定介入选择的，是阴性原则。在俄罗斯的故事中，英雄以猎鹰的样貌飞进黑魔法师沙皇女儿的窗前，并与她发生一段感情，因此而成功；而爱尔兰故事中的英雄赢得了地底母亲角色及她那匹马的协助，通过那个阴性部分的帮忙而胜过地底国王。这一点必须从补偿因子的角度来了解，因为举凡意识在魔法竞争中迷路了，这意味着权力态度从背后将它抓住；公主代表权力的反制原则，也就是爱或爱欲，对抗主控的驱力。因此，胜出的是得到爱欲的那一方，而不是得到权力态度的那一方。这一点在俄罗斯的故事中是清楚可见的。黑魔法师沙皇在酒宴桌席上承诺给出王国，可以看见他是如何全然地落入权力态度中。那两个年轻男孩起身说"让我来试试吧！"也同样走入权力态度的圈套中，而且是自己走进去；某种程度上来说，最后他们被砍头也算是适得其所。他们应该耸耸肩，冷眼旁观黑魔法师沙皇的胡为乱扯。

相反，第三个英雄知道接近阴性原则的方法，而这项原则被黑魔法师沙皇所俘虏。英雄通过与她的接触，以及马刻维鸟的协助而赢得胜利；马刻维鸟必定是雌性的，因为它正在孵蛋。英雄连续三次得到女性的帮助：沙皇的女儿、马刻维鸟，以及那位从火炉中拿起打火石，并且错手丢过肩头而让英雄变回人形的女仆。借由与阴性原则的三次连接，他躲开了追捕，这的确跟爱尔兰的故事相同，爱尔兰英雄通过与阴性原则的接触，得以躲过麻烦事。但是黑魔法师沙皇似乎无法跟随潜藏的阴性心智模式。如果某人带着权力态度，他就无法了解爱及爱欲的原则。他总是会错误解读，找寻隐藏的伎俩，因而走上错误的道路。

爱尔兰的故事则更有趣，故事中的敌人有隐藏的黑魔法知识，那是从石器时代就流传下来的古老魔法传统。魔法可能是人类最古老的精神活动之一。举凡新的意识态度升起，旧有的知识、先前的态度，就会下沉进入魔法层次。因此，魔法是较古老形式的精神及宗教知识与活动，却被新的灵性宗教态度所取代，因此就沉入回到较无意识的状态中。

在爱尔兰的故事中，马的魔法赢过了瞎眼的预言师。这是一个凯尔特的故事，而地底的国度显然就是著名的凯尔特冥界所在，其中住有仙子及精灵，那是亡者前去的地方，湖上的年轻女孩及其他人来自那里，而且那儿也是中世纪骑士走失之处。在那儿，世上最伟大的魔法师墨林（Merlin）被施了法术。凯尔特神话的冥界之地有着浪漫的色彩，这是上层世界所丢失的。

国王一开始有个正面的妻子，也就是英雄的母亲。但是她后来去世了，国王再婚。接续到来的是继母及她的两个儿子，他们试图除掉英雄。继母带着有毒的权力态度，她想要除掉第一个儿子，好让她的两个儿子登上爱尔兰王座。因此，有关情感、爱意，及其中的艺术、音乐和美学世界，都消失进入无意识中。英雄是唯一能将这一切再度带上地面的人。上层世界由一个破坏性的继母所统治，当英雄进入地底世界时，他发现了一个正面母亲的角色，她给了英雄一匹白马，这匹白马一路帮助英雄。因此，无意识，也就是爱欲的世界，有了反制的平衡力量；无惧于向下的英雄也因此能够从那里得到支持。

自我消失，本能驱力显现

剩下的战斗则在无意识中发生，因为这实际上属于白马与地底世界魔法师国王之间的战斗。英雄只要做好白马交代他做的事就好。

我先前在评论自发性的问题时，就试图对马进行解读，因为马代表全然无意识的自发生命力，是英雄能够依靠的真诚本能反应。我们可以更进一步地说明，英雄是躲在毛发拔出后的毛孔中、在拔出牙齿的齿洞中，以及最后在马蹄尖被拔出的指甲开口中；他必须要塞回毛发、牙齿及指甲，并且躲在那个实际上不存在的小空间里。从心理学上来看，这显示自我及自我意识的计划和活动必须被实际消除掉，自我的整个心智活动必须要消失。通过完全脱离自我意志，马及神圣的自发性才能出现。

马是白色的，显示了它是本能的驱力，带着朝向意识的自然特性。希腊及罗马的太阳神座车就是由白马拉的，而夜晚或月亮的座车则是由黑马拉的。白色的动物被献祭给奥林匹斯的诸神们，深黑的动物则是献祭给冥界的诸神。在爱尔兰的故事中所表现的是，特定的本能及正面的冲动自然地被拉向意识界，因此自我可以有足够的信任什么都不做，就让它自然进展。如果是通过黑马的意象来表现，则是完全不同的问题。

在神话中，黑和白通常不是道德的指示。只是到了基督教晚期，人们对寓言做出次级且人为的解读时才变成如此。在比较神话学中，黑色通常代表属于夜晚、地底世界、人间，以及属于意识无法知悉且孕育的事物。另一方面，白则代表白日、清晰、秩序，它可以是负面，也可以是正面的，依情况而定。此处的白马，所指的是有股自然的运送力量，倾向于将事物带出意识，带出的可能就是那有着美丽歌声的鸟。在这个例子中，一切都不关意识的事，意识只要不挡路就好；意识势必不能任凭自我计划挡住无意识的正面历程。

在最后一次比试中，英雄躲在马蹄尖，在马蹄铁中，加上之前的毛发及牙齿，这些都是对抗恶魔的古老自我防卫方法。在《德国迷信口袋典》(*Handwörterbuch des deutschen Aberglaubens*)中，马蹄铁在相对近期被人们认为是召唤幸运的象征，承接自较古老的铁钉象征。铁通常带有魔法的能力，在驱赶恶魔及巫婆的同时，它在欧洲农业国家中也有疗愈性的法力。爱尔兰英雄进入蹄铁里的指甲洞，还有马蹄铁给予保护。地底世界的魔法师无法抓到他，因为蹄铁几乎是由铁形成的圆圈。铁本身带有避邪的特征，而且在这里又是鞋子的一种，鞋子在某些特定的法术中也同样有避邪的特色。因此，马蹄铁是三倍程度的幸运象征，同时也是对抗恶魔的避邪力量象征。当我们想起恶魔通常自己就带有马蹄尖时，这一点就更显得有趣了。这也再次显现这个奇怪的以毒攻毒的事实。

让我觉得有些失望的是，白马在故事结束时仍然留在地底世界中。当加特从井底上来时，白马消失了，它回到原本的母亲人物那里，留在地底下。只有那有着美丽歌声的鸟被带到上层世界。这意味着整个疗愈的历程，是在意识领域不完全清楚到底是怎么一回事的状况下发生的。我们可以对照某些人的状态，他们经历短暂的分析，症状治愈了，却没有反思过程中发生了什么事，就只是单纯地对疗愈历程感到开心。这在年轻人身上是常见的状况，也相当合理，他们带着小问题前来，相对容易走出问题。他们会和善地感谢你，然后离开，多年后再回来跟你说："我想要更了解当时到底发生了什么。"在那个时间点，人生的事务、结婚、建立职业生涯等，将他们带进外在世界，因此没有时间去理解发生的历程。

芭芭拉·汉纳有次让这样的年轻人离开分析，并且进入幸福的婚姻，她们彼此互道珍重，她还送花到婚礼会场致意，也写了一封美好的祝贺信。年轻的女子回信感谢她，信中也提到，希望这只是第一章，有一天她会再回来。在那个当下，她必须要回到生活中（她当时仍然处在生命的前半期），走入婚姻、生子，但是她清楚在分析中发生了许多事，而这些事在某处打动她。在那个时刻，她感觉自己不该深入那里，但是会将这个保留在生命的后半期。

疗愈历程多多少少是在意识的状况下发生，但是此处有些事情仍然在深处，未被辨识出来。在这个例子中，就是我们的白马。有另一个波斯的故事提到更多有关马的内容，这个故事出自《土耳其斯坦故事》（*Märchen aus Turkestan*）。

《魔马》(*The Magic Horse*)[2]

从前有个国王，他有个美丽的女儿，当女儿到了适婚年龄，国王创作了一个非常聪明的谜题。他花了很长的一段时间喂养跳蚤，把这个跳蚤养得像是一只骆驼一般大。接着，国王将跳蚤宰了、剥了皮并到处展示，国王说如果有人能够认出这张皮是出自哪个动物身上，就能够得到他的女儿。(此处同样是个占有的父亲，就像是黑魔法师沙皇或爱尔兰故事里的父亲。)自然没有人猜得出这是跳蚤皮。但是有一天，有个丑陋的乞丐前来，说他想要解答这个谜题。他们不让乞丐进入皇宫，但是乞丐坚持自己有权利解谜题。当国王展示跳蚤皮给他看之后，乞丐说："那显然就是跳蚤皮！"国王对此甚是愤怒，但还是必须把女儿交给这个可怕的人。

事实上乞丐是个魔头，是个专门吃人的破坏性恶魔，他是个食人怪。他要带走公主，公主因此落入极大的痛苦绝望中。公主走入马厩，在她最心爱的小马颈边哭泣，马说它会帮公主的忙，但公主必须带它一起走，同时还要带着一面镜子、一把梳子，些许盐，以及一朵康乃馨。当他们走到魔头的洞穴，里面满是人骨，因为魔头吃了许多人。马说他们必须逃跑。魔头走出洞穴，制造暴风雪，一路追着他们。公主在马的指引下，首先向后丢下康乃馨，接着是盐、梳子，最后则是镜子。他们转入荆棘地，那里有多刺的丛林等各种阻碍，暂时拖慢了魔头，但是最后魔头总是能够再度追上他们。镜子变成一条河(那是公主最后丢出的东西);

魔头追到河边对公主大叫，他问公主是如何渡河的。公主说自己是在颈边缠绕一个大石头，然后跳入水中，魔头迅速地依样而做，但即使这样也没能帮助公主摆脱魔头。最后，马说除了直接与魔头战斗，没有其他方法了。所以，它跳入水中，公主站在河岸边看着水面浮起泡沫，转成红色，她心想自己心爱的帮手，也就是她的马，已经被杀了。但是，一会儿之后，马就回到水面上，说公主现在已经安全了。它杀了魔头，但是公主必须杀了这匹马。马要公主在杀了它之后，将它的头丢向一边，它的四肢丢向地平面的四个方位，它的内脏则在另一边，接着它还要公主坐在它的肋骨下。

公主说："我怎能杀了你，你救了我一命！"但是马很坚持。当公主照着马所说的完成后，马的四肢出现了黄金柱子，上面缀有翡翠的叶子，马的内脏出现村落，那里有田地及草地，马的肋骨下则出现一座黄金城堡。马头的地方出现一条美丽的小银河，整个地区变成如同天堂一般，在那儿公主找到了她的丈夫。

马的献祭

我跳过了有关她的婚姻及孩子的部分，因为这是一个非常冗长的东方故事，而我只想专注在马的转化。此处，与黑魔法师的战斗中，马再次胜出；这一次的黑魔法师，是个能够施行各式法术的魔头。首先，马也使用魔法，它说公主必须把康乃馨、盐、梳子及镜子丢在身后，但是单纯的魔法并没有帮上忙。于是他们进入真实的战斗。因此，在这里我们有两种行为的结合——魔法比试及肉搏战的结合。

有时候我们需要有魔法比试，而有时候我们则需要战斗，正如同立陶宛故事里的樵夫，他变成狮子后吞掉了恶魔。这个故事里同时包含了两个母题，先有魔法比试，后来是肢体战斗，为的是打败恶魔。这是让人满意的安排，因为正如你所知道的，其中必须要有矛盾性，必须是两者俱存。首先你不该战斗，然后你应该战斗；你应该使用机智，你不该使用机智；你应该使出力量，不，你不应该使出力量。这些都是我在一开始的时候所告诉过你的，你从无意识推论出来的每个行事准则，通常都是矛盾的。

但是我们更想要进一步讨论的是，马到底代表着什么。以荣格派的说法，马被杀之后变成了曼陀罗。因为这是波斯的故事，我们必须要审慎处理有关印度的影响。马的瘦小让我们想起古代印度马的献祭，这是宇宙创立时的中心仪式。你可能会说，这个公主复制了古代印度马的献祭，而新的世界也再次得到创造。但是，这在心理学语言上的意义为何？

马是带有本能本性中最纯粹的象征形式之一，那是一股支持意识自我的能量，但是却不被觉察。它造成生命之流，将我们的注意力放在事物上，并通过无意识的动机影响我们的行动。那是活着的整体感觉，那是生命之流，虽非出于我们却让我们得以驾驭在其上，以之进入并走过生命。大部分人不带疑问地接受这个带领的力量，他们被自己的冲动、欲望及动机带领而走过生命，他们唯一能做的就是试图不让自己背弃意识计划。但是，这股力量以无意识且不带疑问的方式跟从自己的动物模式，因而形成了某种无意识的健康状态。马的献祭因此意味着全然放弃个体依附在各式生命冲动上的能量流，换句话说，就是要进入一个人为且完全内倾的状态。在荣格的《转化的象征》[3]一书中，有更多关于马的献祭象征的内容。我在此处简短摘要的，在那本书中都有充分的说明，特别是与印度当地马的献祭之间的联结。

公主对于马的要求反应出极大的伤痛，她说："你救了我一命，我怎么能如此对待你？"这显示这样的献祭是何等困难，因为这意味着要切断自然的一切事物；那个自发性、天真的生命驱力在根本处被摧毁了。但是通过这个举动所得到的，是藏在后面的东西，即是自性。接下来我要谈谈一个被分析者的梦境，由此带出一个现代的模拟。

做梦者是个严重酗酒的男性，以他这一类人来说是不寻常的，因为他带着我先前所提到的那种单纯的真诚。但是他因为酗酒太严重，他的一个朋友建议他进入分析。来到分析室的他充满活力，说自己觉得受够了喝酒，也说自己想要得到治愈。

你知道通常那是何等诚实的话语！有个格言说："帮我洗洗我的毛，但千万别把我弄湿！"当人们这么说，往往指的就是这种情况。但是，这男人是真心希望清洁他的毛发，而且也不介意把自己弄湿。他的梦清楚显示问题出在哪里。现实生活中，他和一个真实的老巫婆一起生活，她摧毁了他的生活乐趣。就某种程度来说，喝酒是为了代替生活中因为她而被挡掉的部分。当他看到一个梦境显示这一点，我甚至不需要对他说些什么，他就回去清空房间，还跟这个巫婆发生了一场可怕的争吵，最后还到其他地方租了个房子。通过这样的方式，他以天真真诚、不带任何争论的态度，执行梦中指示的每一件事，因而经历了奇迹式的疗愈。接下来有好几个月的时间他滴酒不沾，感觉也更好了，甚至还订了婚。从每个方面来说，他的生活一切顺利，似乎也没有其他任何需要的了。我认为他此时应该会离开分析，因为他实际不再需要了。他是个兴致高昂且带着善良本性的外倾者，我当时想象他会离开分析并走进生活中，不再回头去想生活中到底发生了什么。但是，就在这个时刻，出现了下述的梦境。

他在河面的船上，当时是周日，船上有音乐响起，整体气氛非常好，阳光灿烂。他在人群中，看着河面，享受这一切。三不五时，船会停靠进站，接着又会再度继续前行。虽然他想要待在船上继续航行，但是在某个停靠站时，他心想或许自己可以下船，去外头看看推动这艘船的动力来源。因此，当船下一次停靠时，他下船并站在岸边往回望。让他大感惊讶的是，他看见这艘船是由水底的一条巨龙所推进的。那就是驱动的力量。那条龙是一条善心的生物，有着小小的头；当他站在岸边时，巨龙来到面前并拧一拧他的袖子说："嘿！你这家伙！"它相当友善，而他在梦中醒来后，满心讶异。

因为那个梦，他决定继续留在分析中，想要发现他的奇迹式疗愈底下到底是什么，以及生命的秘密可能会是什么。接着，出乎我意料的是，他相当深入地进入分析，并且极度进入个体化的历程。通过这个过程，他也成就了非凡的人格。

我们在梦境那儿看见转折点，问题出现了："我是否该再次航行，受无意识生命力量所携带，或者应该问更深刻的问题？"接着，巨龙拧一拧他的衣袖说道：“你不想看看我是谁吗？你不想进入这个深入的接触吗？”这一点，在这个案例中，正是男人后来所做的。

接着我们发现，心灵的深入核心，也就是自性，就在马的生命力量后面。自性会被屏障、被掩藏起来，或只会以无意识驱力的方式出现。从我们的观点来看，朝向个体化的驱力是真实的本能，也许是所有本能中最强大的一个。因此，它首先以动物的形式出现，因为那是无意识中自发性的本能力量。但是，它需要献祭品，或需要对于这个力量的分析，从而找到更深入的形式，并进而将之经验为一种带着冲动的神性。

《自格林以降的德国童话》（*Deutsche märchen seit Grimm*）中的一个德国童话故事，可以更深入说明这个问题。

《国王的儿子与魔鬼的女儿》（*The King's Son and the Devil's Daughter*）[4]

从前有个国王，他在一场大型的战争中被打败，一场接一场的败仗，让他手下所有的军队都被毁了，国王也陷入深深的绝望中，并准备好要自我了断。在这一刻，有个人上前跟他说：“我知道你的问题在哪里！鼓起勇气来，我会帮助你，只要你答应给我‘en noa Sil’。在三个七年之后，我会前来索取。”（国王以为他要求的是新的绳索，但是在高地德语中，这也可能意指一个新的灵魂。）国王认为那是很便宜的代价，因此毫不迟疑地给了承诺。

接着，这个人将四根尾巴甩得噼啪作响，魔法军队就出现在眼前。因为有了他的帮助，国王赢得所有战争，敌军也转向国王求和。

国王战胜后回到家，知道儿子诞生了，于是喜上加喜。在三个七年之后，他的儿子已经二十一岁了，长得强壮而俊美，但是国王完全忘了他当年的承诺。接着，这个奇怪的人又再度出现在眼前。事实上他是个魔鬼，他跟国王要求新的绳索，国王到他的储藏室给魔鬼带来新的绳索，但是魔鬼大笑一番，说自己要的是“eine neue Seele”——一个新的灵魂——那才是他当年所指的。国王为此拔去他的头发、撕掉他的衣裳，几乎就要因为悲痛而死，但是这一切都于事无补。天真的男孩试图安慰他的父亲，他说这个魔鬼不能对他造成任何伤害。但是，魔鬼相当生气，他说男孩会为这句话付出代价。魔鬼一把抓住男孩，带着他飞入天空、进入地狱。

在地狱中，魔鬼带王子去看地狱炼火，还说那就是王子隔天会被放入烧烤之处，但是在这之前他会给王子一个机会。他带男孩去看一个巨大的水池，对王子说，如果他可以在一个晚上之内把水抽干，让水池变为草地，并且在那里除草、制作干草堆，然后在上午把草堆堆列整齐给魔鬼，那么王子就可以得到自由。接着，魔鬼就将王子关起来。王子非常伤心，准备好与生命道别。但是此时门被打开了，走进来的是魔鬼的女儿，她为王子带来食物。她看见这个英俊的王子，他的双眼因为哭泣而红肿，她说：“吃喝点东西吧，不要丧志，我保证会帮你把所有的事情都准备就绪。”

晚上当大家都睡着了，魔鬼的女儿安静地起身走到父亲床前。

她将魔鬼的耳朵塞住，并拿走他的魔法鞭子。她走到外面朝各方位鞭打，所有的地狱恶魔出现并开始动手做事。第二天早上，王子往窗外看出去，他喜出望外地看见满满的草堆立在原本是水池的地方。魔鬼的女儿完成这些工作之后，就将棉球从父亲的耳朵中取出，并且将鞭子归回。魔鬼醒来后，满心邪恶的他想着要目睹王子在烈焰中受苦，却惊讶地看见前一天交代的每件事都被完成了。此时他气愤不已，前去找王子并给了他更多的任务。这一次，王子需要砍下大木头，将木头砍成木块，备妥后在第二天一大早被运走。接着，这棵树木的所在地要变成一株葡萄藤，藤上的葡萄都成熟而且可以采收了。同样，魔鬼的女儿偷取父亲的魔法鞭子，为王子完成了这些任务。

第三次，魔鬼感觉事有蹊跷，开始起疑心。但是，他说只要王子在夜晚能从沙石中建造出一整栋教堂，将圆顶及十字架完成，他就会释放王子。魔鬼的女儿用了相同的伎俩，但是这一次魔鬼的仆人却无法完成；他们即便使用石头及铁块，都无法建造教堂，更别说是用沙了。但是，她还是让他们尝试，有几次他们已完成一半，但是接着教堂就崩塌了。有一次，他们完成了任务，但是当他们将十字架放在圆顶上，整个建筑物再次倒塌。因此，当天早上任务并没有完成。接着，魔鬼的女儿迅速将自己变成一匹白马（同样又是白马），她对王子说，除了逃跑之外没有其他方法了，还说她会带王子回家，于是两人飞奔而去。

魔鬼醒来之后，一切显得异常安静。他四处找寻魔法鞭子，却找不到。接着，他用尽气力大声喊叫，直到整个地狱都震动起来，棉球瞬间从他的耳朵掉出来，他才听到屋外的阵阵工作声。

他想起王子，并前去王子的房间，但是发现房门被打开了，王子早已离开，不见踪迹。他在房间角落处发现他的魔法鞭子，使劲鞭打直到王国里所有的恶魔都跑过来，恶魔问他现在要他们做什么。恶魔们说他们整晚辛苦工作，已疲惫不堪。魔鬼问是谁下的命令，他们告诉魔鬼说是他的女儿。魔鬼大叫："啊！现在我都搞清楚了！这一切都是我的女儿搞的鬼！"因为她对人类心存怜悯！（那是很重要的句子。在德文，他称女儿为"die Menschengefühlige"，也就是对其他人心生怜悯之情的人。）接着，魔鬼将自己变成一朵黑云，打定主意要将两人拿回。没多久，他就看见白马和骑士，他吆喝恶魔们去捉拿那匹马，并且将骑士带回，不论死活都要带回来。整片天空因为一群飞翔的恶魔而瞬间变黑，马告诉骑士，跟随在他们身后的黑云正是她父亲的恶魔军团。她把自己变成一间教堂，将王子变成牧师，她要他站在圣坛上唱颂弥撒，同时不做任何回应。军团靠近后，惊讶地看见这间教堂；教堂的门是开启的，但是没有人能越过教堂门槛。王子站在圣坛上唱着："上帝与我们同在，上帝护佑我们。"因此，他听不见恶魔向他询问是否看见逃跑的两人。最后，恶魔军团返回地狱尽头，向魔鬼报告找不到那匹马。

魔鬼气坏了。第二天早上，他起床后再一次升空，他看见教堂，听到诗歌颂唱。他说："他们就在那儿，现在我要抓他们回来，这一次他们逃不掉的。"他唤来了更庞大的恶魔军团，要他们去摧毁教堂，并带回教堂的一块石头以及牧师，无论生死都要带回。但是，这一次魔鬼的女儿将自己变成一株赤杨木，而王子则变成一只时时刻刻唱着歌的金鸟，对一切都无所畏惧。因此，当魔鬼的军团抵达那儿，不见教堂，只见一棵赤杨木上有一只不停唱歌又完全不害怕的金鸟。恶魔军团同样没有抓到两人，只能转身回去。

魔鬼又是气炸了。他飞上天看见那棵赤杨木，就在七百英里[5]远处。他唤来了更加庞大的一支恶魔军队，下令要砍断那棵树，还要将那只鸟带回来给他，不论死活。但是树和鸟此时早已变成马和骑士，逃向更遥远的七百英里之处。当王子回头望见身后的军队，魔鬼的女儿立刻将自己变成一片稻田，同时将王子变成一只不断在田野上奔跑的鹌鹑，还唱着“上帝同在，上帝同在！”不去听任何的询问。

隔天早上，盛怒的魔鬼飞过稻田，微微听到鹌鹑的叫声，心想这两人都到手了。他要仆人们前去除掉整片田野，但是接着认为这次他应该要跟着仆人们一起去，因为如果让两人逃得更远，远超过四个七百英里，他对两人的影响力量就会消失。因此，他再次飞上天空，但是马和骑士仍然继续前行。当他们听到身后的可怕风暴时，他们只剩下七英里路就能抵达地面了。王子说他可以看见身后天空中的黑点，以及骇人的电光。女孩说那是她的父亲，同时表示如果王子此时不全心依照她的指示，他们就会输了。她说她会将自己变成一个大大的牛奶池，王子则会变成一只鸭子，还交代王子要始终游在池子的正中央，保持将头埋入牛奶里，绝对不能向外看；如果王子有一秒钟的时间向外看，他就输了，她同时提醒王子绝不能游到岸边。不久之后，魔鬼就站在池边，但是除非他将鸭子抓入他的力量范围内，否则他什么也做不了；游在池子中央的鸭子远超出他所能接触的范围。魔鬼不敢游入池中，因为他可能会在牛奶池里被淹死。他试图诱惑小鸭子，对着它说："亲爱的小鸭子，你为什么总是留在池子中央？看一看我的四周，是多么美丽啊。"

有很长的一段时间，王子都能抗拒诱惑，但是最后因为过于强烈的好奇心，王子偷偷地看了一眼，而就在那一刻，王子瞎了，牛奶也变得有些混浊。牛奶里有一股声音叫唤："哎呦！哎呦！看你做了什么！"但是魔鬼在岸边带着兴奋及邪恶说："哈！马上就要到手了！"他试图在混浊的牛奶中游泳，但是就只是一味下沉；因此，接下来很长的一段时间，他都试着诱骗鸭子游出池中央，但是鸭子始终都不出池子。接着，气愤不已的魔鬼失去耐性，他把自己变成一只巨大的鹅，吞下了整个池子及鸭子，摇摇摆摆地走回家。

"现在一切都没事了。"牛奶池中有个声音对鸭子说。牛奶开始沸腾，魔鬼开始变得越来越不舒服，而且感到害怕。他蹒跚地行走，渴望着回家。他再往前走了几步，突然间，一阵巨大的裂声响起，它整个身体就这样裂开了。眼前出现的是国王的儿子及魔鬼的女儿，两人都年轻貌美。

接着两人回家，从魔鬼诱拐了王子到两人返家时，正好整整七天。王国上下笼罩在深深的喜悦及婚礼的美好中。老国王将王国交给他的儿子，他就像父亲一样有智慧，至今仍然在位，如果他在这期间没有死掉的话。

逃跑中的曼陀罗转化之旅

这个故事的开场是常见的布局，国王在困境中，可能在知情或不知情的状况下，对魔鬼做出承诺，给出他在外征战时出生的孩子。接着，要从魔鬼手中得到释放，就是这个孩子的任务了，无论那是个女孩还是男孩。这故事里的国王，在其他故事中可能是个商人，他失去了一切，在某种麻烦情境中做出这个承诺。

如果我们先不从原型层次出发，而是将此与个人心理学比较，这个情况是相当容易说明的——父母把孩子卖给了他们自己未解决的问题。在我先前提到的案例中，可以看到这一点；该案例中的母亲没能与自己的破坏性坏阿尼姆斯一决胜负，反而以《圣经》牵制阿尼姆斯，因此她的女儿必须处理那个黑色人的问题。这个女儿落入全然的疯狂。她生了好几个非婚生子女，堕胎好几次，还有一些不愉快的邪恶经验，而她是在身心全然被破坏的情况下进入分析。这就是那个黑色人通过这个母亲所做的，母亲将她的女儿卖给那黑色人；也就是说，她耍了手段，借由《圣经》而甩掉他。

在一般的集体层次，国王代表主宰的意识态度，以及主宰集体意识的基础，也就是集体情境中某一时刻的主导上帝意象。同样，正如每一个童话的开头，这个国王有了缺失，因此不能牵制破坏性及欺骗性的权力；主导的宗教及社会秩序，无论是其意念或意象，对人类行为都不再有足够的心理强度，也不再是个具有吸引力的目标。因此，部分的心灵能量流入各式解离的通道。主导意识的解离状况已经相当深远了，正如我们在故事稍后所看到的，自性的象征，即那个带着四根鞭绳的鞭子，已在魔鬼之手；当魔鬼甩出鞭子鞭打时，可以得到任何他想要的效果。

带有四根鞭绳的鞭子是原始的皇家令牌，我们可以在埃及坟墓图像的冥界国王手中看见这意象。冥王奥西里斯就握有这样的鞭子。令牌原是牛羊放牧人的节杖，鞭子是类似的象征物，同时也代表皇室权力以及国王的统治能力，而四条鞭绳在这里指的是整体性。当这个力量落入冥界统治者之手，上层的国王就输了，同时失去了所有机会。他唯一能做的事，就是退位并支持他的儿子，或让他自己被除去。这属于国王的原型角色，他必须以仪式性的方式被杀害，并且在特定时刻再度复苏，这代表的是所有意识原则无可避免地老化，老去的原则必须被摧毁并更新，才不会对心灵改革及生命造成阻碍。

故事中的国王做出了父母常会对孩子做的事：他在无意识的情况下将儿子卖给魔鬼，以这个故事来说，因为国王误读了魔鬼的要求而出卖了孩子。但是，在残酷的心理现实世界中，无意识不是个借口。因此，魔鬼回来要他的儿子，这个儿子如今已二十一岁，是个天真单纯的家伙，完全无能力处理这个问题。救赎的行动于是就完全仰仗魔鬼的女儿，在故事中我们听说她对人类有情。她有人类的情感（sie ist menschengefühlig）。

魔鬼的女儿对应于其他的阴性人物，有时候这样的角色会与魔鬼一起生活。魔鬼并非处在独自一人生活的状态，除非你是从宗教教条的观点来看。在民间传说中，他总会有个一起生活的女性，通常是他的祖母。祖母（grandmother）这个字并非暗示他们之间的血缘关系，而是意味着他与大母神一起生活。在童话世界中，事实上他是在婚姻关系下与她一起生活，正如同你在童话故事《魔鬼的三根金发》(*The Three Golden Hairs of the Devil*)中所看到的，故事中他与祖母一起就寝；夜里，她从恶魔的头上拔出三根金发给躲在裙子底下的英雄。

民间传说中与魔鬼在一起的母亲或女儿角色，相较于魔鬼，通常对人类更加友善，她往往扮演中介的角色。以这个故事为例，魔鬼的女儿最后离开父亲，居住在上层世界，更成了下个世代的王后。这是针对上层世界基督宗教父权秩序过度主宰的典型补偿性故事。部分的阴性原则被压抑，因而与魔鬼一起进入地底世界。它在等待机会再次升起，重新在表层世界中占有掌控地位。在苏美巴比伦的《吉尔伽美什史诗》中，英雄不只是受到女性角色的支持，还有太阳神沙玛什(Shamash)，以及在冥界中得到古代洪水英雄乌特纳比西丁(Utnapischtim)的支持。女神伊什塔尔(Ishtar)是他的大敌人。因此，你得以看见这些组合会随着所属的文化架构而改变。苏美巴比伦的文明有着强化的阳性或由意识计划的阳性原则。在我们的故事中，英雄所得到的支持大部分来自地府的阴性原则，我们必须将之视为晚期欧州的特定问题；在那个时期，阳性的生活形式被夸大化，同时也激起了破坏性的阳性反制位置。它锁住了光明及黑暗的阳性力量，就如同存在于基督教的现象，最后只能通过故事中所浮现的非预期性阴性原则作为中介，才能解开枷锁。

魔鬼的女儿不仅仅对人类有情，她代表着最卓越的阴性原则，也就是爱欲原则(eros)。爱的原则解开了阳性世纪的僵固位置，同时她也为国王的儿子解决了所有的任务。进一步检视魔鬼的女儿实际上做了什么，这是相当有趣的。首先，魔鬼给了国王的儿子大力士的（Herculean）劳务，只有强大有力的男人才能够处理这项任务，或者只有带着巨大无比法力的人才能胜任。他挑战了国王儿子的力量，而我们要感谢上帝，王子并没有面对这个挑战，因为这是不会成功的。魔鬼的女儿也没有用自己的力量，她使用的是父亲的魔法鞭子。她用父亲的力量完成所有的任务。通过感情，她利用魔鬼的力量，也就是有着四根鞭绳的鞭子，来对抗魔鬼自身；她连续三次获得成功，但却没办法在地狱中建造教堂。

第一及第二项任务，我们可称之为自然世界的文明化，将湖泊变成草原，并在那里收割牧草，然后将树木变成葡萄藤，在那里采收葡萄以酿成葡萄酒。这是个深刻且美妙的画面，因为在原始社会中，通常是由英雄来执行这些文明任务。然而，这些活动在这里却变成邪恶，因为这些任务都是魔鬼所要求的。

这个故事让我们不得不开始质疑自然科技带来的剥削，同时也必须反思到底是哪些人启发了这类剥削活动。它曾经是文明的任务，但是如今在过度作为下，已经落入自主破坏之手，那是如恶魔般的无意识活动，无止境的外倾倾向已超出自然的限度，让人不得安宁。在这个故事中，它已偏离过远，以至于魔鬼想要建立一个反制的教堂。既然上帝与三位一体在地球表层建有教堂，那么魔鬼就要在地狱里建造教堂，一个带有十字架的正式教堂。但是，即便是在四根鞭绳的帮助下也无法成功。此处，我们也再次以怪诞的方式联想起某些集权主义运动，这些运动强夺了基督教教会的理想性，以及各式活动与组织，并试图以相反的方式利用之。

因此这些故事情节都成了现实：魔鬼试图在地狱建立基督教堂作为反制原则。但是，我之所以喜爱这个故事，在于故事昭示了这些意图并无法建立稳固的基础。它会崩毁，因为它是沙子建造的，而沙子代表的是一大堆的小粒子。一旦人类被简化为众多的单独小粒子，就无法建造出任何东西。如果你将人类个体磨成一粒沙，又想要从中建立某种能守住的东西，这前景是不带有希望的。这个故事所带出最让人满意的体认，就是这一点。

两人必须要从魔鬼的攻击中逃跑；这里再次以魔法比试呈现转化性逃离的母题，两人在其中经历了三次的曼陀罗转化。第一个曼陀罗接近于集体意识，那是一栋教堂，里面有个诵念弥撒的牧师。这意象代表着我们的文明制住魔鬼的较传统方式。这方式只能达到一定的效用，无法走得太远。下一个画面则进入更深的自然中，其中不再有文明的象征物，那是一棵赤杨木和树上的金鸟。

赤杨木是著名的古老魔法树，它能够避邪，也能对付巫婆、魔法及魔鬼，乡下人会将它的嫩枝放在田地里及牲口棚里以避开魔鬼。赤杨木本身就如同恶魔一般，因此这就好比是以狼对抗巨人一样：由一棵恶魔般的树来对抗魔鬼。它之所以如恶魔一般，是因为它通常生长在树林中或沼泽地的黑暗处。这种树的木材对人类是无用的，因此它被视为属于巫婆或恶魔。赤杨木能迅速转红，据说这是因为魔鬼用它来打祖母，亦即它的妻子。因此，在民俗故事中它有时候是红色的。另一方面，正如避邪象征惯有的双面特性，人们可以使用赤杨木的嫩枝痛击魔鬼。魔鬼用它来打妻子，所以你就能用它来打击魔鬼。赤杨木没有利用价值，这一点近似于自然界的黑暗及无用之物，但也正因为如此，由于它与恶魔原则的亲近性，所以能够拯救英雄；故事中的英雄此时是树上的金鸟，口中唱着“我不害怕！”

但即使如此，这两人仍无法躲开魔鬼的追捕。第三个象征是稻田，田里有走上走下的鹌鹑，同时叫着：“上帝与我们同在。”稻田同样是自然的象征，但是此处主要是用作丰饶的象征。在许多国家，稻米是土地上最具生产力的作物，也是人们的主要粮食。即便是今日，乡下人的婚礼中仍会拿稻米丢向新婚的伴侣，这项古老的民间传统确保伴侣的丰饶，新婚的伴侣则给孩子们糖果作为回礼。

因此，此处的丰饶大地之母，是不属于魔鬼也不属于基督教上帝的事物，凭借其阴性神圣能力，成了拯救的因子。故事中的王子总是落入危险，他走上走下就像一只鹌鹑，叫着：“上帝与我们同在”。德文的鹌鹑（wachtel）在通用语源学中与守夜（wachen）这个字相联结，带有保持清醒、看守的意思。有个广为流传的古老印欧迷信，说鹌鹑会持续保持清醒，它以不安的举止及夜晚的叫声，宣告自己的存在，特别是在新月的夜晚。如果鹌鹑时常叫唤，就会有好的庄稼收成，反之亦然。当风神泰风（Typhon）杀了大力士赫拉克勒斯（Herakles），后者因为鹌鹑的味道而得以复活。[6]此处，能够拥有向内的警觉及清醒的能力，就是决定性的因子。王子需要持续专注的内在警醒，才得以逃开魔鬼的攻击。当我们看管个人的阴影面或个人的阿尼姆斯不是持续地维持警觉，这些角色就会在我们疲累的时刻，或是当我们意识降低的时候逮到我们，这就如同故事中的危险情境，自然成了关键点。

人类心灵的神圣核心，就是解决方法

如果个体与邪恶之间有外显的争斗，通常个体会看见自己是如何因为情绪化，以及由情绪化而生的轻微无意识，最终丧失论点。我记得自己曾经在一次会谈时段中，一心想战胜敌对观点，准备好了所有文件，要引述某篇文章的数据证明自己的论点。但是，在最后一分钟，我把这些数据遗忘在家中，因此最后落得必须在没有文献证明的状况下论述。当个体涉入和邪恶投射有关的问题时，这就是典型的状况。落入投射时，很容易就变得情绪化，个体的意识也降低，因此，在不情愿的状况下自己打败了自己，通常也就因此输掉了战争。没能保持警觉，在个体的败退经验中也有一足之地。在决定性的时刻，个体愣住了，要不是忘了自己的最佳论点，就是将文件留在家里。这往往就显示了某些个体自身的邪恶被投射到情境中；我并非指涉整个邪恶都是个体自己的，的确有客观的外在邪恶存在，但是个体通过将自身的邪恶投射而涉入其中，这也让个体因此失去灵魂。在那样的情况下，个体将部分的自己通过投射而涉入敌人，此时个体就不再是警醒的，而是半睡半醒的，因而落得自己打自己的状况。

因此，鹌鹑的警觉性是重要的。但是在这个故事中，即便维持警觉也没有帮上忙。所以第四个任务就出现了：魔鬼的女儿将自己变成一池牛奶，并且将王子变成鸭子。接着出现的是决定性的必要因子，要求王子待在中心区域，同时将他的头持续埋在牛奶池中。

牛奶因为它的纯白特性，成为广为流传的避邪方法之一。另一方面，它也易于受到巫婆及魔鬼的攻击。如果有人想对乡下人施巫术，任何人都可以使用邪恶之眼（malocchio）对乡下的牛下降头，因而产生出蓝色或水状的牛奶，又或者让乳脂无论如何使劲搅拌都无法变成奶油。相较于葡萄酒，牛奶是让你清醒的饮料。在古代的希腊及罗马，它时常作为给冥界诸神的献祭品，诸神不该被激怒而应当被安抚。如果你给祂们葡萄酒，祂们会变得更有活力、更积极，但是如果你给祂们牛奶，祂们会变得柔软与温和。因此，必须献牛奶给亡者及阴间的神灵，而葡萄酒则是献给上层的神祇。这说明了牛奶的献祭之所以被称为无酒献（nephalia）[7]，是因为它是给冥界诸神及亡者带来清醒的献祭品。

王子不仅要维持待在牛奶池中心，也要将头埋入池中，无论魔鬼对他说什么，王子都不能抬头看魔鬼。从我的观点，这相当适切地说明当个体面对从外而来的邪恶时，这是唯一可能秉持的态度。如果个体去看魔鬼，就已发生了投射。投射（projection）一字源自拉丁字 projicere（投掷）：无意识地从自身投出某些事物到其他物体上。柏拉图曾经说过：如果个体看了某件邪恶的事，某些邪恶就会落入个体自身的灵魂中。我们不可能在观看邪恶的同时，自身内在没有丁点被激起或因而对其做出回应，因为邪恶本是个原型，而每个原型对人都有感染效力。观看即意味着被感染。这就是为什么王子必须待在池子正中央，同时必须把头深深埋入牛奶池中。他必须时时游在最中心的区域，这里处在善与恶的问题之外，也在分裂之外，因此是在对立面之外。他不能有任何一秒钟的逾越，必须要接近于内在中心，且避免涉入。

这本身就是个东方的解决方案。佛教及许多东方哲学古老的修练就是如此进行的。这意味着超越对立面、超越善恶二元、远离善恶征战，并接近内在中心，以此走出邪恶的问题。但是故事中的战争仍然照打，这个战争不在意识态度的层面，也不是由王子所为，而是由魔鬼的女儿促成；当她的父亲将她吞下时，她摧毁了自己的父亲。

荣格喜欢引用一句相当知名的炼金术说法："匆忙就是魔鬼。"最妙的是，魔鬼很容易落入匆促的态度。它天性就是匆促的，这也就是为什么所有的匆促都是属于魔鬼的。如果我们变得匆匆忙忙的，我们就是在魔鬼当中，如果我们在匆匆忙忙的心情中，我们说"这件事今天就必须要有个决定！"或是"今天傍晚我势必要寄出信！""我必须搭出租车前去，好让你签字，因为等到明天早上就太晚了！"如果你接到类似这样的电话，你心中清楚地知道这匆促的背后是谁在作祟。荣格常会莫名奇妙地找不到书桌上的文件，他并非有意识地将文件挪开，但文件就是神奇地从他桌上消失不见了。魔鬼就是匆忙态度的人格化。在这里，他变得匆促而没办法再多等待，他把自己变成一只鹅；相较于前面的其他事件，这是愚蠢的举动，而鹅在古代德国则代表自然之母，或自然复仇女神的特殊形式。

报应（nemesis）这个词起源于 nemo，意指分配，即分给每个人他所应有的部分。报应是自然正义的一个原则，它让每个人都得到他所应得的。我们的无意识中免不了会有这样的原则，在其中以奇妙的方式给予人们应得的部分。这不是人类所认知的正义，而是自然中有股神秘的调节力量，它如同正义一般运作，对人们带来充满意义的一击。因此，我们可以说是魔鬼把自己给解决了。它变成一只鹅，把人们应得的正义给人格化了。它吞下了牛奶，而牛奶也在它体内沸腾。我们都很清楚牛奶煮沸了之后会变得多么令人厌恶，即使你仔细地守着牛奶，事实上如果你仔细守着它反而会更糟，这就是为什么我们常会用煮沸的牛奶来表达对愤怒情绪失去控制。法国人会说："它就像煮沸的牛奶。"（Il monte comme une soupe au lait）。那些容易落入一时气愤的人们会被称为牛奶，因为他们是如此简单容易就被煮沸了。

魔鬼的女儿是魔鬼的正面阿尼玛的人格化表现，也就是被魔鬼分裂出来的情绪面及感觉。此处我们联结回《巨人的心》那个故事。魔鬼的女儿带着心及感受，她是魔鬼的情感面。如今在匆促的健忘中，魔鬼与他的情感面结合，也就是那个被他冷淡分裂出来的情绪性，于是他也就正好落入所谓被阿尼玛附身的状况。他因此变得情绪化，也真的爆炸了，因此变得虚弱，所以被打败。当魔鬼落入阿尼玛心情时，他就跟人们一样玩完了。魔鬼从最内在的本性中破灭并分解，因此这对男女毫发无伤地走出来，他们代表的是新意识原则的重生；如今，地球表层开始由新的意识原则主宰。

在阳性形式的文明中，具有破坏性的情绪相当容易与邪恶连上，这让阴性原则变得具有破坏性。它的作用就好比是男人身上被无意识蒙蔽的情绪，在错误的时刻被激起。如果那个阿尼玛或阴性原则，从地狱中被带上意识层，它会打败由魔鬼所代表的邪恶，意识的新原则于是栖居在超越善恶二分的整体中心。根据这个童话故事的观点，那个最内在深处的中心，即人类心灵的神圣核心，就是那个超越善恶问题的东西，也是那个带我们走出问题情境的绝对因子。

这是通过童话故事所提供的深刻且神秘的解决方法，但是童话故事往往只是被视为天真的故事。它们是如此深刻丰富，以至于我们无法只做肤浅的解读。童话要求我们深层地潜入其中。

注释

1. 原书编注：在原初的德语用词中，像是“黑妇人”或是“黑巫婆”之类的词语并不是用来指称非裔人士或是其他深色肤色的族群，是不同于英文所指涉的意涵。
2. 原书注：*Märchen aus Turkestan, Die Märchen der Weltliteratur,* series published by Diederichs Verlag (Jena, 1925), no. 9, “Das Zauberross” .
3. 原书注：*The Collected Works of C. G. Jung, trans.* R. F. C. Hull (Princeton, N.J.: Princeton University Press, 1957 – 1979) 5, para. 658.
4. 原书注：*Deutsche Märchen seit Grimm, Die Märchen der Weltliteratur,* series published by Diederichs Verlag (Jena, 1922), p. 155, “Der Königsohn und die Teufelstochter” .
5. 编注：1 英里约为 1.6 千米。
6. 原书注：Angelo de Gubernatis, *Zoological Mythology* (New York: Arno Press, 1978), p. 277.
7. 译注：古希腊时代的宗教传统，在献酒仪式中不使用酒，而是以水、牛奶、蜂蜜及油膏等组合代替之。

| 附录 |

延伸阅读

- 《公主走进黑森林：荣格取向的童话分析》（2017），吕旭亚，心灵工坊。
- 《积极想象：与无意识对话，活得更自在》（2017），玛塔·提巴迪（Marta Tibaldi），心灵工坊。
- 《与狼同奔的女人》【25 周年纪念增订版】（2017），克莱莉萨平蔻拉·埃思戴丝（Clarissa Pinkola Estés），心灵工坊。
- 《附身：荣格的比较心灵解剖学》（2017），奎格·史蒂芬森（Craig E. Stephenson），心灵工坊。
- 《解读童话：从荣格观点探索童话世界》（2016），玛丽－路薏丝·冯·法兰兹（Marie-Louise von Franz），心灵工坊。
- 《孩子与恶：看见孩子使坏背后的讯息》（2016），河合隼雄，心灵工坊。
- 《故事里的不可思议：体验儿童文学的神奇魔力》（2016），河合隼雄，心灵工坊。
- 《自杀与灵魂：超越死亡禁忌，促动心灵转化》（2016），詹姆斯·希尔曼（James Hillman），心灵工坊。
- 《荣格心理治疗》（2011），玛丽－路薏丝·冯·法兰兹（Marie-Louise von Franz），心灵工坊。

- 《荣格人格类型》(2012)，达瑞尔·夏普(Daryl Sharp)，心灵工坊。
- 《转化之旅：自性的追寻》(2012)，莫瑞·史丹(Murray Stein)，心灵工坊。
- 《荣格解梦书：梦的理论与解析》(2006)，詹姆斯·霍尔博士(James A. Hall, M.D.)，心灵工坊。
- 《童话心理学：从荣格心理学看格林童话里的真实人性》(2017)，河合隼雄，远流。
- 《童话的魅力》(2017)，布鲁诺·贝特罕(Bruno Bettelheim)，漫游者文化。
- 《神话的力量》(2015)，乔瑟夫·坎伯(Joseph Campbell)，立绪。
- 《希腊罗马神话：永恒的诸神、英雄、爱情与冒险故事》(精装珍藏版)(2015)，伊迪丝·汉弥敦(Edith Hamilton)，漫游者文化。
- 《丘比特与赛姬：阴性心灵的发展》(修订版)(2014)，艾瑞旭·诺伊曼(Erich Neumann)，独立作家。
- 《用故事改变世界：文化脉络与故事原型》(2014)，邱于芸，远流。